商誉减值会计规则的经济后果研究

张东旭　著

合肥工業大學出版社

图书在版编目(CIP)数据

商誉减值会计规则的经济后果研究/张东旭著. --合肥:合肥工业大学出版社,2025. --ISBN 978-7-5650-6873-7

Ⅰ. F275.2

中国国家版本馆 CIP 数据核字第 2024Q4947Z 号

商誉减值会计规则的经济后果研究

张东旭 著　　责任编辑 毛 羽

出 版	合肥工业大学出版社	版 次	2025 年 9 月第 1 版
地 址	合肥市屯溪路 193 号	印 次	2025 年 9 月第 1 次印刷
邮 编	230009	开 本	710 毫米×1010 毫米 1/16
电 话	职业教育出版中心:0551-62903120	印 张	15.25
	营销与储运管理中心:0551-62903198	字 数	273 千字
网 址	press.hfut.edu.cn	印 刷	安徽联众印刷有限公司
E-mail	hfutpress@163.com	发 行	全国新华书店

ISBN 978-7-5650-6873-7　　定价:68.00 元

引　言

随着企业并购活动的开展，企业因并购活动而确认的商誉资产在总资产中的占比越来越高。近年来，由于并购活动具有高估值、高业绩承诺的特征，以及商誉资产的不可辨认性和其减值测试的不可验证性的特征，商誉减值“暴雷”事件频发，这引起了证监会、交易所、准则制定机构等政府部门以及学术界的高度重视。虽然部分研究指出了商誉减值会计规则在其中的作用，但系统探究商誉减值会计规则经济后果的研究成果仍相对较少，主要表现在以下几个方面：①对商誉减值可靠性的研究以微观层面的分析为主，宏观层面的分析较少，对商誉减值相关性的研究也较少；②对商誉减值会计规则经济后果的研究主要集中于会计信息质量层面，忽视了企业决策的行为层面。因此，亟须针对商誉减值会计规则的经济后果问题进行系统研究，以弥补学术界在该领域的成果不足。

本书主要从经济后果视角对商誉减值会计规则进行科学系统的评估，共包括 9 个章节。第 1 章概括了研究背景与研究意义，提出研究问题与研究目标，介绍研究内容与研究方法；第 2 章从商誉的产生与发展、商誉初始确认、商誉后续计量以及商誉信息披露 4 个维度进行文献述评；第 3 章回顾了美国的财务会计准则委员会（FASB）、国际会计准则理事会（IASB）以及中国会计准则委员会（CASC）的商誉相关会计规则演进历程，并搭建理论分析框架；第 4 章和第 5 章分别从可靠性和相关性两个层面对商誉减值会计规则的经济后果问题进行实证检验；第6章从并购决策层面对商誉减值会计规则的经济后果问题进行实证检验；第7章和第8章分别针对增加信息披露以及重新引入摊销法的对策进行实证检验；第9章根据对以上问题的研究，得出研究结论并提出相关政策建议。

在本书写作过程中，作者参考、引用了大量专家学者的研究成果并收到了很多外审专家和评阅专家的修改建议，在此向各位专家学者表示衷心的感谢。由于作者自身水平的限制，书中不足之处在所难免，恳望广大读者对本书给予批评指正。

目 录

第1章　导　论

1.1　选题背景与研究意义

1.1.1　选题背景

随着中国资本市场的发展与完善，企业并购已成为企业实现飞跃发展的重要路径之一。中国企业的并购数量以及并购金额不断刷新历史记录。商誉是财务报表中最能反映并购活动的项目，随着并购活动的增加，企业所确认的商誉资产也日益增多，未来确认的商誉资产减值损失也会逐渐增多。商誉资产对财务报表的影响越大，其对财务报告使用者决策的影响也就越显著，最终会影响资本市场的资源配置效率，因此具有一定的经济后果。

根据中国A股上市公司披露的商誉项目附注数据以及年度资本市场统计数据，2015—2023年，平均每年有超过550家上市公司进行了企业并购并确认了商誉资产，占上市公司总数的14.78%，见表1-1所列。由表1-1可知，在注册制试点改革之前（2015—2018年），A股上市公司中进行了非同一控制下企业合并的公司数量呈现出快速上升后保持基本平稳的趋势；在注册制试点改革后（2019—2023年），A股上市公司中进行了非同一控制下企业合并的公司数量基本保持稳定。截至2023年，依然有10%的上市公司进行了企业并购，并确认了商誉资产。以上数据表明，无论是否实施注册制改革，均有数量众多的上市公司通过企业并购方式拓展业务范围。

表 1－1　A 股上市公司年度并购活动统计

年份	2015 年	2016 年	2017 年	2018 年	2019 年	2020 年	2021 年	2022 年	2023 年
并购企业数量（家）	363	711	702	671	548	443	564	510	531
上市公司总数（家）	2808	3034	3467	3567	3760	4140	4603	4905	5096
并购企业占比	0.13％	0.23％	0.20％	0.19％	0.15％	0.11％	0.12％	0.10％	0.10％

并购活动的重要影响不仅体现在并购涉及的公司数量上，更体现在并购公司的财务报表上。2015—2023 年间上市公司因非同一控制下企业合并所确认的商誉金额统计结果如图 1－1 所示。由图 1－1 可知，无论是新增商誉占商誉资产的比重，还是商誉占总资产的比重，均呈现出先上升后下降的趋势。在注册制试点改革之前，每年新增商誉占商誉资产的比重约为 20％，每年商誉占总资产的比重约为 6％；在注册制试点改革之后，每年新增商誉占商誉资产的比重约为 11％，每年商誉占总资产的比重约为 4％。总体而言，因并购活动而确认的商誉资产对资产负债表产生了较为显著的影响。

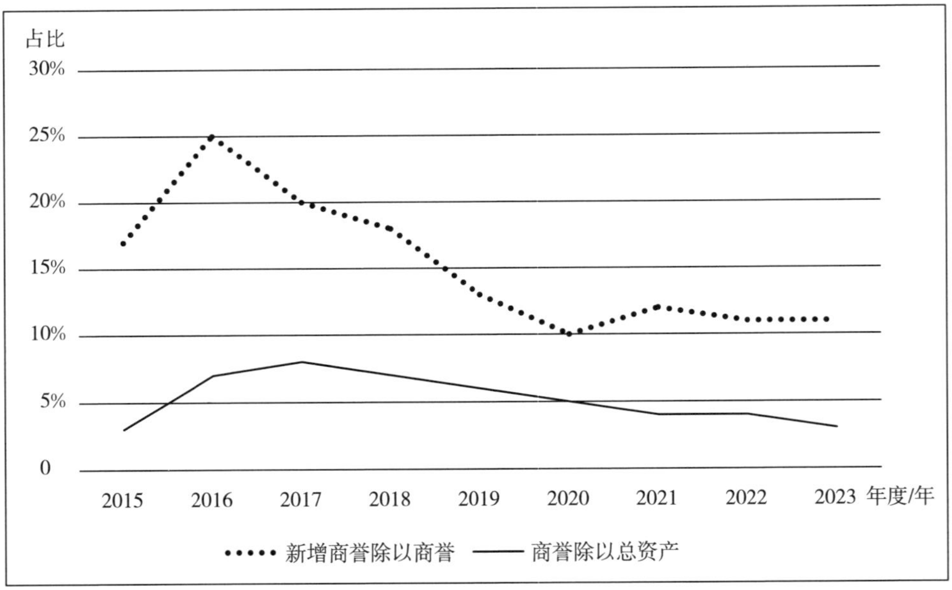

图 1－1　上市公司外购商誉金额统计

由于商誉资产未来可能带来的盈利具有不确定性，因而存在一定的商誉减值风险，所以商誉资产对财务报表的影响还体现在其利润表上。上市公司商誉减值准备统计如图1-2所示。由图1-2可知，企业计提大额商誉减值准备的高峰出现在2018年，当年计提的商誉减值准备占上年商誉比重及净利润比重均为16%，产生了较为严重的影响。图1-2还显示，在2018年以前，企业并未大规模计提商誉减值准备，而在2018年以后，商誉集中“暴雷”，对企业利润造成了较大的负面影响，表明商誉的经济后果具有一定的滞后性。截至2023年，商誉减值准备占上年净利润的比重依然高于2015年，影响较为持久。以上结果表明，商誉资产的减值损失导致上市公司业绩出现大幅波动，对企业利润表的影响也较为持久。

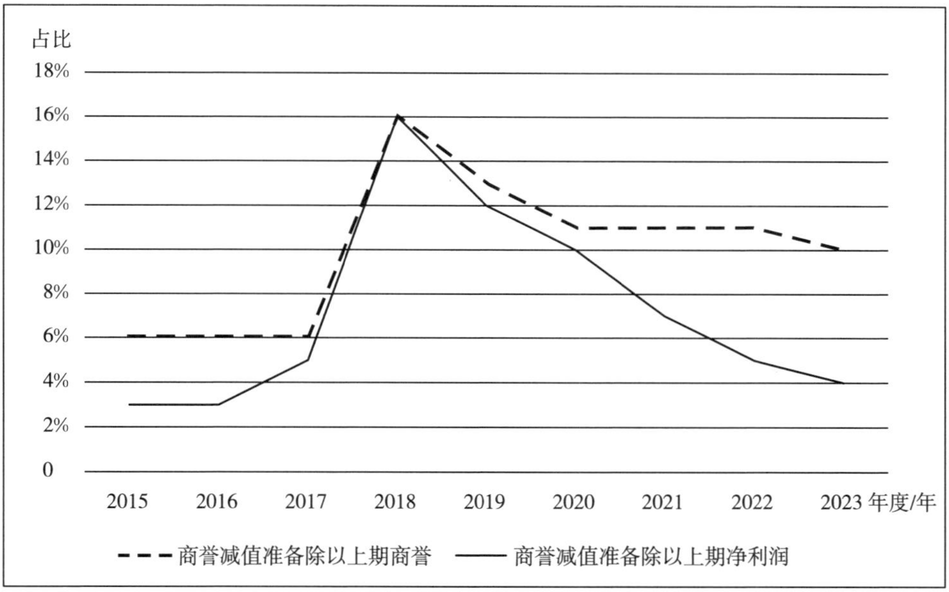

图1-2 上市公司商誉减值准备统计

综上所述，并购活动作为重要的外延式增长方式，其在资源整合方面的作用已经被多数企业认可并付诸实施。与企业并购相关的商誉资产初始确认和后续计量，对企业财务报表中的资产负债表项目以及利润表项目产生了较为重大的影响。随着新股发行的放缓，并购浪潮可能再次兴起，商誉及其减值对企业的影响还将继续扩大。因此，全面认识和科学评估商誉相关会计规则可能带来的经济后果尤为必要。

随着企业并购活动的开展以及财务报表中商誉资产的累积，越来越多的投资者开始关注商誉资产及其减值损失的形成原因。上交所与深交所投资者有关商誉及减值的提问数量统计如图 1-3 所示。可见,上交所与深交所投资者有关上市公司的年度总提问数量稳定在 40 万条左右。有关商誉的提问数量从 2015 年的 121 条上升到 2019 年的 2373 条,增长了近 20 倍,显示出投资者对商誉及其减值问题的极大关注。有关减值的提问数量也呈现出类似的特征。在 2021 年,有关减值的提问数量达到最高峰 2280 条,比 2015 年的 331 条增长了近 7 倍。随着注册制由试点到全面展开,并购活动逐渐降温,商誉及其减值相关提问数量逐年下降,到 2023 年,有关商誉的提问数量仅有 596 条,有关减值的提问数量仅有 1203 条。同时,与图 1-1 和图 1-2 相比,图 1-3 还显示出投资者对商誉及其减值的集中关注时点明显晚于企业商誉及商誉减值损失确认的高峰时点,显示出投资者关注的滞后性。资本市场投资者对商誉及其减值问题的密切关注以及关注的滞后性表明,商誉相关会计规则具有一定的复杂性,不易理解,其可能产生的经济后果也具有多面性。因此,科学认识现有商誉相关会计规则的经济后果并提出具有针对性的优化建议成为亟须解决的科学难题。

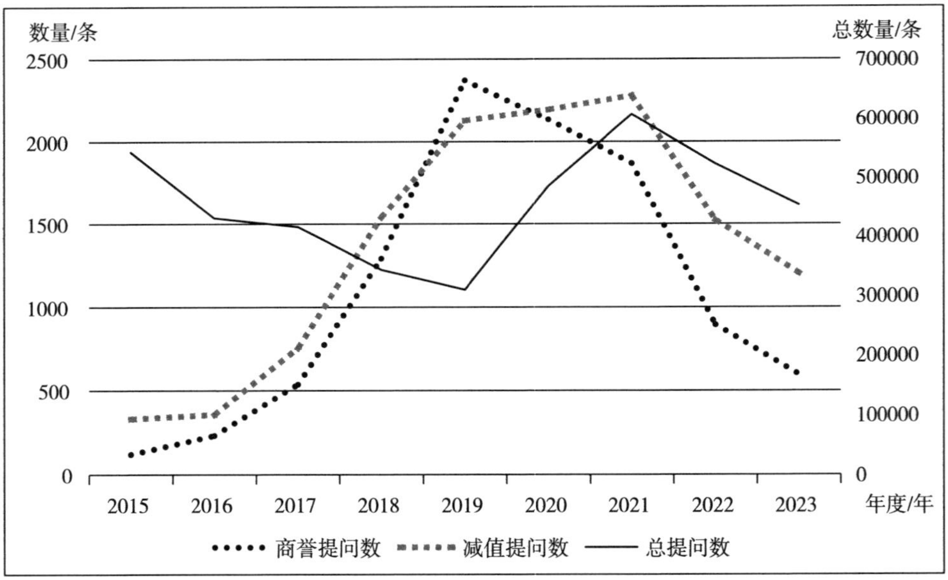

图 1-3　上交所与深交所投资者有关商誉及减值的提问数量统计

商誉相关会计规则的经济后果问题已经引起了监管部门、准则制定机构的密切关注与讨论。中国证券监督管理委员会(后文简称"证监会")发布的上市公司年报会计监管报告几乎每年都会提及企业并购实务中商誉会计处理存在的现实问题,特别是商誉减值问题。例如,2010 年的报告指出商誉减值测试程序是否被有效执行的问题；2011年的报告指出与商誉相关的一揽子交易问题；2012年的报告指出与或有对价相关的商誉计量问题；2013年的报告指出非同一控制下企业合并中，被购买方无形资产的识别与确认相关商誉问题、企业合并中递延所得税资产或负债相关的商誉问题、被购买方原有商誉的会计处理问题以及境外并购的商誉外币折算问题；2014年的报告指出商誉的相关信息披露问题；2015年的报告则关注商誉相关的递延所得税负债问题；2017年的报告指出商誉减值测试方法不正确的问题；2018年的报告指出商誉减值损失的确认随意性强的问题；2020年的报告指出不恰当变更商誉相关资产组的问题；2021年的报告指出商誉减值测试不规范的问题；2022年的报告指出商誉减值相关假设、参数合理性存疑的问题。

中国会计准则委员会在《企业会计准则》中通过增加同一控制下企业合并的办法来规避商誉确认对非市场化企业并购行为的影响。在2007年《企业会计准则》实施后，又陆续发布了一系列“《企业会计准则解释》公告”（截至2023年底，共有17个解释公告），其中多个解释公告均对商誉相关会计问题进行了规范。其中，《企业会计准则解释第2号》对购买少数股东拥有的股权问题进行了规定；《企业会计准则解释第4号》明确了并购相关费用是否计入并购成本的问题，并对分步实现非同一控制下合并以及处置部分股权丧失控制权等情况下的相关并购成本问题的会计处理进行了规范；《企业会计准则解释第5号》对非同一控制下被购买方拥有但未在其财务报表中确认的无形资产的处理进行了规范。以上相关会计规章制度的发布说明，商誉相关会计规则尚不健全，存在较大的自由裁量空间，并可能引发一系列问题。因此，需要科学分析并评估商誉相关会计规则的经济后果。

商誉相关会计规则的经济后果问题一直是学术研究的热点话题。Amel-Zadeh等（2016）将商誉相关的研究分为两大类：第一类是关于是否确认商誉的问题，第二类是关于商誉后续计量方法优劣的问题。在有关是否确认商誉的研究中，相关研究均发现上市公司有动机采用权益结合法（Pooling of Interests Method）以规避商誉的确认（Lys和Vincent，1995；Aboody等，2000；Ayers等，2000；Weber，2004），说明相关会计方法的选择后果十分显著。Shalev等（2013）的研究则发现，在不得不确认商誉时，管理者更倾向于高估商誉资产；Paugam等（2015）的研究发现，商誉高估会影响企业的价值。在商誉后续计量方法优劣的研究中，相关研究均发现管理者有动机操控商誉的减值测试程序，从而实现盈余管理的目的（Riedl，2004；Beatty和Weber，2006；Li等，2011；卢煜和曲晓辉，2016）。那么，在此背景下，是否还应坚持确认商誉资产，并通过减值测试进行后续计量呢？

由以上分析可知，在并购活动的推动下，相关公司在财务报表中确认了大量因并购活动产生的商誉。这部分商誉资产对财务报表产生了重要影响。这种影响是否被准确记录在财务报表中，已经引起了监管者、准则制定机构以及学术界的关注与讨论。在此背景下，研究现有商誉减值会计规则及其生成会计信息的经济后果，具有积极的理论意义和现实意义。

1.1.2 研究意义

1.1.2.1 理论意义

对商誉减值会计规则的经济后果进行研究可以丰富该领域的相关文献，特别是中国情境下商誉减值会计规则经济后果方面的文献。

第一，外购商誉资产的后续计量放弃了基于交易的摊销处理，而采用基于公允价值的减值处理，这对已有资产计价理论形成了部分突破。本书针对该突破可能导致的会计信息的可靠性及相关性问题进行了分析与检验，丰富了商誉资产计价理论的相关文献。虽然从理论上看，基于公允价值的资产减值更具有相关性，但其可靠性相对较低，因此需要研究该会计处理方法对会计信息质量可能产生的影响。本书利用中国上市公司的相关数据对该问题进行了实证检验，研究结果基本支持采用减值法对商誉资产进行后续计量，说明资产减值会计信息的决策有用性较高。同时，该结论也从侧面反映了购买法(Purchase Method)比权益结合法更具有决策有用性，并且商誉资产并不适合作为一项消耗性资产进行摊销处理。综上，本书基于实证检验的结果证实了商誉资产计价理论的相关推论，丰富了该领域的研究成果。

第二，商誉后续计量采用减值法而非摊销法的主要考量是减少会计规则变动对企业经营活动的负面影响。本书针对该政策设计初衷，对商誉会计规则变迁可能导致的并购交易活动变化问题进行了分析与检验，丰富了关于商誉减值会计规则经济后果的相关文献。在已有关于商誉减值会计规则真实效应的文献中，无论是以 IFRS3 的采用，还是美国 SFAS142 的实施作为准自然实验，其实质都是放弃合并报表中的权益结合法，并对商誉资产采用减值法进行后续计量这两类事件的统一。因此，以上研究很难区分造成影响的原因是合并方法的变更还是减值法的采用。本书基于中国商誉会计规则变迁的准自然实验，能够有效识别减值法对并购交易的影响程度。研究结果基本支持“商誉减值法是并购交易的催化剂”这一结论，同时也是首次从商誉减值视角对会计规则经济后果进行实证检验，丰富了中国情境下商誉减值真实效应的研究成果。

第三,已有文献注意到商誉初始确认以及后续计量方面可能存在的盈余管理行为(Shalev 等,2013;Paugam 等,2015;Beatty 和 Weber,2006;Li 等,2011),但对商誉减值信息披露可能产生的经济后果关注较少。因此,本书基于商誉减值信息披露的研究,丰富了该领域的研究成果。企业财务报告附注中披露的会计信息是财务报表内容的重要补充,同样可能对财务报告使用者的决策行为产生影响。本书针对商誉减值信息披露价值相关性的研究表明,企业的商誉减值信息披露会对投资者的决策行为产生一定影响,商誉减值信息披露具有价值相关性。该研究结果从商誉资产减值层面支持了财务报告相关信息披露的积极影响,是对已有披露理论的实证检验,进一步丰富了该领域的研究成果。

第四,已有研究较多地基于发达资本市场的数据对商誉减值会计的经济后果问题进行研究(Hirschey 和 Richardson,2002;Dahmash 等,2009;Lapointe-Antunes 等,2009;Li 等,2011;Hamberg 和 Beisland,2014;Knauer 和 Wöhrmann,2016),有关中国公司商誉减值经济后果方面的研究还较少(卢煜和曲晓辉,2016),因此本书基于商誉减值经济后果方面的研究将能够丰富该领域的研究成果。中国资本市场正处于逐步发展的过程中,相关制度建设相对滞后。在此情境下,商誉减值的影响因素以及经济后果可能均显著区别于欧美等发达资本市场。本书基于中国资本市场的研究数据表明,中国资本市场中的企业对商誉减值的盈余管理行为更多集中在"洗大澡"(Big Baths)的动机下,商誉减值的预测能力也相对较弱,表现出不同于欧美市场中企业商誉减值的特征,从而丰富了中国情境下商誉减值相关文献及研究成果。

1.1.2.2 现实意义

对商誉减值会计规则经济后果方面的研究结论可以为监管机构、会计准则制定机构以及资本市场参与者的相关决策提供理论支持,优化其决策效果。第一,商誉减值会计规则经济后果的研究有助于监管机构识别商誉减值会计规则可能造成的影响,从而提高监管活动的针对性和预见性,提升监管资源配置效率。第二,商誉减值会计规则经济后果的研究结论可以直接用于评价现有商誉相关会计准则的政策效果;同时,商誉减值会计规则经济后果的作用机理研究也能够为会计准则制定机构优化商誉相关会计准则提供一定启发。第三,由于商誉减值会计规则在财务报告方面可能产生的经济后果会直接影响企业的内在价值估值,因此该信息能够为资本市场投资者的投资决策提供参考;此外,该结论对于相关资本市场参与者(如审计师、资产评估师、财务顾问、分析师等)识别相关项目潜在风险、提高相关项目质量,也具有一定的积极意义。

1.2 研究问题与研究目标

1.2.1 拟解决的研究问题

在知识经济时代，无形资产在提升企业价值方面的作用愈发重要，如何实现对无形资产的准确计量也随之变得更为关键。同时，随着并购活动成为企业的重要扩张方式之一，在财务报告中准确记录和反映并购活动的需求也显得尤为迫切。在上述背景下，本书以商誉资产作为研究对象，全面研究了商誉减值会计规则的经济后果问题。商誉减值会计规则的经济后果本身又是促进商誉减值会计规则发展的源动力之一。因此，本书拟从以下两个方面对商誉减值会计规则的经济后果问题进行研究：①外购商誉会计规则如何发展到当前的状态，其背后的演进逻辑是什么？②现行商誉资产的会计规则是否为一种较为合理的会计实务规则，是否存在潜在问题和改进空间。

对于问题①，本书分别从两个方面进行研究。第一是商誉会计规则演进历史的制度梳理。具体分析了美国的财务会计准则委员会（Financial Accounting Standards Board, FASB）、国际会计准则理事会（International Accounting Standards Board,IASB），以及中国会计准则委员会（China Accounting Standards Committee, CASC）的商誉会计规则的发展历程，总结商誉会计规则的演进特征，并为进一步的演进逻辑分析奠定基础。第二是商誉会计规则的演进逻辑的理论分析。针对商誉会计规则的演进特征，从会计理论的发展以及社会环境的变化两个方面对演进逻辑进行归纳。同时，对问题①的研究也为对问题②的分析提供了历史证据支撑和理论支撑。

对于问题②，本书主要从两个方面进行研究。第一是实证检验现行商誉减值会计规则是否有效以及是否影响经济活动。针对商誉减值会计规则是否有效，本书依照财务报告概念框架对可靠性和相关性的定义与要求，对中国商誉减值会计规则的可靠性和相关性问题进行实证分析。该部分的研究是对商誉减值会计规则能否提供高质量会计信息的直接检验，也是对其在财务报告层面经济后果的直接检验。针对商誉减值会计规则是否影响经济活动，本书依照中国会计准则委员会的政策目标，对中国商誉减值会计规则的实际效应进行实证检验。该部分的分析进一步研究了商誉减值会计规则能否影响企业内并购决策，是对商誉减值会计规则在企业决策层面经济后果的直接检验。第二是实证检验相关准则优化建议能否发挥作用。其一是对增加商誉减值信息披露的治理措施进行实证检验。该部分的分析进一步研究了商誉减值信息的自愿披露能否影响企业外部投资者的投资决策，是对增加商誉减值信息披露这一具体措施效果的实证检验。其二是对重新引入摊销法的治理措施进行实证检验。该部分的分析进一步研究了不同后续计量方法能否影响企业外部投资者的投资决策，是对改用摊销法这一具体措施效果的实证检验。

1.2.2 拟达到的研究目标

通过对商誉减值会计规则经济后果问题的研究，本书将系统回答商誉减值会计规则的经济后果问题，即从历史和现实双重维度对商誉减值会计规则的经济后果进行客观评价，指出现有商誉减值会计规则中可能存在的问题，并提出相应的会计规则优化建议及提升监管效果的政策建议。

具体而言，基于历史视角对商誉会计规则演进逻辑的分析，将回答商誉会计规则的演进特征是什么，以及演进特征背后的理论逻辑是什么等问题。该部分的研究一方面从历史视角回答了商誉会计规则可能具有的经济后果问题，另一方面也为分析当前商誉减值会计规则的经济后果问题奠定了理论基础。

基于会计信息质量特征的研究，展现了现阶段商誉减值会计规则所生成的商誉减值会计信息在可靠性与相关性方面的特征，以及可能存在的问题。该部分的研究是对商誉减值会计规则在财务报告层面经济后果的直接检验，同时也是本书的核心内容，并为后文关于商誉减值会计规则在非财务报告层面经济后果的研究奠定基础。

基于商誉减值真实效应的研究，将回答商誉相关会计规则的变迁是否会影响企业投资决策，以及两者关系受何种因素影响等问题。该部分的研究重点是进一步讨论会计监管环境变化将如何影响商誉减值会计信息的使用问题，是从企业并购决策层面对商誉减值经济后果研究的进一步深入。

基于商誉减值信息披露的研究，将回答商誉减值会计信息披露能否对企业外部投资者的投资决策产生影响的问题。该部分的研究重点是深入研究商誉减值会计信息自愿披露将如何影响商誉减值会计信息的使用问题。这既是从投资者投资决策层面对商誉减值经济后果研究的深入，也是对增加信息披露这一优化措施实际效果的直接检验。

基于商誉摊销的研究，将回答商誉摊销是否比商誉减值更能对企业外部投资者的投资决策产生影响的问题。该部分的研究重点是深入探讨不同后续计量方法将如何影响商誉会计信息的使用问题。这既是从投资者投资决策层面对商誉减值经济后果进行研究的深入，也是对重新引入摊销法这一优化措施实际效果的直接检验。

1.3 概念界定

1.3.1 商誉减值会计规则

通常而言，商誉指的是能够在未来为企业经营带来超额利润的潜在经济价值，或一家企业预期的获利能力超过可辨认资产正常获利能力（如社会平均投资回报率）的资本化价值，主要包括自创商誉与并购商誉（也称为外购商誉，本书对此不作区分）。在现有的企业会计准则体系下，由于企业的自创商誉并不需要确认与计量，因此资产负债表中列示的商誉主要指并购活动中产生的商誉资产，即购买方对合并成本大于合并中取得的被购买方可辨认净资产公允价值份额的差额。

商誉减值是指商誉资产的可收回金额低于其账面价值。目前，中国企业会计准则体系中只有《企业会计准则第 8 号——资产减值》涉及商誉资产减值的会计处理。具体而言，企业每年均应进行减值测试，对于减值金额应计入当期损益，确认为资产减值损失，同时计提相应的商誉资产减值准备。除此之外，证监会先后发布了《公开发行证券的公司信息披露编报规则第 15 号——财务报告的一般规定（2023 年修订）》以及《会计监管风险提示第 8 号——商誉减值》，对上市公司的商誉减值信息披露以及商誉减值测试提出了补充要求，但并未从根本上改变商誉减值的会计处理。因此，商誉减值会计规则主要是指《企业会计准则第 8 号——资产减值》中有关商誉减值测试及列报的规范。

1.3.2 经济后果

自会计准则的经济后果假说提出以来，有关经济后果的研究呈现出爆发式增长，研究范围不断拓展（Zeff，1978）。由于会计准则及其变化会直接影响企业的财务报告质量，从而对依赖财务报告作出决策的投资者亦会产生影响，因此具有一定的经济后果;同时,这种影响又会进一步对企业高管等利益相关者的财务决策行为产生作用(Kanodia 和 Sapra,2016;张先治和晏超,2015),从而产生更广泛的影响。因此,会计准则的经济后果首先体现在对财务报告质量的影响上,这是其他经济后果研究的基础。同时,考虑到经济后果研究的多维度特征、现有研究范式的约束以及研究的现实可行性,本书对经济后果的考察主要集中在财务报告质量层面以及企业者财务决策层面。具体而言,商誉减值会计规则的经济后果研究主要关注商誉后续计量会计规则所生成的会计信息的相关性与可靠性,以及商誉减值会计规则变化对并购决策的影响。

1.3.3 可靠性与相关性

国际财务报告准则的财务报告概念框架将忠实表述[①]描述为完整、中立与无误。由于这种关于财务报告信息质量的描述是定性的,不利于进行定量研究,因此本书在对可靠性特征进行定量分析时,重点关注特定财务报告动机与商誉会计信息的关系。通过这种事后联系,推断商誉会计信息是否具有可靠性。如果商誉会计信息与特定财务报告动机相关,则认为商誉会计信息的可靠性较低;反之,则认为其可靠性较高。

国际财务报告准则的财务报告概念框架将相关性定义为能够对投资者的决策产生影响,并将相关性的特征描述为具有预测价值或证实价值,或两者兼有。由于研究方法以及研究数据的限制,本书对相关性的分析重点是关注其预测价值,并主要考察商誉会计信息对未来现金流的预测价值。如果商誉会计信息与未来现金流显著相关,则认为商誉会计信息具有预测价值。

1.3.4 真实效应

Kanodia 和 Sapra(2016)认为,真实效应(Real Effects)泛指会计计量与披露规则对企业真实决策的重大影响,包括但不限于对投资决策、风险管理、资产组合和融资决策的影响。由于本书重点关注的是商誉相关会计规则的经济后果问题,因此主要从政策目标出发,考察商誉会计规则变化对企业并购决策的影响。如果商誉相关会计规则的变化确实能够改变企业的并购决策,则可以认为商誉相关会计

① 2010年版财务报告概念框架中将可靠性(Reliability)信息质量特征更改为忠实表述(Faithful Representation),但基本意思并没有发生大改变(黄晓韡和黄世忠,2016),所以本书仍延续可靠性的使用习惯。

规则具有真实效应。

1.3.5 有用性

对于有用性问题，本书将其界定为对投资者决策的有用性，并以商誉相关会计信息是否具有价值相关性为标准，分别从信息披露的有用性以及摊销法的有用性两个方面进行研究。若信息披露具有价值相关性，则认为其具有决策有用性，即增量的信息披露会提高商誉减值会计信息的决策有用性水平。此外，企业的定期财务报告以及临时公告均会披露相关财务信息。由于目前有关商誉减值信息的临时公告较少，仅使用该数据可能导致研究结论存在样本自选择问题，因此本书主要关注年度报告中商誉减值会计信息的披露状况。若摊销法生成的会计信息具有价值相关性，则认为其具有决策有用性，即摊销法下的商誉后续计量会计信息比减值法下的商誉后续计量会计信息更具有决策有用性。

1.4 研究思路与研究方法

1.4.1 研究思路

商誉减值会计规则的经济后果，首先体现在商誉减值会计规则对所生成的商誉减值会计信息质量的影响上（报告层面的经济后果），其次体现在基于商誉减值会计信息的内外部决策活动上（决策层面的经济后果）。因此，本书重点通过研究商誉减值会计信息，探讨商誉减值会计规则的经济后果。

本书的具体研究思路：首先，对商誉减值问题的研究背景进行介绍，并对研究问题进行描述和界定。其次，对与商誉减值问题相关的文献进行综述，寻找研究的突破口，为本书的分析奠定理论基础。再次，运用归纳方法对商誉会计规则的历史演进过程进行规范分析，从历史视角把握商誉会计规则的经济后果对商誉会计规则演进的影响，总结其经济后果方面的历史规律。然后，运用大样本数据对现阶段商誉减值会计信息的可靠性以及相关性问题进行实证检验，从会计信息质量角度总结商誉减值会计规则是否实现提供高质量商誉减值会计信息的目标。之后，进一步从企业并购决策的视角对商誉减值会计规则是否影响企业投资决策进行实证检验，总结商誉减值会计信息在决策层面的经济后果。针对商誉减值会计规则可能带来的负面经济后果，本书进一步从增加信息披露以及引入摊销法两个方面，提出优化现有准则的建议并进行实证检验。最后，根据以上研究发现，总结本书的研究结论，并提出完善商誉减值会计规则和提升商誉减值风险监管效果的政策建议。

1.4.2 研究方法

本书将有针对性地选择合适的研究方法进行研究。总体而言，本书将以实证研究方法为主，同时辅以少量的案例研究法、专家访谈法等规范研究方法。其中，规范研究方法主要应用于本书的文献综述、准则演变的历史分析以及政策建议的提出；实证研究方法则主要用于对规范研究内容进行实证检验，并利用中国上市公司数据研究现有商誉减值会计规则的经济后果，以达到科学评价商誉减值会计规则经济后果的目标。具体研究方法阐述如下。

1.4.2.1 规范研究方法

本书将综合运用归纳法、对比分析法等规范研究方法，对企业商誉减值会计规则的演变及其内在逻辑进行研究，评价现有商誉减值会计规则以及披露规则演变的合理性和有效性，为进一步评估商誉减值会计规则的经济后果提供历史证据支持和理论依据。同时，通过对商誉减值相关理论、相关准则以及案例企业的深入分析，从准则修订、会计监管以及资产管理等不同维度推导出有针对性的政策建议。

1.4.2.2 实证研究方法

在收集企业合并、并购商誉及商誉减值数据的基础上，通过大样本回归实证检验商誉减值会计信息的可靠性与相关性，评价商誉减值会计规则在财务报告层面的经济后果。同时，从企业并购倾向的视角进一步评价商誉减值会计规则在决策层面的经济后果。再针对两种不同的商誉减值会计规则优化对策，分别从增加商誉减值信息披露以及重新引入摊销法两个层面，实证分析上述优化措施对企业外部利益相关者投资决策的影响，评价优化对策的实际效果。

根据以上研究思路与研究方法，本书的技术路线如图 1－4 所示。

1.4.3 结构安排

根据研究问题和技术路线，本书共设置 9 章内容，各章具体内容如下。

第 1 章为导论。本章主要是提出问题，并对此进行阐述。首先，对研究背景进行分析，并指出在此背景下开展研究的意义。然后，描述本书的研究问题以及针对该问题研究所要达成的研究目标，同时对研究问题中的相关概念进行界定，限定后

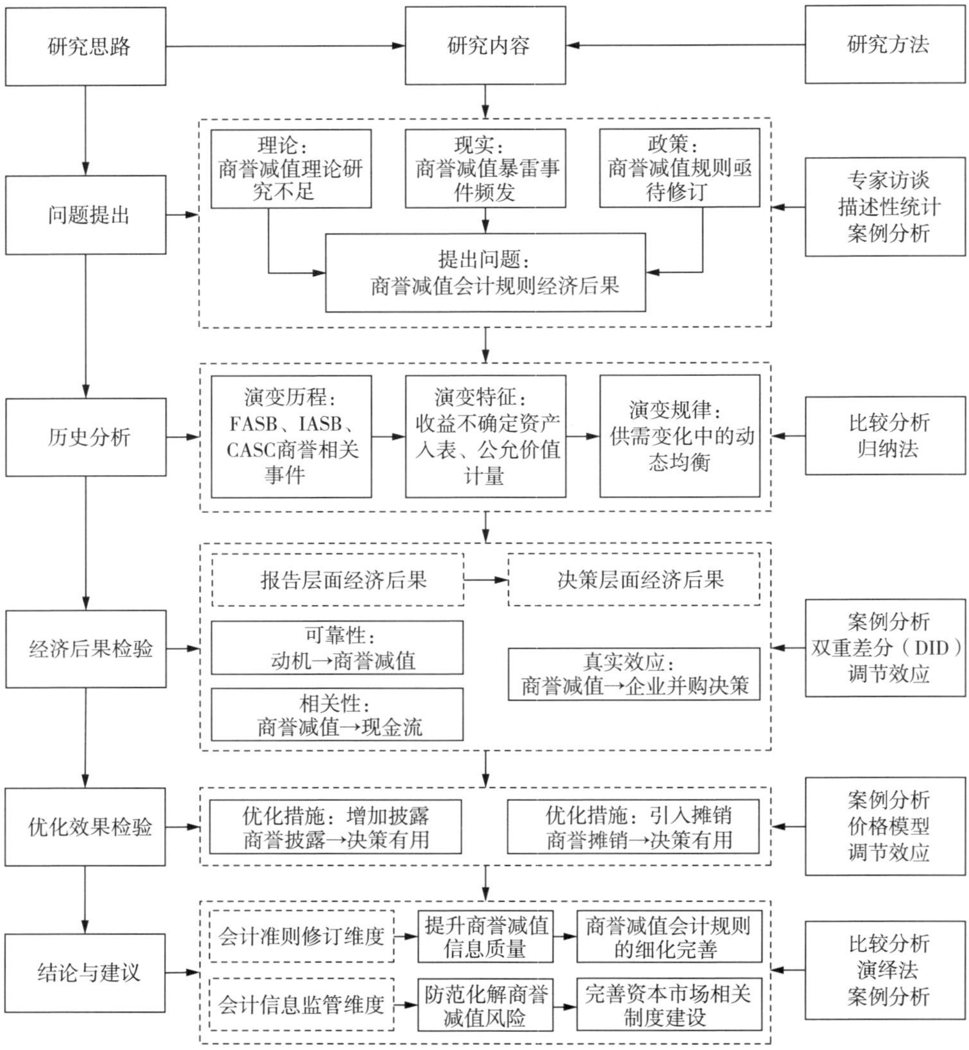

图 1－4　技术路线图

文的研究范围，还对该研究问题的研究思路以及研究方法进行阐述。最后，介绍全书的结构安排情况及本书的可能创新点。

第 2 章为相关文献综述。本章主要针对与本书研究问题相关的文献进行综述与评论。首先，针对与本书研究内容相关的文献进行了综述，包括商誉的产生与发展问题、商誉的初始确认问题、商誉的后续计量问题以及商誉的信息披露问题等。然后，对以上文献进行了简单的评论。最后，提出了本书的研究方向。

第 3 章为商誉相关会计规则的演变历程与内在逻辑。首先，从 FASB 商誉会计准则的演进变化、IASB商誉会计准则的演进变化以及CASC商誉会计准则的演进变化三个层面梳理了商誉会计的历史发展。然后，总结了商誉相关会计规则演变的特征。最后，从供需双方分析了商誉相关会计规则演进特征背后的原因。

第4章为商誉减值会计信息可靠性的实证检验。本章主要针对商誉减值会计信息是否满足可靠性特征进行实证分析，从财务报告质量的角度探讨商誉减值会计规则的经济后果。研究首先构建商誉减值的预测模型，并在此基础上考察不同的财务报告动机是否与商誉减值金额相关。若发现商誉减值金额与财务报告动机之间存在关系，则表明商誉减值金额受财务报告动机的影响，其可靠性亦受到影响；否则，说明商誉减值会计信息的可靠性较高。

第5章为商誉减值会计信息相关性的实证检验。本章主要针对商誉减值会计信息是否满足相关性特征进行实证检验，从财务报告质量的角度分析商誉减值会计规则的经济后果。研究首先构建现金流预测模型，考察商誉减值信息与未来现金流之间的关系，并对不同情境下两者之间的关系进行分析。若发现商誉减值会计信息与未来现金流之间存在正相关关系，则表明商誉减值会计信息具有预测能力，其相关性较好；否则表明相关性较差。

第6章为商誉减值会计规则真实效应的实证检验。本章主要针对商誉会计处理规则变化是否影响企业并购决策进行实证检验，从企业决策的角度分析商誉减值会计规则的经济后果。研究基于《企业会计准则解释第5号》实施的准自然实验，依据不同企业受该规则影响的差异构建实验组和对照组，采用双重差分法实证检验商誉相关会计规则变化与企业并购决策之间的关系。如果发现实验组比对照组更倾向于降低企业并购倾向，则表明商誉相关会计规则对企业并购决策具有真实影响；否则表明没有真实影响。

第7章为商誉减值会计信息披露有用性的实证检验。本章主要针对商誉减值会计信息的表外披露对投资者决策行为的影响进行实证检验，验证增加商誉会计信息披露能否改善投资者决策效果。研究利用价值相关性模型，考察商誉减值会计信息表外披露的决策有用性问题，并对商誉会计信息披露影响投资者行为的作用机理进行了分析。此外，研究还将商誉减值分解为预期减值部分与非预期减值部分，全面分析商誉减值信息披露的影响。

第8章为商誉摊销会计信息有用性的实证检验。本章主要针对商誉摊销法下会计信息对投资者决策行为的影响进行实证检验，以验证摊销法能否改善投资者决策效果。研究利用价值相关性模型，考察了商誉摊销会计信息的决策有用性问题，并分析了不同商誉后续计量方法下会计信息对投资者行为影响的机理。

第 9 章为研究结论及政策建议。本章主要对本书的研究结论进行总结，并提出相关政策建议。首先，对主要研究问题的研究结论进行了概括。其次，对研究结论的政策意义进行了分析。接着，对研究范围及方法的局限性所导致的研究不足进行了探讨。最后，针对政策启示及因研究不足而存在的研究机会进行了分析，并提出未来的研究方向。

1.5 研究创新

本书对商誉减值会计规则经济后果问题的研究，具有如下特色与创新。

第一，本书从商誉会计信息的供求关系视角对商誉减值的演进逻辑进行解释，将短期视角下的商誉会计信息供求与长期视角下的商誉会计信息供求同时纳入演进逻辑的分析框架，丰富了商誉会计信息演进变化的理论。已有关于商誉相关会计规则变迁的研究，或基于利益集团游说理论，或基于社会规则变迁理论；前者强调短期内利益集团对准则制定过程的干涉，后者则强调社会环境的长期渐进变化对商誉会计信息的影响，二者均忽视了商誉会计信息演进过程中的复杂性与曲折性。本书基于商誉会计信息供求视角的分析，将短期和长期的商誉会计信息影响因素均纳入社会总供求的分析框架，对商誉会计规则演进过程中的超前或滞后现象提供了更好的解释。

第二，本书利用不同公司治理机制下商誉减值机会主义盈余管理能力的差异，对商誉减值会计信息可靠性研究中的机会主义盈余管理假说与传递私人信息假说进行了识别，进一步丰富了商誉减值会计信息可靠性的研究成果。已有研究虽然已经关注商誉减值会计信息的可靠性问题，但尚未明确区分商誉减值会计信息不可靠是由于机会主义盈余管理动机导致，还是由于传递私人信息动机所致，这可能导致相关研究结论存在偏误。本书认为，不同公司治理机制下的机会主义盈余管理能力存在差异，因此可以有效识别上述研究假说。本书的研究发现，中国资本市场上企业的商誉减值信息受到财务报告激励动机的影响，但仅在“洗大澡”动机下，这种影响表现为一种盈余管理行为。

第三，本书利用应计项目与未来现金流之间的对应关系，对商誉减值会计信息与未来现金流之间的关系进行了实证检验，丰富了商誉减值会计信息相关性研究的文献。已有研究较为注重对商誉减值与未来会计业绩以及市场业绩之间关系的检验，但此类研究通常以企业的内外部环境均不发生显著变化为前提，而这一前提在知识经济时代难以得到保证。本书基于应计项目与现金流之间对应关系的研究结果，认为该关系不会因外部环境的变动而发生改变。本书基于中国资本市场的实证检验发现，虽然商誉减值信息对未来现金流具有预测能力，但该预测能力受不同治理环境的影响，存在较大的差异。

第四，本书利用2013年中国《企业会计准则解释第5号》实施这一外在事件，采用倍差法实证检验商誉减值自由裁量权对企业并购决策的影响，丰富了商誉减值会计信息经济后果的相关文献。已有关于商誉减值经济后果的研究多关注商誉减值对财务报告质量和利益相关者的影响，较少探讨商誉减值会计规则的制定初衷是否得以实现，也缺乏对该政策目标的实证检验。本书基于中国相关数据的实证研究发现，压缩会计自由裁量权有助于缓解委托代理冲突，从而降低企业的机会主义并购倾向。

第五，本书从商誉减值会计信息披露的视角，对披露信息的有用性及其作用机理进行了检验，丰富了商誉减值信息披露方面的文献。已有关于商誉减值的研究多集中于商誉减值计量方面，而对信息披露的研究相对较少。财务报告中的表外披露是表内信息的重要补充，基于表外披露的研究能够提供更准确的有关商誉减值会计信息的研究结论。本书基于中国情境下商誉减值的研究发现，商誉减值会计信息披露具有决策有用性，它降低了市场对预期商誉减值的负面反应，同时增强了市场对非预期商誉减值的正面反应。

第六，本书手工整理了商誉资产组层面的减值数据，并以多次小额商誉减值作为商誉摊销金额的近似替代，进而实证检验摊销法与减值法在决策有用性上的差异，丰富了不同后续计量方法经济后果的相关文献。由于缺乏商誉摊销金额数据，已有研究很难直接对不同后续计量方法下的会计信息价值相关性进行准确的检验，本书的相关研究有望弥补该领域的研究不足。本书基于多次小额商誉减值数据的研究发现，商誉摊销法比减值法生成的商誉信息更具决策有用性，其主要作用机制在于摊销法提供了更为可靠的会计信息。

综合而言，本书对商誉减值会计信息在财务报告层面及决策层面经济后果的探索，有助于利益相关者理解商誉会计信息的供求规律，也有助于客观评价当前商誉减值会计规则的实施效果，为进一步完善商誉减值相关准则提供了经验证据支持，同时为优化资本市场监管政策提供了经验证据支持。

第2章　文献综述

与商誉相关的文献综述较为丰富，学者们分别从不同的视角对商誉相关问题进行了回顾与总结。在有关商誉会计发展历史的综述方面，Andrews（1981）对1900—1970年美国商誉会计相关准则的演进进行了回顾；邓小洋（2000）以及熊剑和蒋基路（2004）分别对美国商誉会计的发展情况进行了介绍；Ding等（2008）对自1880年以来英国、美国、德国以及法国的商誉会计演进特点进行了对比分析；许家林（2006）则对近80年来商誉会计理论在各国会计准则中的体现方式进行了介绍；Li和Meeks（2016）就2005年以前美国、英国以及国际会计准则中商誉相关会计规则的演进发展过程进行了回顾；张为国和解学竟（2020）就商誉会计规则形成中的政治过程及其双重影响进行了研究。在有关现阶段①商誉会计信息属性及其经济后果的综述方面，Boennen和Glaum（2014）以及韩宏稳（2022）分别对商誉确认以及商誉减值的影响因素和经济后果问题进行了回顾；Wen和Moehrle（2016）对商誉的属性及其与投资者和债权人之间关系的文献进行了总结；Carvalho等（2016）对与商誉会计信息披露相关的问题进行了综述；李俊（2023）专门基于国有企业背景分析了超额商誉的成因及解决对策。除此以外，还有部分文献针对商誉会计相关的权益结合法问题（Nurnberg，2012；余恕莲和毛洪涛，2000a，2000b）、无形资产问题（Cañibano等，2000）以及减值测试问题（Alciatore等，1998；Wersborg等，2014）作了精彩的综述。

已有研究是本研究的基础。根据本书的研究内容，本章的文献回顾主要限定在以下几个方面。首先，本章回顾了有关商誉产生和发展的文献，对学界针对商誉

① 现阶段主要是指在商誉的会计处理上强调确认商誉资产，并以减值法进行商誉后续计量的阶段。

发展各历史阶段的理论研究进行综述;[①]其次,本章分别从商誉的确认、后续计量以及信息披露三个方面对商誉会计相关的文献进行综述;最后,本章对上述文献所体现的趋势和特征进行总结与评价,并指出未来可能的研究方向。

本章通过文献综述的形式对商誉会计相关的理论与文献进行梳理,一方面,可以大致勾勒出商誉会计的产生与发展趋势,以及商誉会计经济后果的研究现状;另一方面,也为后续研究提供理论支撑,并从中寻找研究切入点。

2.1　商誉的产生与发展

本节根据美国商誉会计相关准则的演进,将商誉相关的研究分为商誉产生阶段和发展阶段。商誉产生阶段是指 20 世纪初到 1932 年美国会计师协会(American Institute of Accountants, AIA)成立这段时间。该阶段商誉会计缺少具体的准则指导,学者们主要关注商誉的属性问题。商誉发展阶段又分为两个阶段,第一个阶段为权益结合法阶段,从 1932—2001 年,包括权益结合法的产生、发展到最终取消,主要针对商誉资产的初始计量及企业的并购类型进行研究;第二个阶段为减值法阶段,从 2001 年至今,主要针对商誉的后续计量问题进行研究。

2.1.1　商誉的产生

在正式的会计准则制定机构成立之前,将并购活动的溢价部分视为商誉资产的做法已经开始出现。然而,由于商誉的特殊属性,[②]实务界通常避免确认商誉资产。根据 Montgomery 的记录,当时的实务界通常采用两种方法来避免确认商誉:第一,将并购的溢价冲减资本公积;第二,调整有形资产的估值,使得并购对价与购买资产价值相一致。Catlett 和 Olson(1968)对当时上市公司的考察则发现,由于英美法系公司法对资本保全的要求,不允许随意冲减资本公积项目,因此上市公司的会计师被要求在账面上永久保留商誉资产,或对其进行摊销

① 为了与本书第三章关于商誉相关准则的发展历程相区别,本部分对商誉产生与发展的回顾主要集中于学者对商誉会计的理论研究,不涉及具体准则的变迁。

② 商誉本身并不可辨认,只能在企业整体转让交易中体现,且其价值是否能够持续存在也具有不确定性,与会计相比,其对资产的定义差别较大。

处理。

该阶段有关商誉会计的研究重心是商誉的性质及最优商誉会计处理问题。More(1891)将商誉视为一种年金,认为商誉是新所有者在并购中为获取未来利润所支付的一种年金。Leake(1914)将商誉视为超额收益,认为商誉是企业未来获取的超过正常收益部分的现值。坎宁(1929)将商誉视为总计价账户,不仅包括那些被忽视的资产(资源)的未来收益价值,还包括作为资产项目的未来收益价值的高估或低估部分。杨汝梅先生则在其1936年出版的《无形资产论》中,将商誉视为由特殊亲善关系和其他无形资产共同作用而形成的一种资源。

2.1.2 商誉的发展

2.1.2.1 权益结合法阶段

随着并购活动的发展,权益结合法被视为一种恰当的合并会计处理方法引入会计工作中,[①]并体现在随后的相关会计准则中,不确认外购商誉的做法被固定下来。在此阶段,会计师们认为,权益结合这种形式的并购活动更多地体现为一种股票权益在企业合并双方之间的流转,而并没有实质上的资产买卖行为发生,因此不应该产生新的计量基础,应该按照资产与负债的账面价值记录企业合并活动。

围绕是否存在权益结合型的并购活动,相关学者展开了深入的研究,相关研究结论对后来的会计研究公告40号(Accounting Research Bulletin No. 40,ARB40)中权益结合法的适用范围标准产生了深远的影响。Werntz(1945)提出了4项标准以区分不同类型的并购活动,[②]其中有两项标准直接被ARB40采用。Black(1947)尝试对收购以及合并这两种并购类型进行区分,这两种并购类型分别对应购买法与权益结合法。Black认为,收购(Acquisition)主要是指被并购方对企业的所有权不继续存在;合并(Merger)则主要是指不同证券持有者之间的权益,以及不同资产、负债的结合或混合,被合并方的经营活动,甚至合并后企业未来的经营活动,均

① 权益结合最初并非用于描述企业并购的会计处理方法,最早出现在1943年联邦电力委员会(Federal Power Commission,FPC)有关企业合并的一个裁决中。在该裁决中,FPC认为并购前后公司并没有实质性的变化,企业的合并仅仅是一种权益结合行为,因此支持采用资产的原账面价值记录合并后企业的资产价值(黄世忠等,2005)。美国会计师协会则是最早使用权益结合这一概念的会计机构,其在1945年面向法律顾问的一份公共事业会计报告中提到了权益结合的概念。最早采用权益结合描述会计处理方法,则是在1946年美国Celanese公司合并Tubize Rayon公司的并购案中。

② Werntz的4项标准:第一,并购双方的规模是否相当;第二,并购双方在并购前附属关系的程度;第三,合并双方的所有权是否发生了显著的变化;第四,并购双方在并购前商业关系的实质。

会因合并带来的规模经济及协同效应而受益。Black 还认为，所有权的连续性及相对规模的大小这两个标准，可以较好地区分合并与收购。Wilcox（1950）则在 Werntz 和 Black 的研究基础上，进一步探讨了购买法与权益结合法适用的企业合并类型。Wilcox 认为，企业合并主要是一种权益的结合，并没有实质性的买卖行为。他主张将以下三类标准作为权益结合法的适用标准：其一，相对规模标准；其二，所有权的连续性标准；其三，管理团队的连续性标准。

由于不同的企业合并方法对企业的财务业绩影响明显，其经济后果特征显著，因此并购企业逐渐显示出对权益结合法的偏好。正如 Barr（1959）评论的那样，实务的推进导致权益结合法的适用标准逐渐被侵蚀殆尽，至少相对规模标准已经不再重要了。随着第四次并购浪潮①的推进，宽松的权益结合法适用标准被越来越多的学者所质疑，Wyatt（1963）在关于企业合并的会计研究报告第 5 号（Accounting Research Study No. 5，ARS5）中明确指出权益结合法的不足，并建议废除该方法，但是其建议并没有体现在会计原则委员会意见书第 16 号（APB Opinion No. 16，APB16）中。随后 Catlett 和 Olson（1968）也在其会计研究报告第 10 号（Accounting Research Study No. 10，ARS10）中表达了与 Wyatt 相类似的观点，但同样未被重视。

随着 APB16 对使用权益结合法的限制，不确认外购商誉的做法被进一步强化，越来越多的企业开始通过构造交易的方式来满足 APB16 所规定的 12 项条件。Lys 和 Vincent（1995）的案例研究表明，AT&T 为满足权益结合法的适用标准，至少多花费了 0.5 亿～5 亿美元。在此期间，随着实证研究方法的兴起，一系列实证研究文献开始基于数据探讨商誉会计相关问题。该阶段的部分实证研究文献证明了企业对不同企业合并方法的偏好（Gagnon，1967；Copeland 和 Wojdak，1969；Gagnon，1971；Anderson 和 Louderback，1975），以及由此带来的经济后果问题（Hong 等，1978；Davis，1990；Aboody 等，2000；Ayers 等，2000；Ayers 等，2002；Weber，2004），为企业合并准则的修订和完善提供了经验证据支持。

2.1.2.2　减值法阶段

随着美国财务会计准则第 141 号（Statement of Financial Accounting Standards

① 根据曾庆宾（1999）对美国企业并购浪潮的总结，第一次并购浪潮是指 19 世纪与 20 世纪之交发生的，涉及几乎所有工业部门的并购活动；第二次并购浪潮是指 20 世纪 20 年代以纵向并购为主的并购活动；第三次并购浪潮是指 20 世纪 60 年代以混合并购为主的并购活动；第四次并购浪潮是指 20 世纪 80 年代中期至末期发生的，以投资银行为主导的并购活动；第五次并购浪潮是指 1993 年至 21 世纪初发生的，以获取长期竞争优势为目的的并购活动。

141,SFAS141)以及第142号(Statement of Financial Accounting Standards 142,SFAS142)、国际财务报告准则第3号(International Financial Report Standard 3,IFRS 3)以及国际会计准则第36号(International Accounting Standards 36,IAS 36)的颁布或修订,学者们对商誉的研究开始转向商誉本身及其后续计量问题。Johnson和Petrone(1998)指出,商誉可以被分解为以下几个方面:①并购方确认的被并购净资产的账面价值与公允价值之间的差额;②并购方未确认的其他净资产的公允价值;③并购方已存在业务的持续经营所产生的公允价值;④并购方与被并购方相关业务与资产协同产生的公允价值;⑤并购方对价格的过度估值;⑥并购方支付的溢价。其中,①与②并不是商誉的组成部分,但在实务中可能由于测量误差而被包含在商誉资产中;⑤与⑥也并非商誉概念中的组成部分,而是代表着一种测量误差,或者说是某种收益与损失。在概念上,商誉仅包括③与④,因此③与④也被称为核心商誉(Core Goodwill)。FASB及IASB都遵循该定义,并制定了商誉的确认标准。此外,一系列的实证研究也开始论证外购商誉资产在不同层面上的经济后果问题(Jennings等,1996;Hirschey和Richardson,2002;Dahmash等,2009;Lapointe-Antunes等,2009;Li等,2011;Hamberg和Beisland,2014;Knauer和Wöhrmann,2016),为相关准则的制定与完善提供经验证据支持。

在此阶段,中国的学者也对商誉相关问题进行了深入研究。针对自创商誉问题,葛家澍(1996)认为,商誉资产是能够给企业带来超额盈利能力的资源,并建议分两步实现对自创商誉的确认。徐泓等(1998)认为,商誉是企业自创所能获取的超额收益,并建议将获取超额收益能力的大小作为商誉的计量标准。刘健和黄菊珊(1999)则不同意确认自创商誉,并建议取消使用“合并价差”项目,延长商誉和负商誉的摊销期。

针对并购商誉问题,张婷和余玉苗(2008)认为,正商誉是企业异质性资源的体现,而负商誉则与被并购企业的价值因素相关。周晓苏和黄殿英(2008)基于对并购商誉的研究发现,各国的合并商誉与实际的商誉概念相去甚远,因此产生了较为严重的经济后果,还需要对此进一步研究。杜兴强等(2011)通过对商誉资产的分解,认为商誉资产应只包括“合并商誉”与被并购企业的自创商誉两个部分,并提出了分层处理的计量策略。谢德仁(2023)则认为,当前商誉会计处理规则由于兼顾了现行价值计量观和成本计量观,从而造成了当前与商誉相关会计规则的一系列问题;若按照公允价值的定义,并购方为并购协同效应支付的对价不应计入商誉,建议直接进行费用化处理。

因为商誉会计相关准则取消了摊销法的后续处理要求，所以关于商誉后续处理问题的研究重心也随之发生了变化。早期的研究较多关注商誉摊销处理的合理性问题，后期的研究则更关注减值处理的合理性问题（Boennen 和 Glaum，2014）。不同于早期理论研究与准则制定之间的密切关系，这一阶段的商誉理论研究更注重对相关会计准则背后社会运行规律的探索，而较少对何为最优的会计准则作出价值判断。Amel - Zadeh 等（2016）在其有关商誉发展的历史回顾中写道，目前广泛采用的减值测试法直到 1997 年左右才被提及，并很快成为商誉后续计量的主流方法，而具有悠久历史的摊销法却被放弃。综上，诸多文献深刻流露出学者们对商誉后续计量规则变化的始料未及与惊叹。

由于减值法的大行其道，商誉减值导致的业绩下滑和股价崩盘成为诱发系统性金融风险等的重要原因，各国会计准则制定机构从减值法实施之初，就着手修订仅采用减值法的商誉后续计量规则（王鹏程和殷雅坤，2022）。中国学者围绕 2020 年 IASB 发布的《企业合并：披露、商誉与减值（讨论稿）》提出了一系列富有建设性的后续计量意见。谢纪刚和张秋生（2020）提出了“用现在检验过去对未来的预期（Testing Previous Expectations with the Current，TPEC）”的商誉减值会计模式，通过比较并购后的实际业绩（现在）与购买日预期业绩（过去对未来的预期）来确认商誉减值损失，从而将商誉的后续计量与初始确认相联系。实质上，此模式是对“过去对未来的预期”未实现部分进行减值处理，在摒弃了强制摊销的同时又消除了主观性。李明和彭川（2021）提出了商誉后续计量的摊销加减值模式。他们认为商誉资产是消耗性资产，且在仅减值模式下，减值信号的滞后性无法被有效克服，会导致严重的负面经济后果；而摊销模式不仅能消除不良经济后果，还可以创造增量效益，因此摊销加减值模式更符合成本效益原则。柴明洋和李姝（2020）也提出了类似观点。他们认为，采用满足激励相容约束的以摊销法为主、减值法为辅的计量模式，可以提升商誉公允价值计量的可靠性，实现资产与盈余的稳健性与中立性协调。张俊瑞等（2021）则提出了与其他综合收益相结合的商誉后续双重计量确认模式。所谓双重计量确认模式，是指对商誉同时进行摊销和减值测试，并将摊销额计入损益，减值损失计入其他综合收益，待后期转回至损益。这种“双重计量”“双重确认”模式，既能限制管理层盈余操纵的空间，又可以及时反映商誉价值变动，避免商誉泡沫减值对合并后经营业绩的干扰。这一时期，有关商誉后续计量的实证研究也较为丰富（Beatty 和 Weber，2006；Ramanna，2008；Li 等，2011；Gu 和 Lev，2011；Ramanna 和 Watts，2012），为后续商誉会计相关准则的发展和完善提供了经验与证据支持。

2.2 商誉初始确认的影响因素与经济后果

与商誉相关会计准则的发展相对应，早期的研究并未直接关注商誉的计价问题，而更多地关注不同企业合并方法的影响因素及其经济后果。在商誉资产的确认成为必然趋势后，近期的研究开始关注商誉会计信息本身的影响因素与经济后果，并主要基于商誉信息的可靠性和相关性展开研究。

2.2.1 不同企业合并方法的影响因素与经济后果

早期研究中有一部分文献从财务报告动机出发，分析了管理者对两种企业合并方法的偏好问题。Gagnon(1967)基于利润最大化假说与盈余平滑假说，分析了高管选择企业合并会计处理方法的偏好。Gagnon 基于 1955—1958 年纽交所上市公司企业合并的数据研究发现，当上市公司可能会因为确认商誉而导致业绩下降时，更可能选择权益结合法作为企业合并的会计处理方法，支持了利润最大化假说。Copeland 和 Wojdak(1969)在该研究的基础上，通过增加样本年度以消除时间趋势的影响，也得到了相似的研究结论。Gagnon(1971)利用更为严谨的计量方法，仍然发现上市公司有利用权益结合法最大化企业利润的可能。Anderson 和 Louderback(1975)基于 APB16 的背景检验了该规则的有效性，他们利用 APB16 实施前后的相关数据进行研究发现，APB16 中的强制性标准并没有显著降低企业采用权益结合法的数量。

虽然早期的这一系列实证研究并没有证明权益结合法与购买法的优劣，却说明了管理者在企业并购会计政策选择上存在偏好，证明了企业合并会计政策具有经济后果。随着实证研究方法的发展，更多的研究开始基于价值相关性对这两种企业合并会计处理方法进行比较。Hong 等(1978)基于 1954—1964 年的数据，研究了不同企业合并方法与股价之间的关系。无论是采用首次年度盈余公告日后的股票异常收益数据，还是采用合并生效日后的股票异常收益数据，都没有发现会计合并方法与股价之间的相关性，说明投资者是理性的，能够对不同合并方法的经济后果进行正确解读。Davis(1990)在前人研究的基础上，利用 1971—1982 年的数据重新检验了两者之间的联系，依然没有发现两者之间存在联系。Weber(2004)则基于 1996 年美国证券交易委员会(United States Securities and Exchange Commission,SEC)强制推行员工会计公报第 96 号(Staff Accounting Bulletins No. 96,SAB96)的背景,检验了市场对使用权益结合法的反应。其研究发现,市场会对SAB96 实施后使用权益结合法带来的成本增加作出反应,并对由此带来的利弊进行权衡。

不同于上述发现,Ayers 等(2000)利用 1992—1997 年的权益结合法数据,将该数据调整为购买法基础下的数据,研究发现,购买法下的摊销导致企业权益回报率以及每股收益都显著下降,对企业价值产生显著影响。在此基础上,Ayers 等(2002)采用 1990—1996 年免税的换股合并样本,分析了企业使用权益结合法的影响因素,以及企业为达成权益结合法使用标准所付出的成本代价。其研究发现,公司的财务报告动机是影响企业选择合并会计方法的重要因素,企业的并购溢价与权益结合法的适用密切相关。Aboody 等(2000)基于购买法会增加被并购公司净资产的作用原理发现,薪酬契约及债务契约会影响购买法的采用。以上研究虽然没有直接比较两种企业合并方法的效果差异,但均说明了会计政策经济后果的广泛存在,因此有必要在准则制定过程中对可能的利弊进行权衡。

中国的学者也对不同企业并购会计处理方法问题进行了研究。陈信元和董华(2000)基于清华同方吸收合并的案例研究认为,在该案例中选择权益结合法是合适的,但在会计信息披露方面尚存在不足。邓小洋(2001)对企业合并中的购买法、权益结合法以及重新开始法(Fresh Start Method)的处理要求及其可能的经济后果进行了分析。潘秀丽(2002)基于对共同控制问题的分析认为,应该采用权益结合法对共同控制下的企业合并进行处理。黄世忠等(2004)的研究则认为,由于中国特殊的融资与监管环境,不同企业合并方法的经济后果将更为突出,并建议整合不同的会计计量属性,以满足商誉资产计量的需求。丁友刚(2004)基于美国企业合并方法发展历程的分析认为,两种合并方法的差异在于购买法下商誉的摊销规定,因此可以通过缩小不同方法的差异来缓解不同企业合并方法的经济后果差异。

2.2.2 商誉初始确认的影响因素

在商誉确认已成为必然趋势的情况下,近期的研究开始关注商誉确认时的可靠性及其影响因素。商誉确认时的可靠性主要体现在购买价格分摊(Purchase Price Allocations,PPAs)问题上,即商誉高估。除此之外,并购特征等其他因素也会对商誉确认产生影响。

与摊销法相比,在减值法下,管理者有动机将更多的并购成本分配到商誉中。

因为只要公司避免计提商誉减值，该部分并购成本就不会被计入当期盈余，有利于业绩的稳定。Lys 等(2012)以 2002—2006 年间美国上市公司发生的 2123 起并购事件为研究对象，通过分析主并公司在并购宣告日至并购完成日之间的市值变化，将样本分为 1252 起因并购导致经济收益(Economic Profits)的样本，以及 871 起因并购导致经济损失(Economic Losses)的样本。研究发现，871 起(占总数的 41%)样本虽然属于因并购导致经济损失的情形，但并未按照准则要求确认减值损失，说明并购方将更多的并购损失留在了资产负债表的商誉项目下，膨胀了企业的商誉资产。Li 和 Sloan(2017)以 1996—2011 年间 SFAS142 实施前后的样本为研究对象，发现 SFAS142 的实施导致了商誉资产的高估。

Shalev 等(2013)认为，CEO 现金奖励金额的比重越大，在并购交易中被计入商誉的成本就越多。他们调查了 184 家于 2001 年 6 月—2007 年 4 月在美国上市的公司进行的并购重组交易情况，在控制了并购活动的经济特征(包括目标无形资产、广告强度、交易前无形资产、市账比、预期协同效应)后，结果发现与预期一致。Zhang 和 Zhang(2017)的研究发现，购买价格如何分摊到商誉及无形资产中会影响企业的估值，且这一过程在 SFAS142 实施前后所受高管薪酬激励的影响程度存在差异，即在 SFAS142 实施前，高管薪酬激励并不影响购买价格分摊。Zhang 和 Zhang 认为，这主要是在 SFAS142 实施前，商誉及无形资产的后续处理不存在差异，高管调整购买价格分摊的能力较低所致。Zhang 和 Zhang 还发现，外部评估会抑制高管薪酬对购买价格分摊的影响，但并不能完全消除这种影响。Paugam 等(2015)以异常商誉的市场反应来衡量购买价格分摊的信息含量问题，其研究发现，异常商誉与商誉确认当年的市场反应负相关，且异常商誉越多，企业的未来业绩越低。

除去高管激励因素外，Gu 和 Lev(2011)的研究还发现，过度支付与商誉高估也存在密切关系。他们以 1990—2006 年间发生并购交易的美国上市公司为研究对象，发现并购中的过度支付与并购的频次及商誉金额均显著正相关，且这种过度支付会导致并购后业绩下滑。谢纪刚和张秋生(2013)基于中国的相关数据研究也发现，股份支付会对商誉高估产生影响。傅超等(2015)基于制度理论的研究还发现，同行业企业的商誉确认行为会影响本企业的商誉确认。

在商誉“暴雷”事件频发的背景下，越来越多的国内学者将商誉确认影响因素的研究重点逐渐转移到如何抑制“商誉泡沫”(也称为超额商誉)问题上。该类研究主要基于公司治理理论，探讨企业内外部治理机制如何通过减少机会主义并购，来抑制商誉泡沫。公司内部治理方面的影响因素包括内部控制、实际控制人所有权、董监高责任险、非国有董事参与以及企业社会责任等。其中，关于内部控制，张新民等(2018)基于 2007—2015 年的中国商誉数据的研究发现，非国有企业和市场化程度高的地区，有效的内部控制可以抑制商誉泡沫，且内部控制质量与并购商誉质量显著正相关。他们认为，应当加深企业对内部控制观念的理解，细化与商誉减值相关的内部控制措施，从而抑制商誉泡沫问题的产生与扩大。

在实际控制人所有权方面，宋佳宁和高闯(2021)基于 2008—2019 年沪深 A 股上市公司商誉数据的研究发现，实际控制人所有权的增加能有效抑制商誉泡沫行为以及防范企业大额计提商誉减值。这种抑制作用的效果在独立董事比例高、分析师跟踪人数多的公司中更为明显。黄小琳等(2022)进一步研究发现，随着大股东持股比例的提高，大股东的监督作用随之增强，从而有效抑制管理层并购商誉操纵行为，减少超额商誉的产生，且这种抑制作用在外部审计质量低、代理冲突严重、业绩下滑的企业中更为显著。

此外，厉国威和励雯翔(2023)从董事高管责任保险的角度出发，基于 2007—2019 年的中国商誉数据研究发现，公司认购董事高管责任保险能有效抑制商誉泡沫的产生，其影响路径是通过外部保险机构的持续监督促进公司内部控制制度的完善，进而控制管理层的机会主义行为，达到降低超额商誉的目的。独正元和吴秋生(2023)从非国有董事的角度出发，发现非国有董事参与程度与国企并购超额商誉显著负相关，即非国有董事参与治理程度越高，国企并购超额商誉的确认就越低，且商誉减值的概率及计提比例也越低。他们认为，非国有董事的积极参与可以降低代理成本和缓解信息不对称，进而抑制国企并购商誉泡沫。

与上述监督机制略有不同，许多学者还注意到社会责任对商誉泡沫的独特影响机制。一方面，企业社会责任可以通过声誉机制促使企业关注长期价值，抑制企业的商誉操控动机；另一方面，企业社会责任可以通过信息机制，提升企业信息透明度，减少企业的商誉操控可能性。许罡(2020)基于 2010—2017 年的中国商誉数据发现，企业履行社会责任能有效抑制超额商誉的产生，且这种抑制效应在非国有企业中更为显著。毛志宏和李丽(2023)则发现，企业良好的 ESG 表现有助于减少并购前后超额商誉的确认以及商誉减值的计提。此外，他们认为，提升内部控制质量和外部市场化程度能增强 ESG 表现对企业商誉泡沫的抑制作用。范云朋(2024)通过研究发现，企业社会责任履行中股东责任履行对商誉泡沫行为的抑制效应最为显著，且这种抑制效应在非国有控股、审计师来自非四大会计师事务所和管理层过度自信的样本中更为显著。

外部公司治理方面的影响因素包括审计师、资产评估师、机构投资者、资本市场开放、融资融券制度、产品市场竞争等。一些学者对审计师是否影响并购商誉泡沫进行了一系列探讨与研究。李璐和姚海鑫(2019)基于共享审计师视角,利用2007—2017年中国上市公司并购数据研究发现,并购双方间的共享审计关系有助于降低并购商誉确认金额及后续商誉减值计提比例;共享审计关系的存在,可以减少信息不对称并抑制应计盈余管理,从而反向影响并购商誉泡沫。王文姣和谭云(2020)则基于审计师与客户间不匹配关系的视角,选取2007—2018年中国A股上市公司商誉数据进行研究,发现当客户与审计师存在向上不匹配关系时,审计师的专业胜任能力及独立性更强,能有效抑制企业并购商誉泡沫;反之,当客户与审计师存在向下不匹配关系时,审计师的能力与话语权均较弱,会加剧企业并购商誉泡沫。郭照蕊和黄俊(2020)基于审计质量视角,利用2007—2017年中国A股上市公司数据,研究发现高质量审计对上市公司商誉泡沫存在显著抑制作用。实证结果表明,相较于选择非四大会计师事务所的上市公司,选择四大会计师事务所的上市公司表现出的超额商誉及计提的商誉减值比例都更低,因此高质量审计具有抑制超额商誉的作用。张俊民等(2022)基于国家审计视角,选取2010—2018年央企控股上市公司的商誉数据,研究发现国家审计有助于抑制央企上市公司商誉泡沫产生,且这种抑制功能可以由高质量的社会审计替代。拓展性研究发现,国家审计对不同治理机制公司商誉泡沫的抑制作用存在显著差异,对内部控制水平低、管理层未持股的公司抑制作用更为明显。此外,部分学者研究了资产评估师对商誉泡沫的影响。耿建新和丁含(2021)基于2013—2019年中国A股上市公司商誉数据研究发现,资产评估师能够显著抑制超额商誉产生。在并购项目中,有资产评估师参与的企业产生的初始超额商誉更低,后续计提的商誉减值比例也更低。进一步研究发现,对于缺乏经验的并购方,资产评估师抑制商誉泡沫的作用更为明显。

一些学者还从机构投资者的角度研究其对商誉泡沫的影响。张亚涛(2022)基于机构投资者交叉持股视角,利用2008—2020年中国A股上市公司数据研究发现,机构投资者交叉持股可以显著抑制企业商誉泡沫,且交叉持股的金融类机构投资者比一般法人类机构投资者的抑制效果更为显著,其作用机制是通过降低代理成本和提升企业信息披露水平来抑制商誉泡沫。王建新和杨智(2023)则对机构投资者实地调研是否能够抑制商誉泡沫展开了研究。他们分析了2013—2019年中国上市公司数据,发现机构投资者实地调研具有抑制商誉泡沫的作用,且随着调研程度加深,对商誉泡沫的抑制作用更加显著,其作用机制主要是机构投资者通过实地调研降低代理成本以及缓解信息不对称,从而抑制商誉泡沫。

另有一些学者从资本市场角度探讨其与并购商誉泡沫的关系。李昆和周庆鸽

(2020)选取 2012—2016 年中国 A 股上市公司数据,检验“沪港通”的实施对并购商誉泡沫的影响,发现“沪港通”有助于抑制并购商誉泡沫,即资本市场开放能够有效抑制并购商誉泡沫,且主要通过优化信息环境来实现抑制作用。孙诗璐等(2021)从融资融券制度方面研究卖空管制的放松对商誉泡沫的影响,发现卖空管制放松后,企业的超额商誉显著下降,这说明卖空管制的放松对商誉泡沫有显著负向影响,且该负向影响在非国有控股企业中更加显著。田园和高利芳(2021)提出类似观点,他们认为放松卖空管制可以有效抑制商誉泡沫,且在民营控股企业中抑制效用更加明显;同时,他们认为放松卖空管制主要是通过降低信息不对称程度以及代理成本来发挥抑制超额商誉的作用。

除此以外,还有部分学者发现,产品市场也是影响并购商誉泡沫的重要因素。赵彦锋等(2023)基于 2008—2020 年中国商誉数据的研究发现,产品市场竞争对商誉泡沫具有显著的抑制效应,且该抑制效应主要通过增加股票流动性、降低代理成本两条路径产生。

2.2.3　商誉初始确认的经济后果

有关商誉初始确认经济后果的研究主要集中于商誉的价值相关性问题上。Jennings 等(1996)利用 259 家美国公司在 1982—1988 年间的数据,估计了商誉资产与公司权益价值之间的关系,发现两者之间显著正相关,且商誉资产相对于其他资产的回归系数更大,这在一定程度上说明了商誉的估值具有有用性。Henning 等(2000)则在 Johnson 和 Petrone(1998)研究的基础上,将商誉分解为 4 个部分,并发现在 1990—1994 年间,投资者对美国公司并购活动中的商誉不同组成部分有不同的反应。Dahmash 等(2009)基于澳大利亚会计准则对无形资产和商誉确认及计量要求的差异,检验了两种资产计量要求差异对价值相关性及可靠性影响的不同。研究发现,虽然两类资产的确认都具有价值相关性,但是商誉的稳健计量要求使得商誉资产具有更高的价值相关性,无形资产的宽松计量要求使得其价值相关性相对较低;两类资产计量的可靠性都相对较低。Comiskey 等(2010)还对负商誉的价值相关性问题进行了检验。

根据资产的定义,Lee(2011)的研究通过检验商誉资产的预测能力,对商誉的价值相关性问题进行了检验。Lee 研究了 SFAS142 实施前(1996—1998 年)与实施后(2004—2006 年)公司累计商誉与未来现金流之间关系的变化。研究发现,在 SFAS142 实施后,商誉能够更好地预测未来的现金流。在基于子样本的研究中,Lee 并未发现商誉与未来现金流之间的关系在有盈余管理动机的样本中变弱,这表明 SFAS142 的实施提高了会计信息质量。

胡燕等(2012)基于 2007—2010 年的中国商誉数据研究发现,商誉与企业未来盈利能力以及股价均呈正相关,表明商誉确认具有价值相关性。郑海英等(2014)基于 2007—2012 年的中国商誉数据研究发现,商誉与当期业绩正相关,但与未来业绩负相关,表明商誉的负面影响具有一定的滞后性。郭雪萌和余瑞娟(2016)基于 2008—2012 年的中国商誉数据研究发现,商誉与企业的财务业绩以及股票收益均显著正相关,商誉的确认反映了企业的超额收益能力。赵西卜等(2016)基于 2008—2014 年的中国商誉数据研究发现,并购商誉的确认与企业价值显著正相关,表现出明显的价值创造效应。

同时,还有部分研究从企业市场价值层面探讨了商誉确认的经济后果问题。该类研究又分为两大部分,第一部分研究认为商誉确认是导致股票市场定价效率低下的主要原因。王文姣等(2017)基于会计功能和金融安全视角,选取 2007—2013 年 A 股非金融上市公司数据,研究发现并购商誉会加剧上市公司股价崩盘风险,且拥有更多商誉资产的上市公司未来股价崩盘的可能性更大。杨威等(2018)认为,在商誉较高的公司中,超额商誉显著正向影响公司股价崩盘风险。他们提出,并购商誉会在一定程度上提升企业业绩,导致投资者过度反应,从而使公司股价产生泡沫,并购结束后业绩下滑,投资者意识到股价高估,股价泡沫因此破灭并崩盘。黄志忠和郑依林(2022)则认为,企业确认的并购商誉价值越高,利润可预测性越低,在代理问题严重的企业中,会导致股票价格偏离实际价值,影响股票市场效率。

第二部分研究则认为,商誉确认并非导致股票市场定价效率低的主要原因。刘超等(2019)利用 2007—2017 年 A 股上市公司商誉数据研究发现,并购溢价、商誉及商誉减值都会增加股价崩盘风险,但并购溢价不是导致商誉影响股价崩盘的因素,真正的传导因素是并购以后公司业绩下滑和股权分散。邓鸣茂和梅春(2019)提出类似观点,他们认为高溢价并购形成的超额商誉以及后续商誉减值均会加剧股价崩盘风险,主要是因为并购产生的超额商誉并没有促进企业业绩上升,反而成为管理层或大股东提升短期股价并借机减持的套现工具。韩宏稳等(2019)基于 2008—2016 年中国 A 股市场非金融上市公司数据的研究也发现,单纯增加商誉并不会明显影响股价崩盘风险,而商誉减值信息才具有价值相关性,且在信息不对称问题严重和股价泡沫高的公司中,商誉减值对股价崩盘风险的影响更为明显。张丹妮和周泽将(2021)基于信号理论视角的研究则发现,商誉价值与股价崩盘风险显著正相关,但计提商誉减值的企业由于更为公允地反映了商誉的真实价值,反而导致商誉价值在此种情形下对股价崩盘风险的影响不显著。朱平芳和廖辉(2022)则发现,适度规模的商誉有助于降低股价崩盘风险,但是超过一定规模的商誉则会加剧股价崩盘风险,商誉与股价崩盘风险之间呈现出“U”形关系。

除此以外,还有部分研究以资本市场中介机构为对象,研究了商誉确认的经济后果问题。赵彦锋(2021)利用2011—2018年沪深A股上市公司数据研究发现,超额商誉增加了审计费用,原因是超额商誉会提升企业经营风险和审计投入。他还发现,高管股权激励可以抑制超额商誉与审计费用之间的正向关系,而货币薪酬激励则会加剧这一关系。薛爽和徐沛勣(2022)则发现,超额商誉会导致分析师乐观偏差增加,预测精准度降低,其原因在于商誉中含有泡沫,但无法被分析师完全识别出来,商誉泡沫越大,分析师乐观偏差越大,预测精准度越低。

不同于价值相关性研究以投资者为对象,部分研究则以债权人为对象,探讨了商誉确认对债务契约的影响。Leftwich(1983)基于私人债务契约的研究发现,契约中通常会将商誉以及无形资产排除在资产总额之外,但在使用净利润指标时,又会将由此类无形资产产生的摊销金额考虑进去。特别是在SFAS141/142实施后,债权人的利益更可能因为商誉及其减值的估计而受到影响,从而使债权人进一步放弃在债务契约中使用包含该类资产的指标(Watts,2006)。Frankel等(2008)的研究发现,当债务契约中使用有形资产净值而非净资产时,企业的商誉显著更低,且在实施SFAS141/142以后,包含有形资产净值的债务契约显著增多。该发现表明商誉资产具有信息含量,但新的商誉相关会计规则降低了商誉资产在债务契约中的有效性。Beatty等(2008)也得出了类似的结论。

针对中国资本市场中商誉的特征,相关研究以债务契约为场景,从商誉所反映的经济实质出发,对商誉会计信息的经济后果问题进行研究。徐经长等(2017)发现,商誉会计信息对企业债务资本成本有显著影响,具体分为两个方面,商誉价值增加信息会显著降低债务资本成本,商誉减值计提信息反而会显著提升债务资本成本,且这种影响主要体现在非国有企业中。杜春明等(2019)发现,商誉会计信息对债务期限结构有显著影响,商誉价值增加的信息会显著正向影响债务期限结构,计提商誉减值的信息则会显著负向影响债务期限结构。张治锋(2022)对商誉会计信息与债务违约的关系进行了探讨,发现商誉会计信息通过提高业绩波动和降低研发投入两条路径增加债务违约风险,且这种效应在轻资产行业和审计质量较低的企业中更为明显。

魏志华和朱彩云(2019)则进一步深化了上述经济实质的研究范式,他们从产生超额商誉的并购活动出发,认为超额商誉表征了较难实现的协同效应、过度的资源占用以及利益相关者的负面评价，从而对产品的市场竞争力产生负面影响。一系列后续研究利用上述经济实质研究范式，探讨了商誉在企业社会责任、股权质押、企业创新等方面的经济后果。在企业社会责任方面，严甜甜等（2022）基于2010—2020年沪深A股上市公司数据研究发现，并购超额商誉主要通过加强融资约束和降低企业信息透明度两条路径抑制企业未来社会责任履行，这种抑制效应在管理层过度自信和企业采用现金支付的情况下更加显著。在股权质押方面，何苏燕和任力（2021）基于2007—2019年非金融上市公司数据研究发现，超额商誉与控股股东股权质押行为显著正相关，这是因为当超额商誉规模扩大时，企业股价更容易被高估，控股股东的股权质押融资规模也显著更高。进一步研究发现，超额商誉对股权质押行为的促进作用主要体现在非国有企业和审计质量较低的企业中。

在企业创新视角下，商誉初始确认经济后果方面的研究又具体分为研发投入、创新绩效、研发资本化等多个维度。在研发投入层面，现有研究结论并不一致。朱莲美和杨以诺（2020）基于2012—2017年中国商誉数据的研究发现，商誉显著抑制了战略性新兴产业上市公司的研发投入，且这种抑制作用在非国有企业中更为显著。他们认为，超额商誉主要通过增加企业融资约束及管理层盈余操纵动机两个路径抑制研发投入。然而，叶超和李明辉（2021）对此提出了相反的观点，他们认为超额商誉可以有效提升企业研发投入，却显著抑制研发产出，其背后的机制是，超额商誉会加剧企业代理问题，导致管理层进行机会主义的研发投资等活动，从而提升企业研发投入；同时，由于并购引发的研发人员协调不一致等因素，降低了研发团队效率，进而抑制了研发产出。李健等（2022）也发现了类似结论，他们基于信号传递理论视角，研究发现商誉主要通过提升家族企业风险承担水平，进而增加家族企业研发投入，且标准审计意见强化了这种关系。

创新绩效层面的研究基本上都发现了商誉对创新绩效的负面影响，但具体作用机制存在一定差异。朱郭一鸣等（2021）选取2007—2017年中国A股上市公司数据，研究发现超额商誉主要通过增加企业融资约束和降低资产周转率两条路径降低企业创新绩效。张欣和董竹（2022）则认为，超额商誉主要是通过增加债务融资成本和扩大分析师乐观偏差程度两条渠道降低创新绩效，而高质量的会计信息和市场信息可以缓解这种负面影响。何苏燕和任力（2022）基于现金支付视角的研究也发现，并购超额商誉对创新绩效有显著负面影响。他们认为并购时采用现金支付产生的合并商誉主要通过降低企业创新投入、增加外部融资约束两条路径负向影响创新绩效，且这种影响主要体现在完全现金支付、高商誉资产企业及非国有企业中。王保忠和梁旬（2022）基于控股股东行为视角的研究发现，并购商誉主要通过控股股东股权质押行为抑制创新绩效，且这种抑制作用在非国有企业中更加显著。与上述研究发现略有不同，杨丹(2021)的研究发现，并购商誉与创新绩效呈现倒“U”形关系，即并购商誉规模存在临界值 10%，此时商誉对创新绩效的提升效应达到峰值。在此之前，随着商誉的增加，其对创新绩效的提升效应逐渐增强；而超过临界值 10%后，商誉反而会抑制企业创新绩效。

在研发资本化层面，安世强和张金昌(2024)研究发现，超额商誉能够明显提升企业研发支出的资本化程度，其作用路径包括增加商业信用融资约束和银行信贷融资约束。进一步研究发现，超额商誉对研发支出资本化的提升效应在内控质量较低的企业和非国有企业中更为明显。

2.3 商誉后续计量的影响因素与经济后果

2.3.1 商誉后续计量的影响因素

与减值法相比，企业在摊销法下拥有的会计自由裁量权较低，因此，已有研究较少讨论商誉摊销的影响因素及其经济后果。现有关于商誉后续计量的研究文献主要关注商誉减值的影响因素及其经济后果。

由于商誉减值以公允价值计量属性为基础，因此商誉减值信息的可靠性与相关性问题一直是商誉后续计量研究的重点。由于企业真实的商誉资产状况无法获取，已有关于商誉减值可靠性的研究多基于商誉减值的影响因素模型。① 若商誉减值信息与特定动机存在关系，则表明该动机下的商誉减值信息不可靠，受到特定因素的影响；反之，则表明其具有可靠性。近年来，还有少部分文献直接对商誉减值相关的盈余管理问题进行研究，进一步提供了商誉减值会计信息可靠性方面的证据。除此之外，还有部分研究结果表明，并购特征、高管特征以及制度背景等因素均会影响商誉减值准备的计提。

Riedl(2004)最早研究了美国财务会计准则第 121 号(Statement of Financial Accounting Standards 121，SFAS121)实施前后，包括商誉在内的长期资产减值的影响因素。作者发现，在 SFAS121 实施前，长期资产的减值更多地与经济因素密

① Huikku 等(2016)则是直接基于公司的商誉减值案例来阐述减值信息的可靠性与相关性。

切相关，而在 SFAS121 实施后，则更多地与激励因素密切相关。特别是资产减值与“洗大澡”之间的密切关系，显示资产减值可能更多地表现为管理者的机会主义行为，而非传递管理者的私人信息。Hayn 和 Hughes(2006)则直接对商誉减值的预测模型进行研究。他们将预测因素主要限定在减值相关业绩因素及并购前特征因素，并发现并购前特征因素比减值相关业绩因素对商誉减值有更好的解释力。

Beatty 和 Weber(2006)根据 SFAS142 实施过渡期间的相关规定，直接研究了商誉减值的影响因素，包括债务契约、权益契约、高管薪酬与晋升、退市等，并分别从商誉减值的确认时点、确认位置以及确认数量三个层面对该问题进行了研究。他们研究发现，企业的权益契约会影响企业是将商誉减值项目记录于线上项目还是线下项目；企业的债务契约、高管相关契约以及退市动机，会影响企业加速确认或推迟确认商誉减值损失。Ramanna 和 Watts(2012)基于 2003—2006 年美国资本市场上商誉减值的相关样本，分析了 SFAS142 实施后商誉减值的影响因素，检验了商誉减值是传递高管的私有信息，还是反映相关的委托代理问题。研究发现，商誉减值并未反映高管的私有信息，而是与相关的委托代理问题密切相关。具体而言，商誉减值与高管的薪酬、任期显著负相关。同时，Ramanna 和 Watts 还发现，商誉减值与商誉减值的弹性[①]也显著负相关。AbuGhazaleh 等(2011)和 Hamberg 等(2011)对国际财务报告准则中有关商誉减值规定的研究，也发现债务契约、权益契约以及高管薪酬等对商誉减值的影响。

Ramanna(2008)研究了企业的政治献金对 SFAS142 通过的影响，并发现 SFAS142 的实施确实受到了外部游说压力的影响，且商誉减值决策权更大的企业更倾向于支持 SFAS142，这与代理理论的预期一致。其研究认为，报告单元(Reporting Units)的数量和规模、市值与账面价值比以及不可核实的资产，是影响企业商誉减值决策权的重要因素。Carlin 和 Finch(2009)基于澳大利亚企业首次实施国际准则的背景，研究了商誉减值的折现率选择问题。他们发现，企业披露的折现率远低于利用资本资产定价模型计算出来的折现率，因此企业可能在操控企业的商誉减值。Carlin 和 Finch(2010)还基于澳大利亚的数据研究了现金生产单元(Cash Generating Units，CGUs)相关的盈余操控问题。他们发现，大量的公司仅在少数的 CGUs 中进行了减值测试，且 CGUs 的构成存在较大的变动。这表明企业有关商誉的财务信息透明度及一致性均存在问题，这也使得国际财务报告准

① Beatty 和 Weber(2006)认为，报告单元较多以及不可验证的净资产较大时，高管在减值测试方面的操作空间将更大。

则的目标较难达成。Filip 等(2015)则发现,具有推迟确认商誉减值动机的企业会更多地调增企业的现金流,以避免商誉减值的计提。

Gu 和 Lev(2011)以及 Li 等(2011)基于并购时的过度支付的研究均发现,过度支付与商誉减值显著正相关。Paugam 等(2015)基于 PPAs 的研究还发现,并购时分摊的商誉越多,企业随后 3 年商誉减值金额及频率也越高。Brochet 和 Welch(2011)及 Shepardson(2013)基于高管的背景特征的视角对商誉减值的影响因素进行了研究。基于高阶梯队理论(Upper Echelons Theory),Brochet 和 Welch(2011)发现高管的会计决策受其专业背景影响,如果 CFO 的职业经历中有并购活动的经验,其更倾向于计提商誉减值准备。他们同时发现,CFO 的并购经历能够增加公司股价的价值相关性以及商誉减值的预测能力,这意味着 CFO 能作出更为正确的商誉减值决策。Shepardson(2013)以 2003—2006 年美国公司为研究样本,发现如果审计委员会成员曾经经历财务困境或商誉减值,该公司更有可能进行商誉减值,且当该审计委员会成员是董事或管理者时,这种效应会更加显著。

Baboukardos 和 Rimmel(2014)以外购商誉的执行情况为例,分析了在制度建设不健全的非英美法系下,使用公允价值计量的可靠性问题。他们基于希腊的数据研究发现,外购商誉仅在高度遵守国际财务报告准则披露规定的公司中具有价值相关性。Knauer 和 Wöhrmann(2016)基于上市公司的商誉减值公告,研究了不同制度环境及减值原因对商誉减值价值相关性的影响。研究发现,与大陆法系国家相比,英美法系国家的商誉减值更具有价值相关性;与披露的商誉减值的外部原因相比,内部原因导致的商誉减值更具有价值相关性。Knauer 和 Wöhrmann 还发现,基于国际财务报告准则的减值与基于美国财务会计准则的减值在价值相关性方面没有差异。

基于中国制度背景的商誉减值影响因素研究的发展脉络基本类似。卢煜和曲晓辉(2016)最早从盈余平滑动机及"洗大澡"动机两个层面分析影响商誉减值的一般因素,包括审计质量、CEO 特征、监督机制、股权集中度等。进一步分析发现,对盈余管理动机下商誉减值行为有明显抑制作用的因素包括股权集中度和企业审计质量。徐莉萍等(2021)则从自创商誉视角,探讨其对商誉减值的缓冲效应问题。他们发现,供应商体系集中度越高,产生的公司自创商誉越高,对商誉减值风险的抑制作用愈加明显,且这一抑制效应主要体现在制造业及法治管控宽松地区。

除此以外,还有少部分研究从微观个体层面以及宏观制度层面分析影响商誉减值的特殊因素。在微观个体层面,已有研究先后探讨了高管权力、高管变更、高管能力、高管过度自信、高管个人统计特征等对商誉减值的影响。谭燕等(2020)基于2009—2016年中国上市公司商誉数据的研究发现，高管权力对商誉减值具有抑制作用，即高管权力越大，并购商誉减值的可能性及计提比例越低。在权力约束下，继任高管对并购商誉进行"洗大澡"式巨额冲销的可能性明显降低。张东旭和曹瑾（2020）研究发现，高管变更对商誉减值具有显著正向影响，且在高管变更时企业会提前计提减值准备。拓展性分析发现，卖空管制放松及外部监督会明显负向影响高管变更与商誉减值之间的关系。柳建华等（2021）基于2008—2018年中国上市公司商誉数据的研究发现，管理层能力会显著抑制并购商誉减值，且当管理层面临长期激励时，这种抑制效应更为明显；进一步分析发现，高能力管理层主要通过并购时的估值能力和并购后的整合能力两条路径抑制并购商誉减值。卢晓哲和朱南军（2022）基于管理层过度自信视角的研究发现，过度自信的管理层会高估并购溢价，且其对商誉减值风险的意识薄弱，进而导致商誉减值计提不及时。王浩然等（2021）的研究发现，审计委员会委员的海外留学背景有助于提升商誉减值计提比例，且这种提升作用在盈余管理动机强的企业中更加明显，高审计质量则会抑制这种提升作用。朱平芳和冯树辉（2022）发现，CEO的正向个人特征可以显著降低商誉减值风险，对于具有专业背景的高学历、高职称CEO而言，其个人特征指标评分更高，对商誉减值风险的抑制作用更强。

在宏观制度层面，已有研究先后探讨了审计市场结构、资本市场融资融券制度、会计监管要求、并购重组监管问询等对商誉减值的影响。赵宜一和赵嘉程（2021）考察了审计市场集中度对商誉减值的影响，其研究发现，审计市场集中度对被审计客户的商誉减值具有负面影响，这种影响在非十大会计师事务所样本中更为明显。他们认为，大所在市场集中度较高的市场中更注重审计质量和声誉，并且拥有更多的执业经验，因此更容易识别被审计客户潜在规避商誉减值的行为；由于执业能力不足及业务压力，小所难以对商誉减值行为进行有效监督，因此小所成为市场效率损失的主要受压对象。修宗峰等（2022）考察了资本市场融资融券双向交易机制对商誉减值的影响，其研究发现，融资交易与商誉减值呈正相关关系，融券交易与商誉减值呈负相关关系。融资融券交易都是通过影响超额商誉的形成进而影响商誉减值计提的，前者会增加超额商誉，进而加大商誉减值计提比例，后者则通过抑制超额商誉来降低商誉减值计提比例。徐婷婷等（2022）和亓文韬等（2022）则考察了会计监管要求变化对商誉减值的影响。徐婷婷等（2022）基于《会计监管风险提示第8号——商誉减值》（简称"第8号文"）的研究发现，"第8号文"通过有效规范上市公司的业绩补偿承诺行为，进而降低了商誉减值风险。亓文韬等（2022）的研究则发现，会计监管要求的变化有助于提高企业商誉公允价值估计的质量，具体表现为证监会发布会计监管风险提示后，相关公司显著增加了商誉减值计提的概率及比例。会计监管要求的正向影响在信息披露质量低、对风险提示条例重视的企业样本中更为显著。关月琴等(2024)则考察了并购重组监管问询对商誉减值的影响。他们的研究发现，在面临并购重组监管问询时，公司更倾向于通过商誉减值规避行为来应对监管问询带来的压力，且这种行为在非国有企业、信息披露质量低以及无“洗大澡”动机的企业中更为显著。

与此同时，越来越多的研究开始聚焦企业并购特征(如溢价并购、支付方式等)与商誉减值的关系，特别是中国独有的业绩承诺制度对商誉减值的影响。刘喜和与王洁远(2019)基于 2014—2018 年中国创业板上市公司数据研究发现，高溢价并购会通过降低公司的经济协同效应，进而增加商誉减值计提概率，造成负面经济影响。胡凡和李科(2019)研究发现，股价高估会显著增加商誉减值风险，原因是股价高估期间公司往往支付更高的并购溢价，管理层更容易过度投资，产生超额商誉的同时降低了并购投资效率，进而增加商誉减值风险。朱冰和杨晓彤(2022)则发现，并购时股票支付有助于实现业绩承诺，但是在业绩承诺期后，商誉减值概率却大幅提升，说明股票支付并没有发挥正向的经济作用。

关于业绩承诺制度对商誉减值的影响，张海晴等(2020)研究发现，公司业绩补偿承诺到期后的第一年，商誉减值风险更高，减值计提比例也更大。拓展性分析发现，高质量审计和分析师跟踪有助于抑制业绩承诺引起的商誉减值风险。李晶晶等(2020)也提出了类似观点，在“倒挤式”商誉确认背景下，并购业绩承诺制度不仅会提升商誉减值的可能性，还会减弱商誉的价值相关性，主要原因是并购业绩承诺制度本身存在“低成本承诺”缺陷及代理问题。邓茜丹和辛清泉(2021)基于时间维度的研究也发现，与并购业绩补偿承诺期到期后相比，在业绩补偿承诺期内，商誉减值的可能性和计提比例明显更高，因此，并购业绩承诺制度对管理层计提商誉减值准备具有正向影响。原红旗等(2021)基于横截面维度的研究发现，与业绩承诺达成的公司相比，业绩承诺未达成的公司计提商誉减值的可能性更高；但是在业绩承诺期到期后，承诺期内达成业绩承诺的公司会计提显著更多的商誉减值准备。李沁洋等(2023)也发现，并购业绩补偿承诺的签订会显著提升商誉减值准备的计提，承诺水平越高，商誉减值准备计提的可能性越高，这种影响主要体现在非国有企业和管理层过度自信的企业中。总体来看，在并购业绩承诺未完成情况下，企业计提的商誉减值准备是不充分的。

随着商誉减值影响因素研究的进一步拓展，该领域的研究也逐渐转向哪些因素可以抑制商誉减值规避以及如何修复商誉减值的负面影响等更为具体、更具实践意义的问题。对于哪些因素可以抑制商誉减值规避的问题，李安泰等(2022)基于2011—2018年商誉减值数据研究发现，机构投资者持股比例与商誉减值风险显著负相关，且这种关系在独立性较强的机构投资者(如基金公司)中更为显著；韩宏稳(2023)通过分析2008—2020年商誉减值数据发现，大股东持股比例可以有效抑制商誉减值规避，且这种抑制作用在信息透明度较低的公司及非国有企业中更为显著。对于如何修复商誉减值的负面影响，董馨格等(2024)认为，释放研发资本化信号可以有效修复商誉减值带来的负面影响，但这种修复作用会随着商誉减值程度的提高而减弱。

针对如何监管商誉减值问题，李俊(2023)从事前、事中、事后三个角度提出对国有企业商誉减值监管的建议：在并购前，严格执行相关规定并加强对投资项目计划的审核；在并购中，加大对重大投资项目的随机检查力度，督促国有企业内部建立分级审核制度；并购后，应建立健全重大投资项目全流程监管制度，提高对重大并购项目相关会计信息的共享程度。张崇胜(2023)则提出通过探索激励性规制工具以及建立不当商誉减值行为问责机制两个渠道来监管商誉减值。其中，激励性规制工具包括税收优惠、荣誉称号、财政补贴等，而不当商誉减值行为问责机制需要针对不同主体实行差异化责任追究机制，对在不当商誉减值中起积极组织、决策作用的董事和高管应加强惩罚。

针对如何预测商誉减值问题，徐沛勣等(2023)利用业绩承诺未达标情境检验了商誉减值是否存在少提的问题。根据三类比较基准(向上盈余管理较小、"洗大澡"公司以及业绩承诺额与商誉增加额之间的关系)发现，在业绩承诺未达标时，企业少计提商誉减值的情况普遍存在，且这三类比较基准比现有文献中的账面市值法以及行业中位数法对商誉减值不足有更好的预测力。王艳艳等(2024)则利用机器学习方法预测企业的商誉减值风险。研究发现，随机森林和XG Boost比其他机器学习方法及传统回归方法对商誉减值风险有更好的预测力；进一步研究还发现，相对于随机森林和XG Boost预测不会发生商誉减值的公司，预测将发生商誉减值的公司在年报披露期的持有收益率明显更低，且该差异随着预测准确率的提升而向真实差异逼近。

2.3.2 商誉后续计量的经济后果

商誉减值的经济后果既体现在商誉减值会计信息的相关性、及时性方面，也体现在商誉减值会计信息对企业相关活动的影响上。在商誉减值的相关性方面，已有研究主要利用Ohlson模型(价值相关性研究)或事件研究法(信息含量研究)测量，还有部分研究基于减值信息的预测能力，考察了商誉减值信息的相关性。在商誉减值的及时性方面，已有研究尚未在商誉减值及时性模型方面达成一致。同样，在商誉减值会计信息能否影响企业相关活动方面，已有研究也未能获得一致的结论。

2.3.2.1　商誉减值的相关性研究

Hirschey 和 Richardson(2002)基于商誉减值公告的市场反应研究发现，商誉减值与股价之间呈现负相关关系，表明商誉资产确实是企业价值的重要组成部分。Lapointe-Antunes 等(2009)基于加拿大商誉减值准则首次实施、需要进行追溯调整的背景，分析了商誉减值的价值相关性问题以及商誉减值确认的及时性问题。研究发现，商誉减值与股票收益率呈负相关，说明商誉减值具有价值相关性；商誉减值与企业过去的股票收益率呈负相关，但与当期的股票收益率不相关。Li 等(2011)则从市场反应、分析师预测调整以及未来真实业绩三个层面分析了商誉减值的经济后果，其研究发现，当公司公布商誉减值时，投资者以及分析师均会下调对公司的预期，且这种影响在 SFAS142 实施后最小。同时，Li 等还发现商誉减值信息是未来业绩下滑的先行指标。

Bens 等(2011)的研究区分了预期商誉减值与非预期商誉减值在价值相关性上的差异，研究发现，市场反应与非预期商誉减值显著负相关，且这种关系在信息不对称程度较低的样本和实施成本较高的样本中减弱。同时，还发现这种关系在 SFAS142 实施后也减弱了。

Jarva(2009)考察了商誉减值对未来现金流预测能力的问题，研究发现，商誉减值与未来一期及两期的现金流均显著正相关，并发现这种关系在发生重组的公司中会更低，表明可能是由于“洗大澡”动机导致这种关系。然而，其基于模拟的进一步研究并未发现高管存在机会主义商誉减值计提的动机。Bostwick 等(2016)在 Barth 等(2001)的基础上，实证检验了商誉减值对未来现金流的预测价值。他们通过构建相关统计量，证实了商誉减值在预测未来现金流方面的增量作用。

Chalmers 等(2011)基于澳大利亚商誉会计处理变迁的背景，对商誉的减值法与摊销法进行了对比研究。其研究发现，采用国际财务报告准则(减值法)期间的商誉费用(减值费用)与投资机会的关系，比采用澳大利亚 GAAP(摊销法)期间的关系更强，这表明减值法比摊销法更好地反映了企业潜在的经济环境。Amel-Zadeh 等(2013)则分析了英国准则变迁对商誉信息的影响。他们利用国际财务报告准则在英国不同类型市场(AIM 另类投资市场与 MM 主板市场)实施时间上存在差异这一背景，讨论了不同准则下商誉的价值相关性差异及该差异在时间上的变化。Amel－Zadeh 等的研究发现，减值比摊销的价值相关性更高，且英国准则下减值的价值相关性比国际财务报告准则下减值的价值相关性更高。Hamberg 和 Beisland(2014)基于瑞典准则变迁的证据的研究发现，在采用国际财务报告准则之前，商誉摊销不具有价值相关性，但该期间额外的减值却具有价值相关性，在只采用减值法后，减值就不再具有了。

曲晓辉等(2017)基于价值相关性模型的研究发现，商誉减值与股价和股票收益显著负相关，且该发现在内部控制质量较高组、审计质量较高组中更为显著，表明商誉减值会计信息具有价值相关性，但是管理层盈余管理动机会降低商誉减值的价值相关性。张新民等(2020)基于事件研究方法的研究也发现，商誉减值会计信息披露会引起负面市场反应，但高质量的内部控制有助于降低该效应。该发现主要表现在信息透明度低、代理问题严重、管理层盈余管理动机强的公司中；进一步分析发现，“控制活动”“信息与沟通”两要素对于商誉减值会计信息披露引起的负面效应的抑制作用最为显著。苏洋等(2023)也发现了类似的结论，即商誉减值会导致严重的市场负面反应，但是并未发现商誉减值企业的未来业绩会显著下滑；其进一步研究还发现，商誉减值主要受“洗大澡”动机的影响，并不受净空高度的影响。

2.3.2.2 商誉减值的及时性研究

Henning 等(2004)对美国企业的商誉减值与英国企业的无形资产重估值行为进行了研究，并没有发现这两种行为在金额上存在问题，却发现企业在减值时间和重估值时间上存在机会主义行为，表明企业延迟了商誉减值的确认。Hayn 和 Hughes(2006)基于商誉减值预测模型的研究发现，商誉减值比实际真实减值情况平均滞后 3.5 年，其中 1/3 样本的商誉减值滞后期长达 10 年。Chen 等(2008)基于美国 SFAS142 的实施背景，同时采用报酬估值模型(Return Valuation Model)和反转回归(Reverse Regressions)对商誉减值的及时性问题进行研究，发现在 SFAS142 实施前，商誉减值的及时性较差；在 SFAS142 实施后，商誉减值的及时性有所提高，但仍存在改进空间。Li 和 Sloan(2017)以 1996—2011 年 SFAS142 实施前后的样本为研究对象，发现 SFAS142 的实施导致商誉资产高估及商誉减值的不及时，而且市场投资者对于 SFAS142 实施后的商誉减值并没有充分反映。

张俊民等(2022)基于 Glaum 等(2018)含滞后一期的股价报酬率模型研究发现，媒体负面报道与商誉减值及时性显著负相关。媒体负面报道会加大资本市场压力，导致管理者更倾向于迎合市场，从而延迟商誉减值计提；进一步研究发现，政策导向媒体的负面报道对商誉减值及时性的负面影响更加显著，且这一影响主要体现在非国有企业中。卢晓哲和朱南军(2022)则利用生存分析法,估算商誉减值风险认知,并发现管理层过度自信容易导致对商誉减值风险认知不足,从而形成商誉减值不及时。徐沛勣等(2023)利用业绩承诺不达标信号估算商誉减值预期值,并发现商誉减值并未足额计提;进一步分析发现,证监会的"第 8 号文"和交易所的监管问询均有助于提升商誉减值及时性。

2.3.2.3　商誉减值的非财务报告经济后果

针对商誉减值的非财务报告经济后果,已有研究从不同利益相关者角度出发,讨论了商誉减值所产生的广泛影响。其中,部分研究通过讨论企业为规避商誉减值所采取的一系列财务行为和非财务行为,描述了商誉减值的直接经济后果。从企业内部来看,韩宏稳等(2019)研究发现,为了规避商誉减值,企业进行了更多的盈余管理,而盈余管理又进一步增加了股价崩盘风险。谭瑾等(2023)的进一步研究发现,商誉减值压力诱发的盈余管理行为会通过影响信息透明度和风险承担抑制企业创新。步丹璐和王多仁(2022)的研究则发现,为了规避商誉减值风险,控股股东会在商誉减值前进行更多的股份减持。Darrough 等(2014)则直接检验了商誉减值对高管薪酬的影响,其研究发现,商誉减值与 CEO 的货币薪酬及期权薪酬均显著负相关。在高科技公司中,CEO 的期权薪酬与商誉减值的负相关关系更为显著;在小公司并购大公司的交易中,或者在 CEO 任期较短时,CEO 的货币薪酬与商誉减值之间的关系更为显著。

从企业外部看,叶建芳等(2016)基于中国企业的相关数据检验了商誉减值与审计收费之间的关系,发现存在商誉减值的企业审计收费更高。李明辉等(2021)的研究则发现,审计师还会通过付出更多努力、出具非标审计意见的方式应对商誉减值风险。曲晓辉等(2016)分析了商誉减值对分析师盈余预测的影响,发现商誉减值与分析师盈余预测的准确度负相关,商誉减值加大了分析师盈余预测的分歧度。

还有部分研究通过分析企业为规避(修复)商誉减值导致的业绩下滑和股价下跌而采取的一系列财务行为和非财务行为,描述了商誉减值的间接经济后果。常利民(2022)的研究发现,为了维持股价稳定,企业在商誉减值后会更主动地披露业绩预告,但会降低业绩预告的准确性和精确性。Wang 等(2023)基于心理学中的损失厌恶理论发现,企业确认商誉资产减值损失后,其并购规模和并购频率都会显著下降。董馨格等(2024)则发现,基于印象管理理论,企业会通过研发支出资本化来修复商誉减值的负面影响。

除此以外,越来越多的研究者开始关注商誉减值会计规则变化对企业的真实影响，试图利用相关会计准则变更这一外生冲击，识别其可能的经济后果。Bugeja和Loyeung(2017)研究发现，澳大利亚在实施国际财务报告准则后，由于商誉资产的后续计量由摊销变为减值，相对降低了企业并购后的财务业绩压力，因此被并购资产估值和并购溢价之间的负相关关系显著下降。Bartov等(2021)基于美国SFAS142的研究发现，减值法有利于提升企业的并购后业绩并刺激股价上涨，因此高管更愿意为此支付更高的溢价以确保并购顺利实施。但是，Bozos等(2014)基于欧盟地区采用国际财务报告准则的研究发现，商誉的后续计量变化并未导致并购溢价上升，认为这是由于国际财务报告准则提高了会计信息透明度，从而降低了并购溢价。另外，De Bodt等(2018)发现，SFAS141和SFAS142的实施是导致美国企业在并购交易中采用股份支付的交易数量显著减少的原因。Cheng等(2018)则发现，为了遵守SFAS142的要求，企业需要获取更多信息以准确评估商誉资产的价值，因此SFAS142的实施改善了企业的内部信息环境。

2.4 商誉信息披露的影响因素与经济后果

商誉会计信息的附注披露是商誉会计的重要内容，相关研究主要集中在两个方面：第一，商誉会计信息披露的遵循度研究；第二，商誉会计信息披露的决策有用性研究。其中，第一个方面的研究注重考察企业商誉信息披露对相关商誉会计准则要求的遵循情况，并分别从商誉信息披露的现状、遵循的影响因素及经济后果三个方面进行回顾；第二个方面的研究则注重考察信息披露本身的作用。

2.4.1 商誉信息披露的遵循度

2.4.1.1 商誉信息披露遵循度的现状

Sevin等(2007)随机选取了部分首次执行SFAS142的企业，研究了其商誉信息披露的质量。研究发现，尽管SFAS142对信息披露有强制要求，但企业并未披露更多的商誉减值信息以提高报表的透明度，同时还发现商誉减值信息披露的质量并不具有可预测性。Carlin和Finch(2011)研究了澳大利亚企业是否按照国际财务报告准则规定的信息披露要求进行商誉减值信息的披露，他们对2006年首次实施国际财务报告准则的企业样本进行研究发现，样本企业均未按照企业会计准则规定的要求进行商誉减值信息的披露。Guthrie和Pang(2013)在Carlin和

Finch(2011)的基础上,进一步研究了澳大利亚 2005—2010 年商誉信息披露的执行情况。研究发现,商誉信息披露的执行情况在首次采用 SFAS142 后的几年有所改进,但依然存在问题。研究还发现,企业通常会将其界定的现金生成单元(CGUs)数量设定为与企业分部数量相当或更少的 CGUs。王鹏程和殷雅坤(2022)基于中国上市公司的研究则发现,上市公司商誉信息披露质量不高、流于形式,具体表现为披露不及时、披露不规范以及披露缺乏一致性。

2.4.1.2 商誉信息披露遵循度的影响因素

Glaum 等(2013)基于欧洲 17 国的企业数据,研究了企业执行国际财务报告准则相关披露规定的影响因素。研究发现,虽然企业已经采用统一的国际财务报告准则,但各国的具体因素依然是企业商誉披露的重要影响因素:国家层面的法律制度、资本市场规模以及国家文化都会影响企业商誉披露的执行力;企业层面的商誉规模、审计师类型、是否设有审计委员会以及所有权结构均会影响企业商誉披露的执行力。Khokan Bepari 等(2014)讨论了金融危机及相关企业特征对企业商誉减值信息披露质量的影响,研究发现,全球金融危机期间企业商誉减值信息披露的执行情况比危机前更好;商誉的规模和审计质量均与企业商誉减值信息披露的执行情况相关,且在国际金融危机期间,这种关系更为显著。

2.4.1.3 商誉信息披露遵循度的经济后果

Mazzi 等(2017)研究了标准普尔欧洲 350 指数中的非金融公司在 2008—2011 年商誉信息披露执行情况对权益资本成本的影响。研究发现,商誉信息披露的执行情况与高管的私人信息及预期相关,且与权益资本成本负相关。Paugam 和 Ramond(2015)针对巴黎泛欧交易所 SBF 250 指数中的企业在 2006—2009 年商誉减值信息披露的研究也得出类似的结论,同时还发现,商誉减值信息方面的披露与分析师的预测误差显著负相关。Baboukardosa 和 Rimmela(2014)则研究了希腊企业商誉信息披露质量对商誉价值相关性的影响,发现只有当企业对国际财务报告准则的遵从度较高时,企业的商誉信息才具有价值相关性。

2.4.2 商誉信息披露的决策有用性

Shalev(2009)发现,在标准普尔 500 指数成分股的美国公司中,公开披露并购资产与负债的公司占并购样本的 43.1%;在所有并购样本中,有 33.7%的样本提供了完整的购买价格分摊法,披露的可确认商誉占总交易额的 13.4%。进一步,Shalev 发现,在其他条件不变的情况下,企业合并的披露水平随着并购成本被分摊到商誉中的异常比重的增加而降低。此外,披露水平与公司的总资产收益率以及其并购后股票的市场表现密切相关。Shalev 还调查了投资者是否会对不完全的披露产生反应,但并未发现股票市场的异常收益与年度报告相关的信息披露及披露水平存在关联。Shalev 认为,这一发现说明并购方会限制对投资者有价值的企业并购信息,而投资者也不会对披露的信息水平作出相应反应。

AlJifri 和 Citron(2009)基于英国上市公司在商誉披露方面的独特背景,研究了商誉确认及披露的价值相关性的差异。研究发现,上市公司有关商誉的确认及披露均与公司股价密切相关。进一步研究显示,在高研发强度的公司中,商誉确认与附注披露之间的价值相关性没有差异。因此,AI Jifri 和 Citron 认为市场能够有效识别商誉信息的价值。Knauer 和 Wöhrmann(2016)的研究则发现,与披露的商誉减值的外部原因相比,内部原因导致的商誉减值更具有价值相关性。

2.5 本章小结

本章分别从商誉会计的产生与发展、商誉确认、商誉后续计量及商誉信息披露等方面,对商誉相关问题的文献进行了回顾。本节将对以上文献回顾内容作简要评价,并提出未来的研究方向。

2.5.1 对已有文献的评价

2.5.1.1 对商誉会计产生与发展文献的评价

商誉会计产生与发展方面的文献脉络体现两个特征:第一,商誉相关话题的研究与企业会计准则的变迁密切相关。早期的研究关注商誉的属性问题,并寻求最佳的会计实务;随后,权益结合法阶段的研究关注权益结合法的合理性问题;现阶段,确认商誉并进行减值测试成为主流,这又使学术研究更加关注减值法的合理性问题。这种变化体现了学者对企业会计准则相关研究的偏好,却忽视了实务活动的快速发展,从而导致理论研究的发展速度远远落后于实务的需求。第二,商誉产生与发展相关话题的研究方法经历了从规范研究到实证研究的变迁,并表现出对大数据的依赖。这种研究方法的变化使得研究朝着精细化的方向发展,单个研究的价值被弱化,不同研究结果之间的可比性较差,因此难以形成一致的应用理论。

由上可知,在商誉会计产生与发展的不同阶段,学者们对商誉会计相关的话题进行了充分的研究。这些研究既体现出与企业会计准则变迁的紧密联动,也展现了对多样化研究方法的采用,为后续相关领域的探索奠定了重要基础。但是,已有的商誉相关研究较为关注企业会计准则相关的话题,而缺少对并购活动本身特征的关注,使得商誉会计信息的反映远远落后于现实,因而影响资本市场的资源配置效率。同时,已有的商誉相关研究注重对短期内商誉会计信息质量及其影响的分析,而对于商誉会计长期以来的演进规律较少有深入的分析,进而导致会计理论的预测能力较弱,不利于商誉相关企业会计准则的优化与完善。

2.5.1.2　对商誉确认的影响因素与经济后果文献的评价

该方面的文献在以下三个方面呈现出一致性,同时也存在一定的不足。

第一,早期商誉相关文献基本认为权益结合法被过度使用。权益结合法作为一种有偏向的会计处理方法,有利于困境中的企业通过并购重组获得新生,但是该方法的使用与企业会计准则的中立性相违背,影响了会计信息的可比性。已有文献较为注重基于特定动机或市场反应考察该方法的优劣,却忽视了该方法在研究设计中的积极意义,也较少涉及不同方法的可比性分析。而基于权益结合法优劣的考察,则是一种综合多方面因素的考察。同时,已有研究直到目前才开始关注购买法下商誉资产初始确认以及后续计量中存在的相关问题。

第二,近期的文献基本认为商誉资产被高估。商誉高估可能来源于并购活动本身的高估值、会计计量过程中的过度分配或商誉减值不及时。对于前两种商誉高估的原因已有较多的检验,但第三种原因较少被研究。这种忽视也反映出商誉确认的文献较为关注首次商誉确认的信息质量,而对随后期间商誉资产质量问题关注不足。同时,作为高估对立面的低估问题在已有文献中也很少被提及。但在实践中,这类低估现象并不少见,正如中国证券监督管理委员会所指出的那样,由于商誉资产的特殊属性,其经常会被债务契约排除在企业总资产之外(Frankel 等,2008),且由于估值泡沫等因素的影响,所面临的资产减值风险使得现实中部分企业在确认当期就全额计提商誉资产减值准备,从而导致商誉资产被低估。

第三,国内越来越多的文献开始关注商誉所带来的非财务报告经济后果问题,特别是对企业创新活动、社会责任活动等方面的影响。该类研究主要是从溢价并购产生超额商誉这一基本逻辑出发,通过归纳总结溢价并购特征来推演商誉所反映的经济实质。该类研究主要从企业内部和外部两个维度阐述并购商誉的作用机制。从企业内部来看,并购商誉挤占了企业有限的财务资源,容易形成融资约束,从而对企业其他决策产生影响;从企业外部来看,并购商誉意味着较难实现的协同效应,未来可能导致企业资产减值损失,这容易造成利益相关者与企业内部人员之间的信息不对称，从而对企业其他决策产生影响。该类研究文献已经逐渐脱离传统会计研究范式，更多地基于会计数字背后的并购逻辑，解释会计数字与企业行为之间的关系。虽然该类研究极大地拓展了传统会计研究的边界，却导致对商誉会计规则核心命题的忽视（例如，商誉会计规则能否如实反映并购协同效应，这种反映程度又将如何影响企业并购决策）。

2.5.1.3　对商誉后续计量的影响因素与经济后果文献的评价

有关商誉减值影响因素的研究发现，不同的财务报告激励因素会影响企业的商誉减值，从而影响商誉减值信息的可靠性，表明存在通过商誉减值进行盈余管理的动机。同时，基于商誉减值测试具体过程的研究也发现，商誉减值信息存在盈余管理的迹象，表明企业具备通过商誉减值进行盈余管理的能力。这些发现都在一定程度上指向以公允价值计量为特征的商誉减值测试方法存在缺陷。根据舞弊三角理论的定义，压力和机会是发生舞弊的前提，自我合理化的借口则会导致舞弊的发生（Cressey，1950）。在基于商誉减值盈余管理的研究中，动机与能力分别对应舞弊三角中的压力与机会，但缺乏来自借口方面的经验证据支持。另外，根据Zang（2012）的研究，企业会根据自身需要选择不同的盈余管理策略。如果商誉减值确实被用于盈余管理，作为企业应计盈余管理的重要内容，商誉减值的可验证性又显著弱于其他盈余管理策略，因此，商誉减值盈余管理与其他类型盈余管理之间的关系还有待进一步研究。

有关商誉减值经济后果的研究发现了商誉减值信息确认不及时的问题。该发现可能表明，商誉减值信息的盈余管理主要通过跨期计提商誉减值实现。同商誉高估问题类似，已有研究也忽视了可能存在的商誉减值的提前确认问题，从而影响了研究结论的可靠性。正如上文对商誉低估的分析，由于企业对商誉低估的偏好，其实现该偏好的重要方式之一就是提前确认商誉减值，从而实现对商誉资产的低估。同时，由于商誉减值以面向未来的公允价值为计量属性，与金融资产类似，其面临系统性风险对商誉估值的影响，并可能进一步加大系统性风险，具有顺周期效应，但这方面的实证研究还相对较少（周泽将等，2021）。

有关商誉减值非财务报告经济后果的研究发现，商誉减值对不同利益相关者具有广泛影响。此类研究基本上都以商誉减值可能诱发盈余管理或存在计提不充分为前提，推演出利益相关者与企业内部人员之间存在信息不对称，进而产生一系列经济后果。这里最大的逻辑局限在于，利益相关者与企业内部人员之间有关商誉减值的信息不对称是否足够重大，以至于企业或利益相关者会因此调整决策。与商誉减值密切相关的企业并购决策是否会受到相关会计准则的影响，是学术界高度关注的重要问题。这主要是因为，准则制定机构在商誉后续计量方法选择之初，就已将其对企业并购活动的影响纳入考量因素中（Biondi 和 Zhang，2007；Baker 等，2010），且商誉减值确实对企业并购后的财务业绩以及股价表现产生了重要影响。因此，企业在并购决策时是否以及在多大程度上考虑商誉减值方面的会计自由裁量权影响，就成为学术研究中不得不检验的重要命题。

2.5.1.4 对商誉信息披露的影响因素与经济后果文献的评价

有关商誉信息披露的相关文献体现如下特征：第一，与商誉信息其他方面的研究相比，商誉信息披露方面的研究较少，且缺乏深入的探讨；第二，关于商誉信息披露的研究较为关注其对准则要求的遵循情况，而对商誉信息披露的决策有用性研究较少；第三，关于商誉信息披露遵循情况的研究缺乏系统的理论解释，导致无法对市场中同时存在的完全遵循行为和完全不遵循行为作出系统性解释。

有关商誉信息披露遵循情况的研究结果表明，商誉信息披露缺乏规范性，企业未能按照准则的要求进行规范披露。已有研究主要采用研究者自行构建的商誉信息披露遵循度指数的方法对商誉信息披露的遵循情况进行研究，但由于在构建过程中存在较多主观判断，导致相关指数的信息含量低于预期。同时，由于企业可能会选择披露金额更高、影响更重大的商誉项目，因此此类研究中可能存在样本自选问题，而如何解决重要性原则对披露的影响，是已有研究中所忽视的。除此以外，已有文献仅仅指出了商誉信息披露存在的问题，但对于导致信息披露不规范的原因缺乏深入分析，关于信息披露不规范所造成影响的研究也较少，因此应从不同层次加强对商誉信息披露经济后果的研究。

商誉信息披露的决策有用性研究表明，商誉相关信息的披露能够对投资者的行为产生影响，具有决策有用性。该方面的研究特别指出，附注披露信息与表内信息的差异具有重要意义，因为这种差异能够为投资者提供增量信息。由于商誉信息披露是对财务报表中商誉及其减值项目的进一步解释，所以商誉信息披露作用的发挥与财务报表中的商誉及其减值项目密切相关，并可能会受到表内信息的影响，这是已有研究所忽视的影响因素。除此之外，债权人作为企业重要的利益相关者，是与投资者一样重要的会计信息使用者，其是否会受到商誉信息披露的影响也较少被深入研究。对于债权人行为与商誉信息披露关系的研究，可以从非投资者视角进一步提供商誉信息决策有用性的证据。

2.5.2 未来的研究方向

基于以上对商誉相关文献的述评，并结合中国目前商誉相关企业会计准则的要求,本节认为以下 6 个方面值得未来进一步研究。

第一,对中国商誉会计演进规律的研究。目前已有的研究较多集中于美国、英国以及国际商誉会计的演变规律的梳理和分析,而专门针对中国商誉会计演进规律的研究文献仍较为稀缺。特别是在中国特有的经济体制与市场环境下,企业会计准则的制定和实施动因可能与资本市场较为成熟的国家相比存在较大差异。因此,需要基于中国的经济体制特征与市场发展环境,具体分析商誉会计演进背后的逻辑。

第二,对权益结合法在中国的适用性进行研究。中国的企业合并准则保留了类似权益结合法的处理规定,但这种规定是否真的能够满足中国实际情况的需要,还有待进一步研究。值得关注的是,准则制定机构在规则设计中保留该方法,或者通过其特定的会计处理逻辑,为国有企业改革提供适配的会计处理框架(Biondi 和 Zhang,2007;Baker 等,2010)。因此,该项规定的实施效果如何,是否因为该项规定造成了其他非预期的影响等问题都值得进行深入研究。同时,中国企业会计准则保留了类似权益结合法的做法,也为检验权益结合法与购买法的优劣提供了较好的制度背景,从而验证 FASB/IASB 取消权益结合法的适当性。

第三,对外购商誉低估的研究。根据上文对商誉高估文献的述评,无论是理论上还是中国的实践中,商誉低估都是存在的。那么,是什么因素导致企业对商誉资产的低估,这种商誉资产低估又是通过何种手段实现的,商誉资产低估的经济后果是什么,都是需要研究的内容。同时,基于商誉资产低估与高估的对比研究也是应有的研究内容。具体研究应通过对中国商誉资产质量的分析,寻求提高中国资本市场商誉资产质量的应对策略。

第四,对商誉减值有用性的研究。已有文献主要关注商誉减值测试所带来的负面影响,而较少关注企业在生产会计信息过程中的合理需求,即企业高管需要利用会计信息向外界传递有关企业的私人信息,以降低其与外部投资者之间的信息不对称。因此,有必要综合考虑商誉减值测试的利弊,重新研究商誉减值信息的有用性。

第五,对商誉减值真实效应的研究。由以上文献可知,虽然商誉减值会计处理的变化对企业的并购溢价、支付方式、信息环境等都产生了实际影响,但已有文献在以下各方面还有待进一步完善。从企业视角看,目前尚不清楚高管是否会通过放弃(或增加)并购的方式应对商誉会计规则的变化,因此,基于并购倾向视角的研究可以拓展商誉会计真实影响的研究范围。另外,已有研究均基于商誉相关准则的变化,研究其对企业的真实影响,其研究结论明显受企业财务报告准则变化程度的影响。具体而言，无论是国际会计准则的采用还是美国 SFAS142 的实施，其实质都是放弃合并方法中的购买法，以及对商誉资产采用减值法进行后续计量这两类事件的统一，因此，已有研究很难区分造成影响的原因是合并方法的变更还是减值法的采用。

第六，对商誉信息披露有用性的研究。由于有关商誉信息披露的研究目前仍处于起步阶段，相关研究较少，缺乏系统性的理论来解释目前资本市场上商誉信息披露的现状，对商誉信息披露可能带来的经济后果也缺乏研究。同时，中国在该方面的研究较为匮乏，因此有必要基于中国的信息披露环境，对商誉信息披露的相关问题进行研究，以进一步提高中国企业的商誉信息披露质量，并进一步完善相关准则和披露制度。

第3章　商誉会计规则的演变历程与内在逻辑

由于企业并购是以相关企业为交易对象，对并购方的影响较为重大，因此如何在财务报告中恰当地记录、反映并购活动，成为准则制定机构、资本市场监管者以及相关利益主体关注的焦点。本章系统梳理了美国的财务会计准则委员会、国际会计准则委员会及中国会计准则委员会制定的与商誉相关的企业会计准则的演变历程，并对其所显示出的演变特征进行了总结。在此基础上，本章进一步对商誉相关会计处理历史演变特征背后的逻辑进行了深入的理论分析，最后得出相关研究结论。

本章对并购商誉相关会计规则的梳理具有以下两个方面的作用。第一，从历史的角度分析商誉相关会计规则的演进历程及其内在逻辑，有助于从历史视角认识并购商誉的经济后果，也有助于为分析和检验并购商誉的经济后果提供理论分析框架；第二，通过对商誉相关会计规则历史演进逻辑的梳理，阐述现有商誉相关会计规则的历史选择过程，为检验商誉减值会计规则经济后果的实证检验奠定理论基础。

3.1　商誉会计规则的演变历程

商誉会计所研究的主体是企业的并购活动。随着并购活动本身的发展，以及人类对并购活动认知的变化，相应的会计处理规则也发生了变化。因此，本节主要按照商誉会计处理规则演变发展的时间顺序进行梳理，重点分析不同时期几个重要的商誉会计处理规则的内容及影响。

3.1.1　美国商誉会计规则的演变历程

3.1.1.1　ARB24 的商誉会计处理要求及影响

在经历大萧条之后，美国会计界普遍意识到建立公认会计原则的重要性。美国证券交易委员会将制定会计准则的权力授予美国会计师协会，并于 1938 年成立了会计程序委员会（Committee on Accounting Procedure，CAP）（普雷维茨和莫里诺，2007）。CAP 于 1944 年发布了第一个有关商誉会计处理的会计准则，即会计研究公报第 24 号（Accounting Research Bulletin No. 24，ARB24），标志着商誉资产在企业会计准则中的首次出现。① ARB24 将商誉划分为使用寿命有限的商誉和使用寿命无限的商誉。使用寿命有限是指其受到法律、规则、契约或者资产属性的限制，只能在有限期限内存续；使用寿命无限是指其不存在上述存续期的限制，或者在并购当时，没有证据表明其使用寿命有限。ARB24 对商誉的后续计量也分别作出规定：对于使用寿命有限的商誉资产，应在使用期限内按照系统的方法进行摊销，相关费用计入利润表；对于使用寿命不受限制的商誉资产，可以按照以下三种方法进行后续处理。第一，在确认商誉的当期，立即冲减资本公积或盈余公积；第二，在剩余期限内按照系统的方法进行摊销，相关费用计入利润表；第三，将商誉资产永久保留在企业账上。

虽然 ARB24 并不鼓励第一种有关商誉后续处理的方法，但仍将其作为一种可以接受的方法提出。由于这种不确认商誉的做法能够避免因商誉确认而产生的后续减值或摊销，进而降低其对净利润所造成的负面影响。因此，ARB24 有关商誉当期即冲减盈余的做法导致实务中对该方法的滥用，直接促使美国证券交易委员会于 1945 年发布了会计系列文告第 50 号（Accounting Series Release No. 50，ASR50），明确禁止该方法。但直到 1953 年，CAP 在会计研究公报第 43 号（Accounting Research Bulletin No. 43，ARB43）中才正式取消了该处理方法。ARB24 有关商誉当期即冲减盈余的规定也被视为权益结合法的雏形（Rayburn 和 Powers，1991）或近似替代（Amel - Zadeh 等，2016）。鉴于商誉确认对并购活动的影响，为避免商誉确认，越来越多的企业开始采用权益结合法进行企业合并的处理，并强调其相较于购买法在并购场景中的适配性。这促使 CAP 于 1950 年发布会计研究公报第 40 号（Accounting Research Bulletin No. 40，ARB40），以规范权益结合法的使用，这

① 虽然该准则是规范商誉会计处理的第一个准则，但它并不是专门针对商誉的准则，而是仅将商誉视为无形资产中的一个组成部分。此外，该准则对商誉的界定不仅限于并购商誉，还包括自创商誉。

也是权益结合法首次出现在准则文件中。在接下来的50年中，围绕权益结合法的实质及标准的争论从未停止，有关企业合并的准则不断被更新[①]，直到2001年美国的财务会计准则委员会发布财务会计准则公告第141号（SFAS141）以及第142号（SFAS142），才明确禁止权益结合法的使用。

3.1.1.2 APB17的商誉会计处理要求及影响

在20世纪50年代，会计程序委员会在制定公认会计原则方面行动缓慢且缺乏效率，广受批评。[②] 1959年，该委员会改组为会计原则委员会（Accounting Principles Board，APB）。改组后的委员会更强调对结论的论证，而非对最佳会计实务的归纳。为了应对权益结合法滥用带来的会计业绩操控问题，APB于1970年发布了会计原则委员会意见书第16号（APB Opinion No. 16，APB16），以及会计原则委员会意见书第17号（APB Opinion No. 17，APB17）。APB17专门针对商誉的会计处理进行了规定，明确了商誉的计量问题。其认为，在以现行重置成本计量所有可识别的资产和负债以后，所超过的部分即为商誉，并认为只有商誉取得的成本才能资本化，维护和保持商誉价值的支出应作为期间费用，从当期损益中扣除。APB17还在ARB43的基础上，进一步取消了将商誉永久保留在企业账上的后续处理方法。至此，ARB24所归纳的三种商誉后续处理方法仅剩下系统摊销这一种方法。APB17还对系统摊销法作出了明确规定，认为商誉是一项没有确定使用寿命的资产，因此应在不少于40年的期限内进行摊销。同时，APB17还规定，除非有证据直接表明另一种摊销方法更优，否则应采用直线法进行摊销。

随着APB17的公布，监管部门、准则制定部门以及学术界对该准则的争论焦点主要集中在商誉的后续计量上。美国证券交易委员会认为商誉的摊销期限过长，可能导致资产价值的高估以及利润的高估。因此，其于1985年发布了员工会计公报42A号（Staff Accounting Bulletin，SAB42A），规定金融机构的商誉最长可以在25年内摊销完毕；又于1991年发布了针对高新技术企业的商誉摊销期限的规定，仅允许其在3年内摊销完毕（汪祥耀和邵毅平，2010）。美国财务会计准则委员会在1995年发布了财务会计准则公告第121号（SFAS121），该准则规定当长期资产存在减值时，需要确认相应的商誉资产减值。但从现实的角度来看，企业可能

① 根据黄世忠(2005)的统计，截至1973年底，AICPA一共发布了39份针对企业合并的解释公告；SEC发布了三份与企业合并有关的会计系列文告。

② 会计程序委员会开展的会计研究项目很多，但均未产生深远影响，普雷维茨和莫里诺(2007)将其戏称为“灌木丛火灾式”的研究。

为了维持商誉而发生支出，使得商誉资产能够长期存在，因此商誉资产并不会随着时间的推移而减少，所以40年的摊销期限未免过短。对于商誉的不恰当记录，可能也是企业更偏好采用权益结合法进行企业合并处理的重要原因。当然，也有部分学者认为APB17关于商誉后续处理的规定，是迫于权益结合法的外在压力，以尽可能缩小不同企业合并方法下处理结果的差异(Rayburn和Powers，1991)。

3.1.1.3　SFAS142的商誉会计处理要求及影响

从会计原则委员会(APB)在投资税优惠问题上的不当处理开始，APB逐渐丧失了其在监管部门以及会计人员中的公信力。在20世纪60年代的并购浪潮中，APB未能及时发现不当报告方法，使得其被取代成为历史的必然。美国注册会计师协会(American Institute of Certified Public Accountants，AICPA，其前身为美国会计师协会AIA)于1973年组建了美国的财务会计准则委员会。随着20世纪60年代的多元化合并浪潮以及20世纪80年代的合并浪潮的推动，不同企业合并方法所带来的问题日益增多，导致企业和SEC在执行APB16及APB17时耗费了大量资源。1996年，FASB宣布将APB16和APB17列入其工作日程。1999年，FASB发布了有关《企业合并和无形资产》的第一份征求意见稿，2001年又发布了修订后的征求意见稿《企业合并和无形资产——商誉的会计处理》。最终，在2001年，FASB发布了财务会计准则公告第141号(SFAS141)及第142号(SFAS142)。SFAS141取消了权益结合法，要求所有企业合并均采用购买法进行处理，并需确认相应的商誉资产；SFAS142有关商誉计量的规定与APB16中的相关规定基本保持一致。在后续计量方面，SFAS142不再强制要求企业进行系统摊销，而是要求每年年末在报告单元层面进行减值测试。

2007年12月，FASB针对SFAS141应用中的问题，从以下几个方面对SFAS141进行了修改，形成了SFAS141R。第一是对商誉定义的明确。SFAS141R明确，商誉是企业合并中合并对价超过被购买方净资产公允价值的部分。这包含了被购买方可辨认与不可辨认无形资产的价值。第二是要求在企业合并时，需要对被购买方的所有资产和负债进行公允价值计量。这种全面公允价值计量的方法可能导致商誉金额增加，因为此前未在账面上确认的无形资产现在需要重新识别和计量。第三是对商誉后续计量方法的讨论。准则要求对商誉进行定期减值测试，如果商誉的账面价值超过其可回收金额(公允价值与使用价值两者中较高者)，则需要计提减值损失，并规定在商誉的后续计量中不再进行摊销，而是采用减值测试的方法。

在SFAS141和SFAS142实施以后，由于企业不再具有选择合并方法的空间，是否确认外购商誉这一问题基本得以解决，反倒是 SFAS142 有关商誉后续计量的两步减值测试（Two Step Test）引发了一些争议。进行商誉减值测试最大的困难在于测试程序过于复杂，实施成本过高，FASB 不得不连续发布会计准则更新（Accounting Standards Update，ASU）来明确在商誉减值测试中如何处理相关问题，并放松对减值测试的要求。2010 年的 ASU2010－28 就报告单元的账面价值为零或者为负数时如何进行第二步的测试作出规定；2011 年的 ASU2011－08 则规定只有出现明显的减值迹象时才需要进行第二步的商誉减值测试；2017 年的 ASU2017－04 则进一步规定如何将简化版的减值测试要求应用到上市公司中。除此以外，FASB 还针对非上市公司以及非营利组织的减值测试提出了一系列简化的减值测试要求，具体见 ASU2014－02、ASU2014－18、ASU2019－06。

3.1.1.4　后 SFAS142 时代的商誉会计处理要求及影响

2013 年，FASB 就 2007 年修订的 SFAS141R 发布了《实施后审查：企业合并》（The Post-Implementation Review：Business Combinations）。在该报告中，FASB 重点关注了以下议题：第一，后续的商誉会计处理问题，考虑是否应该恢复商誉的摊销，或者仍然保持现行的减值测试；第二，对商誉减值测试复杂性的讨论，考虑是否有更简化的方法进行减值测试。

2018 年 10 月 24 日，FASB 将“可识别的无形资产及后续的商誉会计核算”（Identifiable Intangible Assets and Subsequent Accounting for Goodwill）单独作为一项研究项目。2019 年 7 月 9 日，FASB 发布了《评论邀请函——可识别的无形资产及后续计量》（Invitation To Comment-Identifiable Intangible Assets and Subsequent），以征求利益相关者对企业合并中收购的某些可识别无形资产的会计处理以及对后续商誉会计处理的意见。

对于减值测试是否需要先由审计师进行定性评估这一问题，评论者对此步骤的意见分歧较大。反对者指出，最初对商誉进行定性测试是无效的，因为该步骤需要审计师作出大量主观判断，这无疑会增加审计成本，并且对实际的减值测试并未提供多少客观信息；支持者则表示，这种测试背后的概念是合理的，但在实际操作过程中需要优化步骤，例如增加一些具体指标的计算，如现金流或市值的变化等。

对于商誉的后续会计处理，大部分评论者均表示需要改进目前商誉的减值模型。他们反对仅采用减值的模型，因为在这种模型下，资源会在很大程度上被浪费。这不仅体现在审计成本和管理成本的增加上，而且利益相关者可能会将商誉减值费用视为非现金支出而不予考虑，转而使用其他方法进行评估，例如调整后的息税折旧及摊销前利润。超过半数的评论者表示支持采用摊销的模型，其原因主要体现在以下三个方面:第一,商誉的寿命有限,采用摊销方法将更准确地反映企业合并的经济实质以及商誉随时间的贬值。而这种贬值是不可避免的,因为管理层更迭引发的业务战略变化、客户偏好的变化、市场竞争、技术进步或其他市场条件的变化都会导致商誉的账面价值无法反映最初记录的未来经济利益。第二,摊销商誉将减少成本、时间和当前投入的工作量。减少成本是因为现有的模型流程可以在包含减值测试的摊销模型中得到利用。第三,摊销模型较为简便,由于有具体的指标,减少了判断的主观性,并且更容易理解。

经过前期的会议和讨论,FASB 综合多方意见,在 2022 年 6 月 15 日的会议上讨论了"可识别无形资产以及后续商誉会计核算"的未来发展方向,决定取消该项目的优先级,并将其从技术议程中删除。该项目的调整不仅体现了 FASB 整体的战略规划及其在资源配置上的权衡,也反映了当前行业环境中利益相关者的需求。

3.1.2　国际会计准则中商誉处理的演变历程

3.1.2.1　IAS22 的商誉会计处理要求及影响

在全球化的浪潮下,跨国公司迅猛发展,采用国际趋同的会计准则已成为必然。1973 年,由法国、德国等九个国家的主要会计职业团体发起成立了国际会计准则委员会(International Accounting Standards Committee,IASC),该委员会开始着手制定国际会计准则(International Accounting Standards,IAS)工作。1983 年,IASC 发布了国际会计准则第 22 号(International Accounting Standards 22,IAS22)《企业合并》,首次对商誉相关的确认问题进行了规范。但是 IAS22 对有关商誉初始计量中如何确定有关购入资产与负债的公允价值、后续计量中如何对商誉进行处理均没有加以明确。这主要是因为该阶段的 IASC 更多地汇集了不同国家的会计准则与会计实务,兼顾了不同国家的会计实践,并未对会计选择空间加以限制。

IASC 于 1989—1994 年开始推行"可比性和改进计划",对会计备选方法进行压缩,以提高企业财务报表间的可比性。在此背景下,IASC 于 1993 年重新修订了 IAS22。1993 年修订的 IAS22 明确指出,商誉资产应该在其使用寿命内采用直线法进行摊销处理。摊销期限应在 5 年以内,但若有明确证据表明其使用寿命确实超过 5 年,也可以采用该使用寿命作为摊销期限,但最长不能超过 20 年。1993 年修订的 IAS22 还对负商誉的会计处理作出规定:负商誉应该作为递延收益处理,且在不超过 5 年的期限内系统地将其确认为收益,但最长的期限不能超过 20 年。

在证券委员会国际组织(International Organization of Securities Commissions,

IOSCO)的推动下,IASC 试图制定一套适用于全球资本市场的核心准则。于是,IASC 在 1998 年对 1993 年修订的 IAS22 再次进行了修订,以使该准则与国际会计准则第 12 号(International Accounting Standards 12,IAS12)、国际会计准则第 36 号(International Accounting Standards 36,IAS36)、国际会计准则第 37 号(International Accounting Standards 37,IAS37)以及国际会计准则第 38 号(International Accounting Standards 38,IAS38)等准则保持一致。1998 年新修订的 IAS22 在规定商誉后续计量方面有两方面的更新:第一,商誉应在不超过 20 年的期限内采用直线法进行系统摊销。当然,若有直接证据表明使用寿命超过 20 年,或采用其他摊销方法更为合理,也可以采用。第二,商誉资产在进行摊销的基础上还应进行减值测试。具体而言,IAS22 要求企业按照国际会计准则第 36 号(IAS36)的规定于每年年末对商誉资产进行减值测试,并确认相应的费用。1998 年新修订的 IAS22 还进一步明确了负商誉资产的计量:与购买日可辨认负债的损失与费用不相关的负商誉,应在未来损失和费用发生时计入当期收益;若该未来预期损失和费用不予确认,对于未超过可辨认非货币性资产公允价值的负商誉,应在剩余使用年限内采用系统的方法确认为收益;对于超过可辨认非货币性资产公允价值的负商誉,应立即确认为收益。

3.1.2.2 IFRS3 的商誉会计处理要求及影响

虽然 IASC 在众多国际组织中脱颖而出,使国际会计准则受到国际社会的认可,但是其组织性质及会员影响力使其准则权威性大打折扣。因此,该组织于 2001 年仿效 FASB 的组织结构,改组为国际会计准则理事会(International Accounting Standards Board,IASB),并加强与各会员国的合作与交流(汪祥耀和邓川,2005),特别是与 FASB 的合作。为提高企业合并的会计处理质量以及实现国际趋同目标,IASB 将企业合并项目分为两个阶段进行。第一阶段中与商誉相关的问题主要有两个方面:其一为取消权益结合法,所有的并购活动均采用购买法进行处理,并需确认相应的商誉资产;其二为商誉的后续计量取消摊销法,改为采用减值法进行后续计量。第一阶段的工作成果体现在 2004 年 IASB 发布的国际财务报告准则第 3 号(IFRS3)《企业合并》,以及修订的国际会计准则第 36 号(IAS36)《资产减值》中。

在第二阶段,IASB 加强了与 FASB 的合作,并在购买法的应用指南中实现了 IASB 与 FASB 的趋同。IASB 于 2008 年公布了第二阶段的合作成果,即修订版的 IFRS3。与 2004 年的 IFRS3 相比,2008 年修订版的 IFRS3 在商誉会计处理方面并没有实质性的变动,主要是将完全商誉法作为一种替代性方法加入其中。由于欧洲许多机构拒绝使用该方法，并认为该方法成本较高，且在估计少数股东权益在并购中增值部分的公允价值时存在判断错误，IASB最终屈服于批评者，并在其2008年1月发布的IFRS3修订版中允许公司选择传统的部分商誉法(Partial Goodwill Method)和完全商誉法。

3.1.2.3　后IFRS3时代的商誉会计处理要求及影响

尽管2004年IASB发布的国际财务报告准则第3号(IFRS3)是里程碑式的商誉会计准则，该准则对商誉问题的会计处理进行了详细规范，不过在实际运行中仍面临许多具体问题。因此，2013年7月，IASB就IFRS3发布了《实施后审查：IFRS3企业合并》(Post-implementation Review:IFRS 3 Business Combinations)，以征求利益相关者对企业合并信息披露以及商誉减值方法的意见。

该实施后审查征询文件共收到五项反馈意见：一是企业合并相关信息披露的充分性及有用性不足。这些信息无法满足信息使用者对交易对价是否合理等决策所需的有用信息。二是关于修订的IAS36资产减值部分，该准则规定的商誉减值测试过于复杂，执行成本较高。三是减值方法滞后于减值事件的发生，往往不能满足及时有效反映事件的要求。四是企业在进行商誉减值测试时，面对确定用于计算使用价值的关键假设以及分摊商誉账面价值至资产组方面，更依赖主观判断，这影响了商誉减值测试的有效性。五是投资者对于一些独立于商誉的可辨认无形资产(如客户关系、商标等)是否能够提供有用信息存在疑惑。这些单独确认的无形资产通常在市场上不活跃，因此其计量方法受主观影响较大。

为了有效解决上述问题，IASB讨论了实施后审查期间收到的反馈，并在2015年2月的会议上确定了IFRS3后续应考虑的重要问题。在该会议上，IASB主要讨论了商誉后续计量方法中减值模型的改进，并将"商誉及减值"确定为一项研究项目进行专门研究。IASB认为无论何种模型，都应该考虑改进减值的要求。具体需要考虑以下四个方面：第一是关于商誉的减值模型，建议转为仅减值的模式；第二是免除年度减值测试的要求，包括考虑年度的定性评估和更稳健的减值指标；第三是简化使用价值(Value In Use,VIU)的计算并提供指导，包括审查贴现率和对现金流的估计；第四是关于识别现金产生单元和重新分配商誉，包括考虑是否应将商誉分配给单个产生单元而不是群体产生单元。即如果该主体发生重组，在某些情况下可能会避免重新分配问题。考虑这些方面可以尽可能降低现行商誉减值处理的成本，同时不会减少减值测试方法所能提供的信息价值。

自2015年"商誉及减值"项目成立以来，该项目引起了利益相关方的广泛关注和热烈讨论。在充分讨论并广泛听取意见的基础上，IASB根据该项目前期研究的成果，于2020年3月19日发布了《征求意见稿：企业合并——披露、商誉和减值》(Exposure Draft：Business Combinations—Disclosures，Goodwill and Impairment)，其中针对商誉的后续处理方法、减值测试以及可辨认无形资产等方面提出了一些初步决议。第一，对于商誉的后续处理方法持保留意见。IASB曾提出“净空值法”来解决商誉减值测试中存在的问题，但由于该方法过于依赖会计人员的主观判断，最终决定放弃该方法。在不重新引入摊销法的情况下，继续沿用现行的减值测试方法。同时，IASB决定在合并资产负债表上列示“扣除商誉的所有者权益”小计项目，以期突出商誉存在的风险，帮助会计信息使用者更好地理解企业的财务状况。第二，决定简化现行的商誉减值测试。其一，豁免企业每年必须进行减值测试的强制要求，仅在有迹象表明商誉可能发生减值的情况下，才需对商誉进行减值测试。这样可以有效降低商誉及无形资产测试的成本。其二，简化使用价值的计算方法，即不再要求企业扣除与尚未作出承诺的未来重组或未来资产改良相关的现金流量；允许企业按照税后现金流量和税后折现率估算使用价值，只要现金流量和折现率的确定基础一致即可。第三，继续对可辨认无形资产单独进行会计处理。虽然有些利益相关者认为这些可辨认无形资产由于较难确定入账价值和摊销方式，可直接纳入商誉，但IASB认为上述理由不够充分，仍然保留IFRS3中关于可辨认无形资产须单独处理的原则。

在2022年11月的例会上，IASB投票决定维持仅减值的商誉会计处理方法。基于2014年开展的IFRS3实施后审查以及2020年发布的企业合并征求意见稿所收到的反馈意见和相关研究，IASB认为缺乏强有力的证据证明重新引入商誉摊销模式优于现行的仅减值模式，因此决定继续维持现行的商誉仅减值会计处理方法。

值得注意的是，2004年发布的IFRS3仅规范了非同一控制下企业合并的会计处理，而将同一控制下企业合并排除在适用范围之外，即无须确认商誉资产。为了填补规范空白并提高会计信息的可比性和透明度，IASB在2016年将“同一控制下企业合并”项目确定为研究项目。自该项目成立以来，利益相关方一直积极讨论。2020年11月，IASB汇总前期初步观点，发布了《征求意见稿：同一控制下企业合并》(Exposure Draft：Business Combinations under Common Control)，就项目范围、会计处理方法的选择、披露要求等方面征求意见和建议。由于在收集中发现利益相关者对该项目存在较多分歧，IASB经过考虑提出仅就以下三个方向广泛征求意见：第一是继续研究制定确认、计量和披露要求；第二是不规定企业如何选择同一控制下合并的会计处理方法、账面价值法和购买法的具体确认与计量要求，仅规定披露要求；第三是终止同一控制下合并项目，对同一控制下合并交易的会计处理不作任何规定。由于同一控制下企业合并交易较少且后续会计处理的差异对使用者决策影响较小，综合成本收益原则，IASB 决定放弃前两个方向，最终选择第三个方向，并于 2024 年 4 月 17 日发布同一控制下企业合并项目总结，这标志着 IASB 正式终止该项目。

3.1.3　中国商誉会计规则的演变历程

3.1.3.1　2007 年以前商誉的会计处理要求及影响

由于早期中国的计划经济体制，企业使用的是资金三段平衡的会计制度，并不涉及商誉相关问题。关于商誉的会计处理要求，直到 1992 年才开始出现。最早对商誉进行规范的是 1992 年由财政部发布的《股份制试点企业会计制度》(仅对股份制试点企业适用)。该制度认为商誉是无形资产的一种，并规定所有无形资产均应在规定期限内进行摊销处理；若无规定期限，则应在使用期限内进行摊销，或者在不少于 10 年的期限内进行摊销处理。同时，该制度还提及："因收购合并形成的商誉，应按照协议的投资额与被并入单位净资产的差额入账。"随后的《企业财务通则》和《企业会计准则》均延续了这一定义。但这种规定仅是分类性质的，对商誉的性质等缺乏理论上的分析(黄菊珊，2004)。1995 年，财政部发布《合并会计报表暂行规定》，其中明确要求母公司对子公司权益性资产投资项目的数额与子公司所有者权益中母公司所持有的份额相抵销。抵销时发生的合并价差在合并资产负债表中以"合并价差"项目在长期投资项目中单独反映。该规定虽然并未提及商誉，但"合并价差"项目已经包含了后来的准则中有关商誉的内容。这种在个别报表中先确认商誉，再在合并报表中确认合并价差的做法，可能导致合并报表中对商誉的双重确认。

随着经济的发展，国有企业改制等因素极大地推动了企业兼并重组活动的发生。1996 年，财政部发布了《企业兼并有关财务问题的暂行规定》。该暂行规定主要针对国有企业兼并其他企业或被其他企业兼并的情况。规定要求，在吸收合并(原文表述为"被兼并企业丧失法人资格")的情况下，成交价高于净资产评估价值的部分，借记"无形资产——商誉"科目，并从兼并次月起按规定年限进行摊销；如果没有规定使用年限，则按 10 年的期限进行摊销处理。在控股合并(原文表述为"被兼并企业仍保留法人资格")的情况下，作为投资处理，按照购买价借记"长期投资"科目。1997 年，财政部发布了《企业兼并有关会计处理问题暂行规定》，提出了类似的处理要求。该规定对消除前述双重确认问题具有积极意义。

由于 1997 年亚洲金融危机的影响，财政部于 1998 年才公布《股份有限公司会计制度》(对1992年《股份制试点企业会计制度》的修订)(刘常青,2009)。该新制度与同年公布的《企业会计准则——投资》均要求:“投资企业的投资成本与应享有被投资单位所有者权益份额之间的差额,作为股权投资差额,按一定期限平均摊销,计入损益。”同年,财政部发布《关于股份有限公司有关会计问题解答》,对“被投资单位所有者权益份额”作出进一步规定:若购买其他公司全部股权,按照评估确认的价值入账;若仅购买其他公司部分股权,则按被购买企业的账面价值入账。这种处理方法虽然并未通过“商誉”这一科目反映并购价差,但其主要处理思路仍然是在合并报表中确认并购价差,同时对其进行摊销处理。

2000年,财政部发布了《企业会计制度》(该制度适用于除金融企业和小企业外的所有企业),对已有的《企业会计准则》作出进一步的解释。《企业会计制度》中提到,不可辨认的无形资产是指商誉,并强调自创商誉不应进行确认。同时,该制度还提及,包括无形资产在内的长期资产应于每年年末进行检查,以确认是否需要计提减值准备,且计提的减值准备不得转回。然而,2001年公布的《企业会计准则——无形资产》却指出,该准则不包括合并中产生的商誉。这种相互冲突的规定导致在2007年新的《企业会计准则》实施之前,很少有企业在实务中确认商誉资产。

3.1.3.2　2007年《企业会计准则》有关商誉的会计处理要求及影响

伴随着中国经济的发展,制定与国际趋同的会计准则成为历史的必然。中国于2007年开始正式实施的《企业会计准则》就是这一历史背景下的成果。新的《企业会计准则》在《企业会计准则第2号——长期股权投资》(CAS2)、《企业会计准则第8号——资产减值》(CAS8)和《企业会计准则第20号——企业合并》(CAS20)中均涉及商誉的确认以及后续计量问题。在商誉的确认方面,CAS20要求区分同一控制下企业合并与非同一控制下企业合并,仅在非同一控制下企业合并中确认相关的商誉资产。商誉是指购买成本与被购买方可辨认净资产公允价值份额之间的差额。当该差额小于零时,应将其计入当期损益。同时,CAS20要求将商誉单独确认为一项长期资产,与无形资产同列于资产负债表中。在商誉的后续计量方面,CAS8取消了此前对商誉进行摊销的处理,改为每年期末基于资产组或资产组组合进行减值测试。此外,CAS8要求规定,已计提的减值准备不得转回。

随着企业并购实践的发展,财政部发布了一系列企业会计准则解释,对企业并购中涉及的具体问题进行了规定。其中,《企业会计准则解释第2号》对购买少数股东持有的股权问题进行了明确,其要求母公司在编制合并报表时,应将相应的长期股权投资与合并日起持续计算的净资产份额调整至所有者权益,而非计入商誉。

《企业会计准则解释第 4 号》则明确了并购相关费用是否计入并购成本的问题，并对分步实现非同一控制下合并以及处置部分股权导致丧失控制权等情况下的相关并购成本问题的会计处理进行了规范。《企业会计准则解释第 5 号》对非同一控制下被购买方拥有但未在其财务报表中确认的无形资产的处理进行了规范，降低了商誉高估的可能性；还对母公司将全资子公司改为分公司情况下的商誉处理问题作出规定。

3.2　商誉会计规则的演变特征

从整体上看，商誉会计处理的发展大致经历了三个不同的阶段。第一阶段是不确认或确认后立即冲减，第二阶段是确认并摊销，第三阶段是确认并减值。当然，在从第一阶段到第二阶段的过程中，会计实务界还经历了购买法下的确认与摊销以及权益结合法下的不确认并存的局面；在从第二阶段到第三阶段的过程中，会计实务界也经历了摊销与减值并存的时期。总体而言，商誉会计处理的演进过程表现出以下两点特征：第一，外购商誉资产的确认成为必然趋势，最终突破了资产的确认标准；第二，外购商誉后续计量的减值法处理成为必然趋势，最终放弃了历史成本计量属性。

商誉资产的确认意味着具有不确定性的资产项目被财务报表所接受，突破了长期以来坚持的资产确认标准。从会计角度看，虽然外购商誉基本符合资产的定义，但由于其特殊的自身属性，其基本不符合资产的确认标准。不同于其他资产，商誉资产并不具有实物形态，其价值主要来源于并购活动中可能产生的协同效应的推定。由于协同效应是否存在，以及存在多大的协同效应，取决于诸多不确定因素，进而导致对协同效应的准确计量几乎不可能实现。按照资产的确认标准，只有与该资源相关的经济利益才可能流入企业，且该经济利益能够可靠计量时，相关资产才能被确认。因此，外购商誉资产从不确认到确认的过程意味着基本准则中的资产确认标准被打破，将不确定性事项纳入财务报表成为必然。

商誉资产后续计量方法的转变意味着面向价值的公允价值计量被财务报表所接受，这标志着对历史成本计量属性的放弃。长期以来，由于外界对会计的预期(并不需要更准确的会计信息)，以及会计自身发展的限制(无法提供更准确的会计信息)，历史成本计量一直是财务会计的主流计量模式。基于历史成本的计量模式注重资产计价的可靠性，反映的是资产的会计价值，并强调成本与收益的配比原则，而摊销正是该计量模式下的产物。减值法强调资产的公允价值或现值，即资产的现时价值或预期价值的体现，反映的是资产的经济价值。在减值法下，资产的公允价值或现值的获取往往需要依赖繁荣的交易市场或者复杂的估值技术，因此其价值的确定过程通常伴随着大量的市场噪声以及管理者的判断与预期，其最终的会计信息往往不如历史成本信息可靠。因此，外购商誉资产减值法地位的确立意味着财务报表中多种计量属性并存的局面已成必然。

3.3 商誉会计规则演变的内在逻辑

商誉会计处理规则与其他社会规则类似，具有社会属性。一方面，它是特定社会历史时期社会活动的产物；另一方面，它也影响着社会活动的进程。在五次大的并购浪潮的推动下，外购商誉逐渐确立目前的商誉会计处理规则。同时，其所具有的经济后果也影响着企业并购的发展，并进一步引导商誉会计处理规则的变化。作为社会活动的产物，外购商誉会计处理规则的产生及演变是由社会的总需求与总供给共同决定的。社会对商誉会计的需求是商誉会计处理规则变化的原始动力，而会计理论的发展则为商誉会计处理规则的变化提供了可能性。两者之间的相互作用共同促进商誉会计处理规则的演变。

3.3.1 社会环境的变化与商誉会计处理规则的需求

企业所面临的社会环境变化既包括其所处的外部社会环境变化，也包括企业内部社会环境变化。因科技进步所引发的第三次工业革命，使全球经济由工业经济向知识经济时代转变，企业的商业模式也因此发生改变，无形资产在企业中的重要性日益凸显，进而产生了拓展已有资产确认标准的需求。在外部环境变化的同时，企业并购活动逐渐呈现高杠杆化、国际化等特征，从而对商誉的会计处理提出了新的要求。随着经济的发展，企业内部组织形式的缓慢演进也逐渐改变企业的内部利益格局，这也对商誉的会计处理提出了新的要求。

3.3.1.1 知识经济的到来与商誉会计处理规则的演变

由于无形资产计量的可靠性问题，以及因无形资产产生的未来现金流的不确定性问题，是否应该在财务报表中确认相应的无形资产，或者是否应该放宽资产的确认标准，以允许确认相应的无形资产，成为会计研究中颇具争议的话题（Amel - Zadeh 等，2016）。外购商誉作为企业无形资产中的重要组成部分，是企业超额收益能力的体现，包含了除可辨认的无形资产之外的所有无形资产。不过，关于是否应当对其进行会计确认，目前学术界与实务界仍存在争议。

与工业经济时代相比，知识经济时代更为注重信息、技术等无形资产在企业发展中的重要作用（张俊瑞，1999），无形资产的重要性逐渐凸显。① 随着以计算机的使用为标志的知识经济时代的到来，企业的无形资产（资源）已成为企业竞争力的重要来源，企业已无法忽视这些不满足资产确认条件的无形资产（资源）的价值。黄世忠（2015）指出，在移动互联网时代，由于商业模式的变化，拓展已有的资产定义、放宽会计确认标准，以及赋予企业更大的会计计量属性选择权都成为必然的趋势，且 IASB 在概念框架层面的修订也体现了这一趋势②。因此，外购商誉资产的确认也成为这种大趋势下的一种必然选择。冯卫东和郑海英（2013）的研究认为，在知识经济下，由于“人力资本”的重要作用，若缺少商誉会计对外购商誉的准确计量，则会导致会计信息的不相关和不完整。通过确认外购商誉这一特定类型的资产，有助于投资者更好地评估企业的真实价值，从而实现财务报告的决策有用目标。

3.3.1.2　并购活动的变化与商誉会计处理规则的演变

在 19 世纪末至 20 世纪初的第一次并购浪潮中，企业的并购行为仅仅是一种产能扩张的手段，并购交易的规模较小，频次也较低，并购活动对金融业的依赖程度远未达到如今的水平。在估值泡沫尚未显著的情况下，确认少量的外购商誉或避免确认商誉对整个企业财务报表而言并不重要。随着 20 世纪 60 年代多元化并购浪潮的兴起，企业并购逐渐演变为以整个企业为交易对象或商品的资本运营活动，金融资本也开始逐步主导企业的并购行为。并购的高估值特征开始显现，股份支付方式显著推动了这一进程，第四次和第五次并购浪潮中的杠杆收购进一步强

① Corrado 和 Hulten（2010）估算了美国商业部门累计的有形资产与无形资产之比，发现投资于有形资产的比重在 1995—2007 年（10.4%）低于 1948—1972 年（11.2%），与此相对应的无形资产投资比例是前半个世纪的两倍——在这段时间末是 12.8%，高于投资于有形资产的比例。Srivastava（2014）提供了替代的方法用于测算美国无形资产的增长率。他计算了三项期间费用占总成本的比例，这三类费用分别是与无形资产投资有关的营销、IT 以及人力资本。他将这一比例与 20 世纪 70 年代到 21 世纪初在股票市场存活下来的公司进行比较，结果显示这一比例几乎翻倍，即从 21.8%上升到 38.3%。

② 黄世忠（2015）以 IASB 在资产定义方面的修改、金融资产的分类和定义方面的修改以及商业模式的角色方面的修改作为论据，论证了这一趋势。

化了这一趋势。若继续不确认外购商誉资产，被并购方的高估值泡沫可能会吞噬原有的并购利润；反之，若能够确认外购商誉资产，则并购方的财务状况将显著改善。因此，在并购浪潮的推动下，通过确认商誉资产以减少并购阻力成为实务界的优先选择，企业对确认商誉资产的内在需求成为推动外购商誉资产确认的原始动力。同时，由于高估的外购商誉资产存在估值泡沫，后续采用减值法计量增加了企业在消化吸收该估值泡沫时的选择空间，因此减值法相对于摊销法可以更好地适应企业并购活动的高估值特征，对企业而言更具吸引力。除企业并购的高估值特征外，企业的并购规模以及频次也空前增长，[①]企业并购活动对整个财务报表的影响较大。一方面，财务报表需要准确记录整个并购活动，特别是金额巨大的商誉资产，以真实反映企业的价值，外购商誉的确认成为必然；另一方面，会计上的计量规则变化对并购活动绩效的影响也十分明显，不同的商誉资产处理方法直接影响企业的盈利水平，因此商誉的后续计量规则也成为不同利益主体博弈的主战场。

3.3.1.3 公司治理的变化与商誉会计处理规则的演变

虽然第一次并购浪潮得益于工业化和证券市场的发展，但由于当时股份公司制度刚刚兴起，证券市场也属新兴事物。在这种近现代化的公司治理环境下，企业及利益相关者对外购商誉资产的信息需求也较低。在第一次并购浪潮前后，资本市场的流动性较差，企业的股票多集中于公司大股东手中，家族型或合伙型的组织形式依然是当时的主流公司组织形式。尚未完全分离的所有权与管理权使公司股东面临的信息不对称程度较低，因此财务报表的实质性作用有限，更遑论商誉资产的信息价值。

随着并购活动的开展，银行家们参与企业并购活动，逐渐成为企业的重要利益相关者，企业财务报表的外部需求由此形成，并塑造了早期的商誉会计处理规则。债权人与股东之间天然存在的信息不对称以及利益冲突，使得企业财务报表的价值开始显现，并进一步推动了对财务报表的外部需求。企业的股东或高管希望通过投资或并购活动实现企业长期价值最大化，并试图改变可能阻碍企业价值最大化的会计制度约束；而以银行家为代表的债权人则希望获得更稳健的财务会计信息，他们更关注的是企业的短期利益或清算价值。对于股东而言，权益结合法下的

① 根据 Amel－Zadeh 等(2016)的总结，美国企业并购的支出在 1900 年时达到了顶峰，这一顶峰在 20 世纪 60 年代之前一直未被超越。在此之后，直到 20 世纪 90 年代，并购的步伐才放缓下来。随后，政府重新放松了对并购的约束，并购支出比一个世纪前的顶峰还高出一倍。

不确认商誉以及购买法下的确认商誉并永久保留的做法均可以减少因会计计量[①]所导致的并购业绩减少，因此企业有动机确认相应的外购商誉资产。对于债权人而言，商誉并不影响企业的清算价值，但若不将其从相应的资产中剥离出来，则会影响对企业清算价值的估计，因此债权人也需要企业单独确认外购商誉资产。进一步而言，基于稳健性的考虑，对商誉资产进行摊销处理以实现成本与收益的配比，准确反映企业的盈利状况也成为必然要求。

同时，股份制企业逐渐成为主要的企业组织形式，两权分离的公司治理机制逐步趋于成熟，股东与管理者之间的利益冲突也愈加明显。这种冲突导致两者对会计信息的需求存在差异，而这种差异对商誉的会计处理规则的塑造起到一定作用。由于股东与管理者之间目标效用函数的不同，股东希望企业进行更多有价值的并购行为，以提升企业价值；而管理者则倾向于减少并购行为，以降低个人的风险承担水平。在这一冲突背景下，会计视角下的商誉计量规则对管理者的并购行为产生两个层面的影响。第一，初始确认时，将并购商誉确认为资产而非计入当期损益，可以增加并购当期的盈余，避免对高管的并购行为造成负面影响。反之，则可能降低高管的并购动机，因此确认商誉为资产成为必然要求。第二，后续计量时，外购商誉确认为资产后所产生的商誉摊销会直接影响未来的盈余，以及基于业绩的高管薪酬契约的执行，从而降低高管实施并购的激励水平。这不利于企业并购活动的推进，因此企业会计准则最终转向采用减值法进行后续计量。

资本市场的进一步繁荣与发展一方面推动着企业并购活动的蓬勃发展，另一方面也形成了为数众多的中小投资者利益群体，它们成为影响企业财务行为的重要力量。不同于早期的资本市场，股票市场的高流动性以及股票市场本身的繁荣，使得投资者“用脚投票”的机制更加便捷，投资者对企业行为的影响更加明显。来自投资者的短期投资回报压力迫使企业更加关注短期业绩，并最终使得企业财务行为的重心从长期企业价值最大化转向股东价值最大化，尤其是短期股东价值的最大化。企业价值最大化反映的是利益相关者视角下的共同利益诉求，要求企业的财务报告能够真实反映企业的业绩，注重企业相关资产与负债计量的可靠性与准确性；而股东价值最大化则是股东视角下的企业价值创造理念，要求企业的财务报告有助于股东财富价值最大化，关注的是企业的收益与费用等短期业绩指标。对于商誉计量而言，企业价值最大化要求企业更稳健地反映外购商誉资产的真实

① 在早期的实务中，企业按照购买法的思路处理企业合并，但并不确认相应的外购商誉资产，所有的并购损益均计入当期的营业外收入或支出。

价值，通过摊销实现成本与收益的配比，以防止商誉资产的高估；而股东价值最大化则要求企业提供能够更准确反映企业价值的相关参数，要求对商誉资产未来产生现金流的能力进行估计，通过减值测试来避免资产的高估。因此，资本市场的发展也是促使商誉资产后续计量由摊销转变为减值的主要动力。

3.3.2 会计理论的发展与商誉会计处理规则的供给

在第一次和第二次并购浪潮发生时，会计职业刚刚开始形成并初步得到发展，尚缺乏统一的商誉会计规则，因此商誉会计处理呈现出多样化的特征（Walker，1938），不同企业之间的商誉会计信息的可比性较差。然而，在第三次并购浪潮及其之后，相关准则制定机构已经成立并取得一定发展，统一的商誉会计处理办法逐渐形成，提高了商誉会计信息的含量，极大地满足了社会对商誉信息的需求。同时，相关会计理论的发展使商誉会计处理的进一步演进成为可能。

3.3.2.1 财务报告目标的变化与商誉会计处理规则的演变

在会计理论的发展过程中，企业财务报告目标经历了从受托责任观到决策有用观的转变。财务报告目标包括谁是财务报告使用者、财务报告的主要用途及财务报告能够提供哪些信息三个方面的内容（葛家澍和杜兴强，2005）。受托责任观强调会计的职能是如实反映管理层的受托责任履行情况，从而有利于股东及债权人对高管受托经济责任的评价；决策有用观则强调会计的职能是提供与投资者[①]决策相关的有用会计信息，从而有利于投资者进行投资决策。在受托责任观下，历史成本是主要的计量属性，会计信息反映的是面向过去的交易或事项，并强调会计信息的可验证性；在决策有用观下，公允价值成为重要的计量属性，更强调会计信息对未来交易或事项价值的反映，能够提供相关或决策有用的信息成为必然要求。资产减值成为决策有用目标下的典型表现（戴德明，2012）。

由于目前 FASB 以及和 IASB 均以财务报告目标作为财务报告概念框架的逻辑起点，因此财务报告目标的演变直接导致了由此推导出的整个财务报告概念框架的差异[②]，进而影响到具体准则制定中所遵循的基本原则。具体而言，由于在受托责任观下，财务报告的使用者主要利用财务报告对高管履职期间的受托经济责

① 此处的投资者概念为广义的投资者概念，既包括现实的投资者和债权人，也包括潜在的投资者和债权人。

② 虽然财务概念框架的提法直到 1976 年 12 月才出现在 FASB 公布的《财务会计概念结构：财务报表的要素及其计量》中，但这一思想最早可追溯到 1494 年巴其阿勒时代（葛家澍和刘峰，2003）。

任进行评价，因此财务报告需要提供受托人履行受托经济责任情况的信息，包括资产的保值增值情况等。此时，需要使用折旧规则以配比收入与费用，从而准确地反映高管履行受托责任的情况；同时，恰当地记录商誉资产以准确反映受托资产的保值增值情况也属于受托责任观的内在要求。在决策有用观下，财务报告的使用者不仅包括现实的投资者，还包括潜在的投资者，这进一步要求财务报告能够提供与投资者决策相关的信息，特别是估值相关的信息，而不仅仅是契约相关的信息。在这种情况下，最有利于投资者进行估值的信息必然是面向未来的、以企业价值为基础的相关会计信息。这就要求商誉资产的后续计量采用减值法，以反映商誉资产所产生的未来现金流的折现价值。因此，从以上分析来看，会计理论中有关财务报告目标的演变为商誉会计处理规则的变更提供了可能，使商誉会计处理规则能够与财务报告概念框架中的内在逻辑保持一致，从而增强商誉会计处理规则的合理性和适用性。

3.3.2.2　计量属性的增加与商誉会计处理规则的演变

同财务报告目标的发展相一致，财务报告的计量属性也经历了从单一历史成本计量属性到多种计量属性并存的变化，特别是目前公允价值计量属性的使用范围大有超越历史成本计量属性之势。刘浩和孙峥（2008）分析认为，其他类型的计量属性定义着眼于特定的量化方法，而公允价值计量属性的定义则着眼于交易状态，且公允价值计量属性是其他类型计量属性的终极目标。因此，后文主要针对以历史成本为代表的计量属性，以及以公允价值为代表的计量属性进行分析。计量属性作为资产计量理论的重要内容，主要指可以被量化或计量的特性或方面，如成本金额或收入金额（FASB，1984）。[①] 历史成本计量属性遵循主体基础的逻辑，对过去的交易或事项按照当时的价格进行计量，且在随后期间该价格不再随着市场价格的变动而调整。公允价值计量属性则遵循市场基础的逻辑，强调在整个交易或事项的存续期间，按照市场价格对其价值进行调整。同时，由于公允价值计量属性追求公允目标，故需更多地引入复杂的估值技术，以对未来不确定事项作出相应的估计。这使得基于公允价值计量的资产减值成为可能（黄世忠，2011）。

由于计量属性的演变，企业可以根据需求对商誉资产进行计量。具体而言，在历史成本计量属性占主导地位的情况下，这种面向过去的计量方式只能提供商誉资产的历史交易成本，而无法及时反映资产价格变动所引起的变化。即使

① 支晓强和童盼（2010）根据他们对公允价值计量属性的理解，将计量属性的内容归纳为逻辑基础（主体基础或市场基础）和价值基础（以买入价、脱售价或在用价为基础）。

在后续计量中引入折旧法，也仅能对商誉资产价值下降部分进行有规律的摊销处理，仍然无法及时提供商誉资产价值的准确信息，更无法反映因资产价格上涨带来的潜在收益。而公允价值计量是一种以价值为导向的计量属性，可以对商誉资产的价值变化作出及时而准确的反映，表现为能够利用减值法对商誉资产的价值进行及时的评估。特别是，由于减值法以公允价值计量属性为基础，那么基于市场基础的公允价值进一步提高了财务信息的相关性，使商誉资产的价值评估更加准确。当然，这种基于市场基础的公允价值在可靠性方面的缺陷，也是其一直难以被广泛推广的重要原因。综合以上分析，由于企业计量理论的发展，特别是公允价值计量属性的推行，使企业能够实施更符合投资者需求的减值法，对商誉资产进行后续计量。

3.4 本章小结

本章首先按照时间顺序对美国、国际以及中国商誉会计相关会计准则的演变进行了梳理，[①]并在此基础上提炼出商誉会计演变的两点特征：一是商誉的初始计量经历了从不确认外购商誉到确认商誉资产的过程；二是商誉的后续计量经历了从摊销法到减值法的过程。本章进一步以社会学中的供求理论为基础，探讨了与商誉会计处理相关的社会总供给和总需求的变化如何塑造了整个商誉会计处理规则的演变过程。商誉会计处理的外部需求是推动商誉会计处理规则演变的内在动力，相关会计理论的发展则为满足这种需求提供了可能。

具体而言，有关商誉会计处理的外部总需求主要体现在三个方面：第一，知识经济时代对无形资产（资源）的重视，催生了商誉等无形资产的计量需求；第二，并购活动的高估值特征以及企业对并购活动的依赖，需要对外购商誉资产进行更灵活的记录；第三，企业内部组织形式的演变所引发的利益相关者对会计信息的需求，也在一定程度上推动了商誉会计处理规则的规范化。商誉会计处理的总供给则主要表现在相关会计理论的发展上。第一，有关财务报告目标的转变，使得利用商誉减值规则提供更具决策有用性的目标成为可能；第二，有关计量属性的增加，使得企业可以利用公允价值计量属性对外购商誉资产进行减值

① 在统一的会计准则出现之前，探讨美国实务界商誉会计处理的相关文献参见 Walker(1938)。

测试。

综合而言，商誉会计处理规则的演变体现了历史发展的趋势，是内外部环境变化所引发的需求变化的结果。因此，对于准则制定者而言，应清楚地认识到商誉会计发展的历史阶段，以及与此相关的社会总供求关系，并选择与整个社会供求相适应的商誉会计处理方法；对于监管者而言，应了解与商誉会计相关的利益相关者的诉求，加强对商誉会计信息质量的监管，以保护中小股东的利益和诉求。

对于学者而言，应该及时更新相关的理论知识，以适应不断变化的经济环境，并提供更完善的商誉计量理论。其一，商誉初始计量研究应该更加关注企业合并方法与并购决策之间的关系。中国在企业合并层面保留了类似权益结合法的企业合并处理方式，从而使得部分企业可以在并购中避免确认商誉资产，这对并购行为本身造成了一定的影响，同时也使得相关准则不再具有无偏向的特征。由此，相关并购活动之间的会计信息缺乏可比性，降低了会计信息的质量。具体而言，与购买法相比，权益结合法在资产与利润方面的处理可以使企业增加利润、减少费用支出。因此，从财务视角来看，企业会更倾向于选择权益结合法。如果允许企业使用类似权益结合法对并购活动进行处理，确实可以在一定程度上扶持部分行业或特定产权性质企业的整合与存量资源盘活（Baker 等，2010）。然而，这种财务层面的积极支持是以牺牲企业会计信息质量为代价的。成本与收益的权衡结果是否一定能够促进整体社会福利水平的提高，还有待进一步研究。

其二，商誉后续计量研究应该更关注商誉减值法与企业并购决策之间的关系。与摊销法相比，减值法并不要求企业每年计提商誉资产减值准备，企业的并购后绩效相对更好，这可能激励企业高管承担更多风险，从而影响企业的并购决策（De Bodt 等，2018；Bartov 等，2021；徐婷婷等，2022）。但是，复杂的减值测试流程也可能增加企业利用会计自由裁量权操控并购后业绩的可能性，从而恶化商誉会计信息质量（Beatty 和 Weber，2006；Ramanna，2008；Ramanna 和 Watts，2012；韩宏稳等，2019；苏洋等，2023）。当然，企业也可能利用会计自由裁量权传递有关并购项目的私有信息，从而提升商誉会计信息的有用性（Li 和 Sloan，2017；李健等，2022）。鉴于减值法与企业并购决策之间的复杂关系，两者之间的关系还有待进一步研究。

需要注意，会计信息所具有的经济后果特征（Zeff，1978），使得其在发展过程中必然受到其他利益主体的影响，从而在一定阶段背离原有的社会供求状况，阻碍社会进步（杨雄胜等，2014）。商誉会计信息的不可验证性、金额的估计性等特征，使其极容易被高管的自利动机所操控，也容易成为利益集团政治游说的重要内容，这在一定程度上阻碍了新的处理规则的及时采用[①]。不过，这种影响在整个历史的发展过程中又是微不足道的，商誉会计的发展最终仍会回归到与整个社会供求相适应的道路上[②]。因此，固守会计的受托责任目标，强调计量的可靠性，而无视整个社会商业经济环境的变化，也是商誉会计演进过程中需要注意的问题。[③]

① Wyatt(1963)有关商誉的会计研究报告(Accounting Research Study No. 5，ARS5)以及 Catlett 和 Olson(1968)有关商誉的会计研究报告(Accounting Research Study No. 10，ARS10)均指出权益结合法的不恰当，并主张应该采用购买法确认并购商誉，但是这种声音未能被准则机构所接受。

② Ding 等(2008)以西方四个主要发达资本主义国家超过 100 年的商誉会计演进史为研究对象，生动地再现了这一领域的曲折发展历程，详见其论文中的图 3。在图 3 中，德国的商誉会计演进过程在早期极大滞后于其他国家，而法国和英国均在该期间的中期实现了超前的演进。

③ 莫里斯(2011)在《西方将主宰多久》中写道，那些囿于自己学科之内的人将永远无法看到宏大的图景。

第 4 章　商誉减值的可靠性研究

4.1　引　言

由并购交易引发的商誉资产高估及减值风险引起了监管部门以及资本市场从业者的密切关注。证监会《2010 年上市公司执行企业会计准则监管报告》中指出，以商誉为代表的长期资产减值计提成为企业会计处理的顽疾，需要从方法上和可操作性角度重新审视。这表明在实务中商誉减值的会计处理存在一定的问题，影响了企业的财务报告质量。中金公司在 2016 年的一份市场研究报告中则直指企业并购市场繁荣背后的商誉减值风险，以及其对企业价值产生的负面影响，说明商誉减值对实体经济也产生了直接的影响。

考虑到商誉减值对财务报告及企业发展都有重要的影响，商誉减值计量的可靠性就显得尤为重要。FASB 在 SFAS142 中放弃了商誉的摊销处理，采用减值测试法，并解释称商誉的减值测试能够更好地反映企业的经济实质，从而使其所生成的会计信息更具决策有用性（FASB，2001）。那么，这是否意味着商誉的减值测试是为了实现财务报告概念框架的目标而牺牲了商誉计量的可靠性呢？更有相关研究指出，FASB 允许企业对商誉进行减值处理，是对工商界放弃采用权益结合法的一种补偿（黄世忠等，2004；Ramanna，2008）。那么，企业的商誉减值会计处理是否能够反映企业的经济状况呢？若其能够反映企业潜在的经济状况，这种反映是否会受到高管机会主义盈余管理动机的影响呢？

对于商誉减值的可靠性问题，Henning 等（2004）的研究利用市场的外部定价作为商誉减值是否可靠的计量标准，发现核心商誉资产的减值确实能够反映相关的经济实质。Lapointe-Antunes 等(2009)基于加拿大市场的研究得出了与此基本一致的结论；Jarva(2009)基于商誉减值对未来现金流预测能力的研究发现，商誉减值虽然与未来现金流相关，但该关系受到企业代理问题的影响。Chalmers 等(2011)则通过研究商誉减值与投资机会之间的关系验证了商誉减值的可靠性，并发现减值比摊销更能够反映企业的经济实质。但是Riedl(2004)基于长期资产减值影响因素的研究，却发现长期资产减值存在明显的盈余管理迹象。在 SFAS121 实施后，长期资产减值与反映企业业绩的经济因素并不相关。已有研究更多是从商誉减值的后果推演商誉减值是否具有可靠性，该类研究结论的准确性较依赖不同定价机制的可靠性，而较少有研究直接探讨商誉减值是否与相关经济因素直接相关。此外，有关中国商誉减值可靠性的研究也较为稀缺。卢煜和曲晓辉(2016)针对中国情境下的商誉减值的影响因素进行了检验，但他们未进一步探讨影响商誉减值的因素背后究竟反映的是盈余管理动机，还是高管传递私人信息的行为，而直接将企业相关报告动机归因于企业盈余管理行为。此外，由于商誉减值是企业内外环境共同作用的结果，企业外部的宏观因素以及行业因素是企业未来现金流预测的重要参数，但已有研究较多关注企业层面的经济环境因素的影响(Hayn 和Hughes，2006)，忽略了相关的宏观经济因素和中观行业因素的作用，这可能导致相关研究结论受到一定程度的影响。

本章利用中国 2007—2015 年 A 股资本市场商誉减值的相关数据，采用Riedl(2004)的长期资产减值模型直接检验商誉减值与相关经济因素之间的关系，从而对商誉减值的可靠性问题作出回答。根据 Riedl(2004)的模型，本章分别从宏观、中观以及微观层面选择商誉减值的影响因素，分析商誉减值是否反映相关的经济因素。进一步地，本章通过分析不同公司治理情境下商誉减值与相关经济因素之间的关系，判断商誉减值所反映的经济因素背后的经济实质，即不同经济因素与商誉减值之间的关联，究竟是高管盈余管理的结果，还是高管传递私人信息的结果。

本章的研究发现，企业的商誉减值与宏观经济环境以及行业环境显著负相关，商誉减值与企业的业绩指标也显著负相关，说明企业的商誉减值反映了相关经济因素的变化情况。同时，本章的研究还发现，商誉减值与表示报告激励动机的高管变更的变量、“洗大澡”变量以及盈余平滑变量显著正相关，而与表示债务规模的变量显著负相关。本章在考虑以上变量的测量误差问题、遗漏相关薪酬激励变量以及并购特征变量的可能性，以及样本选择偏误因素后，发现本章的研究结论依然成立。更进一步，本章基于不同公司治理环境下的检验发现，在相关报告激励动机中，仅“洗大澡”动机与商誉减值之间的关系受到影响，表明此时的商誉减值更多的是一种盈余管理行为，而其他三类报告动机与商誉减值之间的关系并不受公司治理环境的影响，这支持了商誉减值反映高管传递私人信息的假说。

基于中国上市公司商誉减值的可靠性检验结果说明，商誉减值反映了潜在经济环境的变化，具有一定的可靠性，支持 FASB 以及 IASB 放弃商誉摊销法而采用减值法进行后续计量的做法。同时，本章进一步研究的结果也表明，在具有“洗大澡”动机的情况下，商誉减值可能是高管机会主义盈余管理行为的表现，这说明有关商誉减值负面影响的争论在实务中确实存在，需要会计准则制定机构在未来商誉减值相关准则的修订中进一步完善该方面的规定。然而，本章的研究仅发现“洗大澡”动机下的商誉减值盈余管理行为，未发现其他三类动机下的商誉减值盈余管理行为，这可能表明商誉减值负面影响的范围较为有限。该发现也可作为会计准则制定机构在权衡商誉减值的成本与收益时的参考。

本章后续部分的安排如下：第二部分为研究假设的提出；第三部分为研究设计；第四部分为样本与数据；第五部分为实证结果分析；第六部分为进一步讨论；最后一部分为研究结论。

4.2　研究假设

虽然中国会计准则制定机构没有披露其为何采用减值法对商誉进行后续计量，但制定与国际准则相趋同的准则一直是中国会计准则制定机构的行动目标之一。根据 IASB 的披露，其在选择商誉减值法作为商誉的后续计量方法时，同时考虑了直线摊销法以及允许主体在这两种方法间进行选择的可能性。基于计量可靠性方面的考虑，理事会首先排除了允许主体拥有选择权的处理方法。其次，理事会认为直线摊销法的摊销年限的确定较为主观，难以客观地反映企业的经济状况变化，无法提供决策有用的信息，因此也排除了使用直线摊销法。这说明减值法在与备选方法的对比中，在准确反映企业的经济实质以及提供决策有用信息方面更具优势。最后，理事会还认为其所制定的减值测试方法比 FASB 所采用的两步法能够获得更可靠的会计信息，且成本更低。基于以上分析，商誉减值法是目前情况下可选的确认和计量方法中提供的信息最为可靠、成本最低的方法。因此，有理由相信商誉减值法能够反映企业经济活动的变化，并与反映企业经济活动的相关变量显著相关，具有可靠性。

虽然商誉减值法在理论上具有一定的可靠性，但该方法同时也存在一些缺陷，可能导致准则在执行过程中偏离预期目标，从而削弱其可靠性优势。由于商誉资产的不可辨认性，其减值测试程序中涉及较多主观判断，因此容易产生估计偏差，从而降低商誉减值的可靠性。Ramanna 和 Watts(2012)的分析指出，SFAS142 关于商誉减值测试存在三个层面上的判断选择问题，这种选择空间依赖企业外部的竞争环境以及内部高管的努力程度，难以进行准确估计。同时，高管的机会主义动机也会对企业商誉减值的可靠性产生负面影响。Ramanna(2008)认为，企业报告单元的数量和规模以及不可验证的无形资产的占比均会影响商誉减值的计量。Laurion 等(2014)的研究也发现，企业可以通过选择商誉分摊现金产生单元来调节即将发生的商誉减值。同时，Ramanna 和 Watts(2012)指出，高管在对可回收金额的判断方面拥有较大的自主判断空间，他们有动机通过选择商誉减值过程中相关参数来调节商誉减值金额。基于中国企业的相关研究也发现，商誉减值与企业的盈余管理动机密切相关(卢煜和曲晓辉，2016；张倩等，2016)。因此，商誉减值法可能在现实中并不能可靠地反映企业的经济状况变化，与相关的经济业绩指标不相关，缺乏可靠性。基于以上分析，本节提出如下对立假设。

H1a：在其他条件不变的情况下，商誉减值与反映商誉价值的相关经济变量显著相关。

H1b：在其他条件不变的情况下，商誉减值与反映商誉价值的相关经济变量显著无关。

4.3 研究设计

为了检验上市公司的商誉资产减值行为是否具有可靠性，本节参考 Riedl(2004)的研究模型，将商誉减值的决定因素分为经济因素(Economic Factors)与报告激励(Reporting Incentives)两大类，具体见模型(1)。

$$WOTA_{i,t}=\alpha_0+\alpha_1 GDP_i+\alpha_2 INDROA_{i,t}+\alpha_3 SALE_{i,t}+\alpha_4 E_{i,t}+\alpha_5 OCF_{i,t}$$
$$+\alpha_6 MGT_{i,t}+\alpha_7 BATH_{i,t}+\alpha_8 SMOOTH_{i,t}+\alpha_9 DEBT_{i,t}+\varepsilon_{i,t}$$

模型(1)

其中,*WOTA* 表示企业当年计提的商誉减值准备,以商誉减值金额除以年初总资产表示;下标 i 和 t 分别表示企业和年度;*GDP* 表示当年国内宏观经济运行状况,以国内生产总值(GDP)相对于上一年的增长率表示;*INDROA* 表示企业当年所在行业的经济环境状况,以当年行业内所有企业的总资产收益率(ROA)的中位数与上一年该值的平均数表示;*SALE* 表示企业的收入增长情况,以企业当年的主营业务收入相对于上一年的增长率表示;*E* 表示企业的盈利能力,以企业当年商誉减值前的净利润相对于上一年的变化额除以年初总资产表示;*OCF* 表示企业的现金流状况,以企业当年的经营活动现金流相对于上一年的变化额除以年初总资产表示。

MGT 表示企业高管的变更变量,若企业当年发生董事长或者总经理变更,则取值为 1,否则取值为 0;*BATH* 表示企业当年是否具有"洗大澡"动机的变量,若企业具有该动机,则取值为 1,否则取值为 0;*SMOOTH* 表示企业当年是否具有盈余平滑(Smooth Earnings)动机的变量,若企业具有该动机,则取值为 1,否则取值为 0。本章根据 Bartov(1993)以及 Francis 等(1996)的设计,以异常高(低)的减值前盈余来表示企业的"洗大澡"(盈余平滑)动机。具体而言,若某企业以 *E* 表示的盈余为负,且该企业的 *E* 取值小于所有该指标为负样本的中位数,则该企业具有"洗大澡"动机;若某企业以 *E* 表示的盈余为正,且该企业的 *E* 取值大于所有该指标为正样本的中位数,则该企业具有盈余平滑动机。*DEBT* 表示企业当年的债务水平变量,以企业当年的负债权益比表示。ε 为模型残差项。

考虑到多数企业经营当期的商誉资产并未发生减值,企业在当年并未计提商誉减值准备(取值为 0),导致被解释变量 *WOTA* 的概率分布由一个离散点与一个连续分布组成的混合分布,此时使用 OLS 方法将无法得到一致的估计。针对数据的这种特征[①],本章采用 Tobit 方法进行回归分析(Tobin,1958)。同时,本节还根据 Cragg(1971)提出的两部分模型(Two - Part Model),将企业的商誉减值行为分为两个部分分别进行研究。具体而言,构造企业是否计提商誉减值准备的虚拟变量 *WOTA_Dum*,使用 Logit 方法进行回归分析,以反映企业是否计提减值决策的影响因素;剔除

① 对于线性回归模型,其中被解释变量的取值在大于(或小于)某一特定取值时都归并为该值。具备这种特征的数据在计量经济学中被统称为截断数据(Censored Data),属于受限因变量的一种特殊形式。

当年商誉减值金额为0的样本，构造商誉减值金额大小的变量 *WOTA _Amount*，使用OLS方法进行分析，以反映企业商誉减值金额决策的影响因素。

本节参考Riedl(2004)的研究，经济因素主要从国家层面、行业层面及企业层面选取相关变量。国家层面的变量主要选取反映国民经济运行状况的 *GDP* 指标。*GDP* 的值越大，表示整个国民经济发展越好，整体经济的下行风险越小，企业因宏观经济环境变化而导致的商誉减值风险也越小。因此，本节预期该变量与商誉减值呈负相关关系。行业层面的变量主要选取反映行业发展状况的总资产收益率指标。*INDROA* 的值越大，表示该行业的整体报酬率不断提高，行业层面的系统风险性较小，企业因中观行业经济环境变化而导致商誉减值的风险也越小。因此，本节预期该变量也与商誉减值呈负相关关系。

企业层面的变量主要选取了反映企业应计(Accrual)的主营业务收入和净利润指标，以及反映企业现金流(Cash Flow)的现金流指标。*SALE* 的值越大，表明企业的业务成长性越好，业务的未来发展前景越佳，企业因相关业务衰退而计提商誉减值的可能性越小。因此，本节预期该变量与商誉减值呈负相关。*E* 变量取值越大，表示企业的业务获利能力越强，企业因相关业务的利润下滑而导致商誉发生减值的可能性越小。因此，本节预期该变量与商誉减值呈负相关。*OCF* 指标的取值越大，表示企业现金流越充裕，企业未来现金流发生大幅波动的可能性越小。因此，本节预期该变量与商誉减值呈负相关。

根据Riedl(2004)的研究，本节同时在模型(1)中包含了四类与报告激励相关的变量。① 根据已有文献(Strong和Meyer，1987；Francis等，1996)，继任的高层管理人员通常会注重对已有资产的检查，并可能改变公司的经营战略，从而导致商誉资产更可能被计提减值准备；同时，继任高管的业绩压力也可能促使计提商誉减值准备，以减少其在职期间商誉资产发生减值而影响业绩的可能性。因此，本节预期 *MGT* 与商誉资产减值呈正相关。

由于企业的高管通常面临各种显性激励(如奖金、期权等)或隐性激励(如声誉等)，因此他们有动机在业绩下降时计提更多的资产减值准备，进行业绩“洗大澡”，为未来的利润反转创造机会；同时，企业高管也更可能在业绩增长时计提更多的资

① 本章未在文中包含中国情境下长期资产减值研究中常见的制度激励变量(戴德明等，2005；谭燕，2008；Chen等，2009)。这主要是因为相关监管规则以及《企业会计准则》均发生了变化，相关的监管规则不会影响到企业的商誉减值行为。具体而言，增发配股、亏损摘帽等监管制度更强调对企业核心利润的监管，会剔除非经常性损益项目的影响。随着2007年《企业会计准则》的实施，商誉资产的减值被视为非经常性损益项目，且不允许转回。因此，已有研究中的制度激励变量不再具有激励效应。

产减值准备，进行盈余平滑，以减少业绩在不同期间的过度波动。当然，在计提商誉资产减值时，企业高管也有可能基于其私人信息，通过使用准则赋予的决策权力，客观反映企业商誉资产的公允价值。根据 Kirschenheiter 和 Melumad(2002)的理论研究，极端的业绩变化会影响企业盈余信息的使用价值。因此，企业高管在出现极端业绩时，有动机通过增加“洗大澡”或减少盈余平滑的商誉减值向外界传递企业的准确价值。Rield(2004)利用美国实施 SFAS121 的背景进行实证检验，结果确实发现，在 SFAS121 实施后，企业的长期资产减值与“洗大澡”动机以及盈余平滑动机更相关。卢煜和曲晓辉(2016)基于中国 2007—2013 年的上市公司数据也发现了类似的结论。因此，本节预期 *BATH* 以及 *SMOOTH* 均与商誉减值正相关。

债务契约假说认为，企业高管会通过调节盈余来避免债务契约违约所带来的违约成本，因此企业的债务规模越大，企业的盈余管理动机越强(Sweeney，1994；DefFond 和 Jiambalvo，1994)。对于商誉减值而言，由于其减值程序涉及一系列对未来不确定信息的判断，高管在商誉减值方面拥有较大的选择空间，并有能力影响商誉减值的实施。此外，高管的商誉减值决策结果的可验证性较差，相关监督力量难以对此行为形成有效的监督与约束。所以企业高管在面临债务契约的违约成本时，更有可能减少商誉减值以避免债务违约。同时，Linck 等(2013)的研究发现，融资约束的企业通常比非融资约束的企业具有更高的应计盈余，表明融资约束企业进行了更多积极的盈余管理行为，以向外界传递积极信号并获取外部融资。因此，高管也可能通过减少商誉减值来增加企业当期的应计盈余，从而缓解企业的融资约束。因此，本节预期 *DEBT* 与商誉减值呈负相关。

4.4 样本与数据

4.4.1 样本筛选

本节以 2007—2015 年所有 A 股上市公司为研究对象，共选取 18360 个观测值作为初选样本。以 2007 年为起始年度，主要是考虑到 2007 年开始实施的《企业会计准则》明确要求企业每年年末对商誉进行减值测试处理。而在此之前，由于缺乏明确的外购商誉处理办法，A 股上市公司在 2001—2006 年间仅有 12 家企业计提了商誉减值准备。本节在初选样本的基础上，剔除了商誉年初账面价值为 0 的样本、当年没有新增商誉资产的样本，以及相关变量缺失的样本，最终共获得公司年度样本 8237 个，涉及 1726 家上市公司。2007—2013 年的商誉减值数据来自国泰安数据库的财务报表附注数据库，并对其进行了手工检查，剔除了其中存在错误的数据。由于国泰安数据库披露的 2014—2015 年商誉减值数据存在大量遗漏，笔者从上市公司的年报中手工收集了 2014—2015 年的商誉减值数据。另外，机构投资者数据来自 WIND 数据库，其他财务数据均来自 CSMAR 数据库。

4.4.2 描述性统计

样本的年度及行业分布见表 4-1 所列。其中，商誉减值样本量从 2007 年的 36 家增加到 2015 年的 249 家；商誉账面价值不为 0 但未发生减值的样本量也呈现出逐年增加的趋势，从 2007 年的 362 家增长到 2015 年的 1341 家。这说明接近一半的上市公司在样本期间进行了并购重组活动，并确认了相应的商誉资产。每年的商誉减值样本占未发生减值样本的比例平均为 12.45%；在 2008 年以及 2015 年，商誉减值占比分别达到了 14.07%和 18.57%；而在 2010 年和 2011 年，该比例仅为 9.09%和 8.17%，说明商誉减值计提的年度效应明显。以上样本分布情况与卢煜和曲晓辉(2016)相关研究中的样本分布情况基本一致，本节的样本量略小于其他研究样本量。

由表 4-1 中的 Panel B 可知，商誉减值的行业呈现出较大的差异。样本期间未包含教育类(行业代码 P)上市公司，表明该类企业均未参与非同一控制下的企业合并活动；居民服务、修理和其他服务业中的上市公司均未计提商誉减值准备，而卫生和社会工作类上市公司中商誉减值样本占比为 31.25%。在未减值样本量超过 100 家的行业中，建筑业中上市公司的减值样本占比最多(19.23%)，其次是农、林、牧、渔业(14.17%)；金融业的减值样本占比最少(5.62%)。

表 4-1 样本的年度以及行业分布

Panel A：年度分布										
年份	2007 年	2008 年	2009 年	2010 年	2011 年	2012 年	2013 年	2014 年	2015 年	合计
减值样本量(家)	36	64	52	57	65	96	141	152	249	912
未减值样本量(家)	362	455	535	627	796	954	1057	1198	1341	7325
减值样本占比	9.94%	14.07%	9.72%	9.09%	8.17%	10.06%	13.34%	12.69%	18.57%	12.45%

（续表）

Panel B:行业分布				
行业名称	行业代码	减值样本量（家）	未减值样本量（家）	减值样本占比
农、林、牧、渔业	A	19	135	14.07%
采矿业	B	16	186	8.60%
制造业	C	563	4278	13.16%
电力、热力、燃气及水生产和供应业	D	21	285	7.37%
建筑业	E	35	182	19.23%
批发和零售业	F	58	515	11.26%
交通运输、仓储和邮政业	G	20	197	10.15%
住宿和餐饮业	H	5	31	16.13%
信息传输、软件和信息技术服务业	I	52	504	10.32%
金融业	J	10	178	5.62%
房地产业	K	37	395	9.37%
租赁和商务服务业	L	14	104	13.46%
科学研究和技术服务业	M	4	40	10.00%
水利、环境和公共设施管理业	N	13	70	18.57%
居民服务、修理和其他服务业	O	0	14	0.00%
卫生和社会工作	Q	5	16	31.25%
文化、体育和娱乐业	R	18	78	23.08%
综合	S	22	117	18.80%

注:本书的行业代码分类标准均参照 2012 年证监会公布的修订后的《上市公司行业分类指引》。

样本的描述性统计见表 4-2 所列。其中，总样本中的商誉减值占年初资产总额（变量 *WOTA*）的均值为 0.0004。具体而言，商誉减值样本占总样本的比例为 11%，说明超过 10%的样本计提了商誉减值准备；在商誉减值样本中，商誉减值与年初资产总额之比的均值为 0.64%，中位数为 0.15%，最大值为 12.16%，说明商誉减值金额占总资产的比重较低，平均不足 1%。样本期间，中国 GDP 的平均增长速度为 8.99%，经济保持了较快的增长速度。变量 *INDROA* 的均值为 3.74%，反映企业经营状况的变量 *GROWTH* 的均值为 23.48%，表明样本公司具有较好的成长性。反映企业盈利能力的变量 *E* 的均值为 1.11%，这一数值明显远低于普通 A 股上市公司的均值，说明本节样本企业的盈利能力较差。反映企业现金流状况的变量 *OCF* 的均值为 0.99%，中位数为 0.74%；变量 *MGT* 的均值为 0.2468，表明样本企业中有 24.68%的企业更换了董事长或总经理。此外,变量 *BATH* 和变量 *SMOOTH* 的均值分别为 0.1803 和 0.3289,表明样本企业中有 18.03%的企业具有本章定义的"洗大澡"动机,有 32.89%的企业具有本章定义的盈余平滑动机。变量 *DE* 的均值为 1.73%,中位数为 1.03,表明样本企业的负债总额是权益总额的 1.73 倍(该比值大致相当于企业负债总额占总资产的 0.87 倍)。总体来看,样本企业的负债比率略高于教科书中 50%的资产负债率标准。

表 4-2　样本的描述性统计

变量	均值	标准误	最小值	Q1	中位数	Q3	最大值
WOTA	0.0004	0.0018	0.0000	0.0000	0.0000	0.0000	0.0142
WOTA_D	0.1100	0.3129	0.0000	0.0000	0.0000	0.0000	1.0000
WOTA_A	0.0064	0.0169	0.0000	0.0005	0.0015	0.0046	0.1216
GDP	0.0899	0.0351	0.0650	0.0690	0.0770	0.0900	0.1780
INDROA	0.0374	0.0111	0.0133	0.0327	0.0345	0.0420	0.0715
GROWTH	0.2348	0.5590	−0.5330	−0.0140	0.1345	0.3135	3.9360
E	0.0111	0.0613	−0.1663	−0.0098	0.0055	0.0242	0.3603
OCF	0.0099	0.1038	−0.3453	−0.0326	0.0074	0.0505	0.4196
MGT	0.2468	0.4312	0.0000	0.0000	0.0000	0.0000	1.0000
BATH	0.1803	0.3845	0.0000	0.0000	0.0000	0.0000	1.0000
SMOOTH	0.3289	0.4698	0.0000	0.0000	0.0000	1.0000	1.0000
DE	1.7347	2.4940	0.0354	0.4902	1.0297	1.9569	17.9331

不同样本组间的对比见表 4-3 所列。根据表 4-3 中变量 *GDP* 的差异可以看出,商誉减值组的样本更多集中在 GDP 发展速度较低的年度。并且,该差异的均值检验结果和中位数检验结果均在 1%的显著性水平上显著,这表明商誉减值更容易发生在 GDP 增速放缓的时期。变量 *INDROA* 在减值组中的取值更低,说明在行业业绩较差时,企业更倾向于计提商誉减值准备,且这一结果相较于非减值组的差异至少在 5%的显著性水平上显著。此外,变量 *GROWTH* 和变量 *E* 在减值组中的取值均显著小于非减值组,这表明商誉减值组的成长性和盈利能力相对较低。变量 *OCF* 在减值组中的取值虽然也低于非减值组,但该差异并不显著。反映报告激励因素的变量 *MGT* 和变量 *BATH* 在减值组中的结果均显著高于非减值组,且这一差异至少在 5%的显著性水平上显著,表明商誉减值活动更可能发生在高管离职以及企业业绩大幅亏损的年份。变量 *SMOOTH* 在减值组和非减值组之间的差异并不显著。最后,变量 *DE* 在减值组的均值显著低于非减值组,且这一

差异在 5%的显著性水平上显著。然而，变量 *DE* 在减值组的中位数与非减值组之间的差异并不显著。这一结果可能与研究预期存在一定差异，但需要注意的是，此分析未控制其他因素的影响，仅为单变量分析结果，更为稳健的结论还有待后续回归分析的进一步验证。

表 4－3　不同样本组间的对比

变量	非减值组(N=7318)		减值组(N=912)		均值差异	中位数差异
	均值	中位数	均值	中位数		
GDP	0.0904	0.0770	0.0858	0.0770	3.68***	5.23***
INDROA	0.0374	0.0345	0.0366	0.0333	2.06**	2.67**
GROWTH	0.2407	0.1390	0.1873	0.1001	2.71***	3.99***
E	0.0124	0.0059	0.0003	0.0027	5.60***	4.69***
OCF	0.0100	0.0074	0.0092	0.0075	0.20	0.86
MGT	0.2429	0.0000	0.2785	0.0000	−2.34**	−2.34**
BATH	0.1693	0.0000	0.2696	0.0000	−7.43***	−7.41***
SMOOTH	0.3298	0.0000	0.3216	0.0000	0.50	0.50
DE	1.7544	1.0273	1.5756	1.0474	2.04**	0.39

注：***、**、* 分别表示在 1%、5%及 10%水平上显著；均值差异汇报的是 T 检验中的 t 值，中位数差异汇报的是 Wilcoxon 检验中的 z 值。

本节主要变量间的相关系数见表 4－4 所列。其中，变量 *GDP* 与被解释变量 *WOTA* 之间的相关系数为−0.06 到−0.03，[①]且均在 1%水平上显著，说明商誉减值与 *GDP* 之间存在显著的负相关关系；反映行业发展状况的变量 *INDROA* 与 *WOTA* 之间的相关系数为−0.03 到−0.02，且至少在 5%水平上显著。反映企业业绩状况的 *GROWTH* 变量和 *E* 变量均与 *WOTA* 之间存在显著的负相关关系，且至少在 1%水平上显著，表明业绩越好的企业发生减值的可能性越小；反映企业现金流状况的 *OCF* 变量以及反映企业负债水平的 *DE* 变量均与 *WOTA* 之间呈现出负相关关系，但该负相关关系均仅在 Pearson 相关系数中显著，在 Spearman 相关系数中不显著；反映报告激励的变量 *MGT* 及变量 *BATH* 均与 *WOTA* 显著正相关，且至少在 5%水平上显著，呈现出较强的正相关关系。反映企业盈余平滑动机的变量 *SMOOTH* 与 *WOTA* 之间的相关关系并不显著。

① 此处系数与表 4－4 的差异系四舍五入所致，书中其余类似情况不再赘述。

表 4-4　变量间的相关系数

变量	*WOTA*	*GDP*	*INDROA*	*GROWTH*	*E*	*OCF*	*MGT*	*BATH*	*SMOOTH*	*DE*
WOTA	1	-0.058***	-0.029***	-0.046***	-0.052***	-0.012	0.026**	0.084***	-0.004	-0.011
GDP	-0.031***	1	0.426***	0.153***	0.013	-0.083***	-0.018	0.004	0.017	0.032***
INDROA	-0.015**	0.115***	1	0.124***	0.050***	-0.005	-0.054***	0.021*	0.078***	-0.252***
GROWTH	-0.016***	0.086***	0.034***	1	0.477***	0.143***	-0.037***	-0.337***	0.380***	0.084***
E	-0.044***	0.096***	0.036***	0.470***	1	0.208***	-0.021*	-0.666***	0.814***	0.024**
OCF	-0.013**	-0.082***	-0.010*	0.189***	0.237***	1	0.007	-0.142***	0.165***	0.014
MGT	0.036***	0.009	-0.056***	0.071***	0.044***	0.023***	1	0.056***	-0.002	0.087***
BATH	0.100***	-0.066***	0.001	-0.201***	-0.519***	-0.120***	0.056***	1	-0.328***	-0.069***
SMOOTH	0.009	0.102***	0.098***	0.320***	0.590***	0.155***	-0.002	-0.328***	1	-0.022**
DE	-0.041***	0.035***	-0.244***	0.237***	0.155***	0.048***	0.106***	-0.062***	0.013**	1

注：***、**、* 分别表示在 1%、5%及 10%水平上显著；左下角为 Pearson 相关系数的结果，右上角为 Spearman 相关系数的结果。

由表4-4中其他变量间的关系可知，变量 *GDP* 与变量 *INDROA* 之间的 Pearson 相关系数为0.12，表现出较弱的相关性，表明宏观经济指标与行业指标之间可能存在一定的联系。反映业绩的变量 *E* 与变量 *GROWTH* 之间的 Pearson 相关系数为0.47，Spearman 相关系数为0.48，且变量 *E* 与变量 *BATH* 以及变量 *SMOOTH* 之间的相关系数也较高，说明反映业绩的不同变量之间存在较高程度的相关性，需要在后文的实证研究中加以注意。其他变量之间的相关关系基本与已有研究的预期一致，不再赘述。

4.5　实证结果

4.5.1　主要回归结果

商誉减值的影响因素分析见表4-5所列。从回归(1)可以看出，反映宏观经济因素的变量 *GDP* 与被解释变量 *WOTA* 的回归系数为－0.0130，并在1%水平上显著。这表明宏观经济环境越好，企业越不可能发生商誉减值，这一结果与研究预期相一致。表示中观行业因素的变量 *INDROA* 与被解释变量 *WOTA* 的回归系数为－0.0338，并在5%水平上显著。这表明行业整体经济状况越好，企业越不可能发生商誉减值，这也符合研究预期。在反映微观企业层面的业绩变量中，仅有变量 *E* 的回归系数显著为负，说明企业的盈利状况越好，发生商誉减值的可能性越低，支持了研究的假设。变量 *GROWTH* 的回归系数为－0.0001，虽然表明企业成长性越好，商誉减值也越小，但该系数并未达到统计学上的显著性，这与卢煜和曲晓辉(2016)发现的两者间显著负相关关系存在差异。此外，变量 *OCF* 的回归系数为正，但未达到统计学上的显著性水平。反映报告激励因素的变量 *MGT* 的回归系数为0.0008，且在5%水平上显著，说明高管变更增加了企业计提商誉减值的可能性，企业在高管变更的当年计提了更多的商誉减值准备，这与研究预期相一致。变量 *BATH* 以及变量 *SMOOTH* 的回归系数均显著为正，且至少在1%的水平上显著，说明企业的"洗大澡"动机及盈余平滑动机显著存在，这与卢煜和曲晓辉(2016)的研究结论一致。表示企业债务契约动机的变量 *DE* 也与被解释变量 *WOTA* 显著负相关，说明债务规模越大，企业越不可能计提商誉减值准备，这与研究假设一致。

考虑到公司不同年份之间的相关性会对标准误差的计算产生影响，所以表4-5

中的回归(2)参考 Petersen(2009)以及 Gow 等(2010)的建议,进行了公司层面的聚类调整,控制该相关性所带来的影响,以获取稳健的标准误差结果。回归(2)中所有变量经过稳健调整后的 t 值略低于回归(1)中经过 White(1980)调整的结果,说明公司在不同年份间的相关性确实影响了样本的估计结果。最重要的是,在控制了该影响后,本章的主要研究结论依然成立,说明研究结果较为稳健。

表 4-5 中回归(3)的结果与回归(1)的结果基本保持一致,表明本章的结论较为稳健。然而,表 4-5 中回归(4)的结果与回归(1)存在较大的差异。商誉减值金额的大小与反映企业经济因素的相关变量并不相关,而与反映报告激励因素的变量 *MGT*、*BATH* 以及 *DE* 显著相关。该结果与 Riedl(2004)关于美国资本市场长期资产减值的研究结果较为一致。将回归(1)分解为回归(3)与回归(4)的结果表明,企业是否计提商誉减值的决策与相关经济因素显著相关,但企业商誉减值金额的决策与相关经济因素不相关,这表明商誉减值金额的决策与商誉减值的决策存在差异。其中的原因尚需进一步探索,但这种差异并不影响本章关于商誉减值因素是否可靠的研究结论。

表 4-5 商誉减值的影响因素

变量	Tobit		Logit	OLS
	(1) *WOTA*	(2) *WOTA*	(3) *WOTA_D*	(4) *WOTA_A*
GDP	−0.0130*** (−2.79)	−0.0130*** (−2.75)	−3.1707*** (−2.70)	−0.0098 (−0.59)
INDROA	−0.0338** (−2.36)	−0.0338* (−1.94)	−7.4417* (−1.73)	−0.0316 (−0.56)
GROWTH	−0.0001 (−0.38)	−0.0001 (−0.39)	−0.0495 (−0.62)	0.0023 (1.13)
E	−0.0094** (−2.02)	−0.0094** (−2.08)	−3.1615*** (−2.94)	0.0189 (0.87)
OCF	0.0003 (0.21)	0.0003 (0.23)	0.2528 (0.79)	−0.0039 (−0.64)
MGT	0.0008** (2.54)	0.0008** (2.50)	0.1652** (2.08)	0.0026** (2.04)
BATH	0.0026*** (5.51)	0.0026*** (5.12)	0.4428*** (3.92)	0.0065*** (2.99)

（续表）

变量	Tobit		Logit	OLS
	(1) *WOTA*	(2) *WOTA*	(3) *WOTA_D*	(4) *WOTA_A*
SMOOTH	0.0018*** (4.43)	0.0018*** (4.17)	0.3933*** (3.75)	0.0007 (0.59)
DE	−0.0002*** (−2.59)	−0.0002** (−2.27)	−0.0293 (−1.54)	−0.0012*** (−3.18)
常数项	−0.0085*** (−11.15)	−0.0085*** (−9.70)	−1.7186*** (−9.04)	0.0071*** (3.00)
观测值	8237	8237	8237	912
Log pseudo likelihood	1363.13	1363.13	—	—
F/Chi^2 值	9.96	8.92	78.96	3.26
p 值	0.00	0.00	0.00	0.00

注：***、**、* 分别表示在 1%、5%及 10%水平上显著；回归(1)中括号内的数字为经过稳健调整的 t 值；回归(2)、回归(3)及回归(4)中括号内的数字为经过公司聚类调整的 t 值。

4.5.2 敏感性分析

4.5.2.1 市值权益比的影响

CAS8 规定，企业可以根据资产的市价来判断相关资产是否发生减值，从而决定是否需要进行减值测试。Francis 等(1996)就建议使用资本市场相关的股价指标来预测企业的长期资产减值问题。由于在有效资本市场中，市场参与者能够通过不同的信息渠道获取企业相关信息，并将结果反映在企业的股价中，因此股价相关指标能够反映整个市场对企业资产减值状况的预期，比财务指标更为高效。Ramanna 和 Watts(2012)在研究中使用了权益市场价值与账面价值之比(*MTB*，后文简称“市值权益比”)作为反映企业商誉减值的先行指标。当然，Riedl(2004)也指出包含市场类指标可能带来的内生性问题。虽然市场类指标并不完美，但为了降低遗漏市场类指标可能带来的影响，本节在模型(1)的基础上添加了市值权益比变量，以考察该变量的可能影响。市值权益比指标通常用于表示企业的成长性，反映市场对企业成长性的定价。该值越大，表明企业的成长性越好。因此，在市值权益比值较大的情况下，企业商誉资产价值发生贬值的可能性越小，商誉减值的可能性也越小。因此，本节预期 MTB 变量与商誉减值呈负相关。

表 4-6 控制市值权益比对商誉减值的影响

变量	(1) WOTA	(2) WOTA	(3) WOTA
GDP	-0.0107** (-2.27)	-0.0132*** (-2.80)	-0.0132*** (-2.79)
INDROA	-0.0350** (-2.05)	-0.0314* (-1.78)	-0.0294* (-1.66)
GROWTH	-0.0001 (-0.20)	-0.0001 (-0.30)	-0.0001 (-0.25)
E	-0.0095** (-2.07)	-0.0091** (-2.03)	-0.0091** (-2.03)
OCF	0.0003 (0.23)	0.0003 (0.22)	0.0003 (0.18)
MGT	0.0008** (2.46)	0.0008** (2.50)	0.0008** (2.48)
BATH	0.0027*** (5.28)	0.0026*** (5.30)	0.0026*** (5.27)
SMOOTH	0.0019*** (4.40)	0.0018*** (4.22)	0.0018*** (4.26)
DE	-0.0002* (-1.78)	-0.0002** (-2.14)	-0.0002** (-2.09)
MTB_IND	-0.0001** (-2.19)	—	—
*AVE_MTB*3	—	-0.0000 (-0.81)	—
*AVE_MTB*5	—	—	-0.0001 (-1.33)
常数项	-0.0089*** (-10.10)	-0.0084*** (-9.54)	-0.0084*** (-9.45)
观测值	8233	8236	8237
Log pseudo likelihood	1367.94	1363.73	1364.70
F 值	8.73	8.20	8.25
p 值	0.00	0.00	0.00

注：***、**、*分别表示在1%、5%及10%水平上显著；括号内的数字为经过公司聚类调整的t值。

控制市值权益比对商誉减值的影响见表 4－6 所列。其中，*MTB_IND* 为企业的市值权益比相对于其所在行业均值的差额，*AVE_MTB*3 为企业过去三年的市值权益比的平均值，*AVE_MTB*5 为企业过去五年的市值权益比的平均值。由表 4－6可知，添加市值权益比后的回归结果与表 4－5 中的结果基本一致，研究结论并未发生改变。表 4－6 中，仅回归(1)中的 *MTB_IND* 变量的回归系数显著为负，回归(2)与(3)中新增的市值权益比变量虽然也为负，但并不具有统计学上的显著性。以上结果说明市值权益比的影响并不稳定，该变量在中国的适用性问题，以及该变量本身可能带来的内生性问题，都影响了该变量对商誉减值的预测能力。卢煜和曲晓辉(2016)的研究中也未能发现该变量与商誉减值的关系。

4.5.2.2　行业竞争的影响

Riedl(2004)模型仅包含行业层面的发展状况指标，而缺少反映行业竞争状况的指标，这可能会对研究结论的准确性产生影响。SFAS142 明确指出，企业在面临未预期的竞争时，应进行商誉的减值测试，因此有必要增加能够反映未预期行业竞争影响的指标。Hayn 和 Hughes(2006)在预测商誉减值时采用了分部层面行业集中度的变化来反映这一影响。考虑到研究数据的可得性以及研究的准确性，本节依据姜付秀等(2009)以及吴昊旻等(2012)的研究，选取赫芬达尔指数和行业内公司数量作为衡量行业竞争程度的指标，并参考 Hayn 和 Hughes(2006)的研究设计，以主营业务收入水平计算的赫芬达尔指数年度变化额(*HHI_REV_CHANGE*)以及行业内公司数量年度变化额(*LN_NUM_CHANGE*)反映企业所面临的行业竞争程度变化。若变量 *HHI_REV_CHANGE* 的取值越大，表示产业的集中度越高，行业内的竞争越弱；若变量 *LN_NUM_CHANGE* 的取值越大，表示行业内的企业数量越多，竞争越激烈。根据前文的分析，当行业竞争越激烈时，企业越可能面临着因为竞争导致的相关资产更新换代，因而更可能面临着商誉减值风险，所以本节预期变量 *HHI_REV_CHANGE* 与商誉减值负相关，变量 *LN_NUM_CHANGE* 与商誉减值正相关。

控制行业竞争对商誉减值的影响见表 4－7 所列。其中，*HHI_REV_CHANGE* 为企业当年所在行业的赫芬达尔指数与上一年该值之差，*LN_NUM_CHANGE* 为企业当年所在行业内的上市公司数量的自然对数与上一年该值之差。由表 4－7 可知，新增的行业竞争变量的符号方向虽然与预期一致，但是并不具有统计学上的显著性，无法排除行业竞争与商誉减值不相关的假说。这可能是因为已有模型中企业的盈利能力以及成长性等指标已经部分反映了行业竞争状况所带来的影响，因此导致该结果不显著。最重要的是，在控制可能遗漏的行业竞争的影响后，本章的研究结论并未发生显著改变，主要研究结果与表 4－5 中的结果基本保持一致，表明本章的主要研究结论较为稳健。

表 4－7　控制行业竞争对商誉减值的影响

变量	(1) WOTA	(2) WOTA
GDP	−0.0130*** (−2.75)	−0.0132*** (−2.76)
INDROA	−0.0344* (−1.89)	−0.0342** (−1.97)
GROWTH	−0.0001 (−0.39)	−0.0001 (−0.36)
E	−0.0094** (−2.08)	−0.0093** (−2.07)
OCF	0.0003 (0.23)	0.0003 (0.22)
MGT	0.0008** (2.50)	0.0009** (2.51)
BATH	0.0026*** (5.12)	0.0026*** (5.15)
SMOOTH	0.0018*** (4.17)	0.0018*** (4.16)
DE	−0.0002** (−2.27)	−0.0002** (−2.27)
HHI_REV_CHANGE	−0.0009 (−0.10)	
LN_NUM_CHANGE		0.0003 (0.34)
常数项	−0.0084*** (−9.56)	−0.0084*** (−9.72)
观测值	8237	8237
Log pseudo likelihood	1363.14	1363.22
F 值	8.07	8.03
p 值	0.00	0.00

注：***、**、* 分别表示在 1%、5%及 10%水平上显著；括号内的数字为经过公司聚类调整的 t 值。

4.5.2.3 “洗大澡”以及盈余平滑动机的影响

考虑到“洗大澡”动机及盈余平滑动机均以特定的盈余水平作为比较基准，选取不同的盈余水平可能导致结果差异，因此本节同时考虑了不同盈余水平作为两类动机的衡量依据，以获取较为稳健的研究结论。“洗大澡”动机以及盈余平滑动机对商誉减值影响的再检验，见表 4-8 所列。本节参考了 Riedl(2004)的研究设计，将“洗大澡”动机分别定义：若企业盈余指标 *E* 为负，且该值小于所有盈余指标为负样本的第一四分位数，则该企业具有“洗大澡”动机(*BATH*1)；若企业盈余指标 *E* 为负，且该值小于所有盈余指标为负样本的第三四分位数，则该企业具有“洗大澡”动机(*BATH*2)。同时，本节将盈余平滑动机分别定义：若企业盈余指标 *E* 为正，且该值大于所有盈余指标为正样本的第一四分位数，则该企业具有盈余平滑动机(*SMOOTH* 1)；若企业盈余指标 *E* 为正，且该值大于所有盈余指标为正样本的第三四分位数，则该企业具有盈余平滑动机(*SMOOTH* 2)。表 4-8 显示，在替换主要盈余管理动机变量后，新引入的“洗大澡”动机和盈余平滑动机的回归系数依然显著为正，且至少在 5%的显著性水平下成立，表现出较强的稳健性。同时，其他主要影响因素在变量更换后并未导致研究结果发生显著变化，因此本章的研究结论依然成立。

表 4-8 “洗大澡”动机以及盈余平滑动机对商誉减值影响的再检验

变量	(1) *WOTA*	(2) *WOTA*	(3) *WOTA*	(4) *WOTA*
GDP	−0.0140*** (−2.99)	−0.0129*** (−2.72)	−0.0124*** (−2.62)	−0.0126*** (−2.66)
INDROA	−0.0326* (−1.89)	−0.0336* (−1.93)	−0.0309* (−1.77)	−0.0321* (−1.83)
GROWTH	−0.0002 (−0.73)	−0.0001 (−0.24)	−0.0001 (−0.25)	−0.0001 (−0.23)
E	−0.0038 (−0.87)	−0.0127*** (−2.86)	−0.0111** (−2.38)	−0.0047 (−1.13)
OCF	0.0001 (0.08)	0.0004 (0.27)	0.0003 (0.20)	0.0004 (0.28)
MGT	0.0008** (2.25)	0.0009*** (2.72)	0.0008** (2.41)	0.0009** (2.52)

（续表）

变量	(1) WOTA	(2) WOTA	(3) WOTA	(4) WOTA
*BATH*1	0.0043*** (6.25)	—	—	—
*BATH*2	—	0.0020*** (4.65)	—	—
SMOOTH	0.0012*** (2.98)	0.0021*** (4.81)	—	—
BATH	—	—	0.0021*** (4.25)	0.0028*** (5.40)
SMOOTH 1	—	—	0.0022*** (3.76)	—
SMOOTH 2	—	—	—	0.0008** (2.10)
DE	−0.0002** (−2.56)	−0.0002** (−2.13)	−0.0002** (−2.48)	−0.0002** (−2.36)
常数项	−0.0080*** (−9.49)	−0.0087*** (−9.73)	−0.0082*** (−9.53)	−0.0085*** (−9.58)
观测值	8237	8237	8237	8237
Log pseudo likelihood	1373.75	1359.01	1360.63	1355.47
F 值	10.53	7.92	8.29	8.03
p 值	0.00	0.00	0.00	0.00

注：***、**、*分别表示在1%、5%及10%水平上显著；括号内的数字为经过公司聚类调整的t值。

4.5.2.4 高管变更动机以及债务契约动机的影响

高管变更动机以及债务契约动机对商誉减值影响的再检验，见表4-9所列。根据Jiang和Kim(2015)的分析，在中国情境下，企业中的CEO往往并非公司日常运营的管理者，而是由大股东任命的董事长。相关法律也赋予董事长较大的权力，使其成为中国企业的实际决策者。因此，将高管变更定义为本节中的董事长或总经理变更可能扩大了具有决策权的高管范围，从而可能产生研究偏误。为此，本节对董事长变更和总经理变更进行了进一步区分，分别以董事长变更以及总经理变更作为高管变更的衡量标准。相关检验结果见表 4-9 中的回归(1)与(2)。

由表 4-9 中的回归(1)与(2)可知，替换原模型(1)中的高管变更变量后，模型其他变量的结果依然稳健，研究结果并未发生改变。董事长变更变量(*MGT_COB*)的回归系数为 0.0010，略高于总经理变更变量(*MGT_CEO*)的回归系数 0.0009，这表明董事长对商誉减值的影响可能强于总经理。

对于检验债务契约假说是否可以使用负债比率的问题，Lys(1984)以及 Fields 等(2001)均认为负债比率是一个内生变量，无法有效衡量债务契约的违约可能性。而 Duke 和 Hunt(1990)则认为负债权益比与债务契约中的相关指标存在关联，因此可以作为债务契约假说的替代变量。考虑到本章研究中，债务契约假说仅是债务影响商誉减值的一条路径，企业可能会为了缓解融资压力而影响商誉减值准备的计提。因此，本节同时使用了企业的有息负债比率(*LEV*1)及银行借款占比(*LEV*2)作为稳健性检验中的替代变量，具体检验结果见表 4-9 中的回归(3)与(4)。从表 4-9 可以看出，在替换了模型(1)中的负债权益比后，模型(1)的回归结果与表 4-5 中的结果基本一致。而且，替换后的两类负债比率变量的回归系数也显著为负，与研究假设的预期相一致，基本验证了本章的研究结论。

表 4-9　高管变更动机以及债务契约动机对商誉减值影响的再检验

变量	(1) *WOTA*	(2) *WOTA*	(3) *WOTA*	(4) *WOTA*
GDP	−0.0132*** (−2.78)	−0.0129*** (−2.73)	−0.0117** (−2.46)	−0.0111** (−2.35)
INDROA	−0.0345** (−1.97)	−0.0343** (−1.96)	−0.0300* (−1.73)	−0.0322* (−1.87)
GROWTH	−0.0001 (−0.37)	−0.0001 (−0.41)	−0.0001 (−0.45)	−0.0001 (−0.44)
E	−0.0094** (−2.10)	−0.0096** (−2.12)	−0.0095** (−2.10)	−0.0091** (−2.02)
OCF	0.0003 (0.22)	0.0003 (0.24)	0.0001 (0.06)	0.0000 (0.02)
MGT_COB	0.0010** (2.24)	—	—	—

（续表）

变量	(1) *WOTA*	(2) *WOTA*	(3) *WOTA*	(4) *WOTA*
MGT_CEO	—	0.0009** (2.40)	—	—
MGT	—	—	0.0008** (2.49)	0.0008** (2.49)
BATH	0.0026*** (5.12)	0.0026*** (5.17)	0.0027*** (5.19)	0.0027*** (5.23)
SMOOTH	0.0018*** (4.19)	0.0018*** (4.18)	0.0017*** (4.07)	0.0017*** (4.09)
DE	−0.0002** (−2.28)	−0.0002** (−2.27)	—	—
*LEV*1	—	—	−0.0017** (−2.47)	—
*LEV*2	—	—	—	−0.0022*** (−2.70)
常数项	−0.0083*** (−9.63)	−0.0084*** (−9.67)	−0.0086*** (−9.73)	−0.0085*** (−9.67)
观测值	8237	8237	8205	8215
Log pseudo likelihood	1362.83	1362.82	1348.01	1357.38
F 值	8.96	8.86	9.06	9.10
p 值	0.00	0.00	0.00	0.00

注：***、**、*分别表示在1%、5%及10%水平上显著；括号内的数字为经过公司聚类调整的t值。

4.5.3 遗漏变量问题的讨论

4.5.3.1 控制薪酬契约的影响

虽然Riedl(2004)已经控制了资产减值的多种报告激励因素，却忽视了薪酬契约对财务报告质量的影响(Watts 和 Zimmerman，1978)。如果薪酬契约确实通过特定路径影响企业财务报告质量，那么忽略该变量可能会导致研究结果出现偏误。

高管薪酬契约对财务报告质量的影响可以分为两类(Fields 等,2001):第一类是管理层机会主义假说,即高管的薪酬契约会促使管理层为了满足薪酬契约的业绩要求,通过盈余管理行为影响企业的财务报告(Healy,1985;Cheng 和 Warfield,2005;Bergstresser 和 Philippon,2006;王克敏和王志超,2007;苏冬蔚和林大庞,2010);第二类是最大化企业价值假说,即高管的薪酬激励促使其更积极地向外界传递有关公司私有信息,以实现公司价值最大化。薪酬契约通常包括奖金激励和股权激励两大类型,奖金激励主要通过业绩标准影响财务报告行为,而股权激励则更多地通过股价波动影响财务报告行为。因此,本节分别控制了薪酬激励和股权激励对商誉资产减值行为的影响。相关回归结果见表 4-10 所列。

表 4-10 控制薪酬契约对商誉减值行为的影响

变量	薪酬激励		股权激励	
	(1) *WOTA*	(2) *WOTA*	(3) *WOTA*	(4) *WOTA*
GDP	−0.0124*** (−2.64)	−0.0124*** (−2.62)	−0.0106** (−2.25)	−0.0114** (−2.40)
INDROA	−0.0341* (−1.96)	−0.0332* (−1.90)	−0.0286 (−1.63)	−0.0318* (−1.82)
GROWTH	−0.0001 (−0.38)	−0.0001 (−0.43)	−0.0001 (−0.27)	−0.0001 (−0.38)
E	−0.0093** (−2.04)	−0.0099** (−2.16)	−0.0082* (−1.81)	−0.0095** (−2.05)
OCF	0.0003 (0.24)	0.0007 (0.48)	0.0007 (0.49)	0.0007 (0.51)
MGT	0.0009** (2.56)	0.0008** (2.38)	0.0010*** (2.94)	0.0008** (2.40)
BATH	0.0026*** (5.17)	0.0025*** (5.00)	0.0027*** (5.33)	0.0026*** (5.12)
SMOOTH	0.0018*** (4.18)	0.0018*** (4.18)	0.0017*** (3.97)	0.0018*** (4.19)
DE	−0.0002** (−2.22)	−0.0002** (−2.20)	−0.0002* (−1.94)	−0.0002** (−2.05)

（续表）

变量	薪酬激励		股权激励	
	(1) *WOTA*	(2) *WOTA*	(3) *WOTA*	(4) *WOTA*
COB_SALARY_CHANGE	−0.0001 (−1.33)	—	—	—
CEO_SALARY_CHANGE	—	0.0000 (0.82)	—	—
COB_RATIO_CHANGE	—	—	−0.0010** (−2.54)	—
CEO_RATIO_CHANGE	—	—	—	−0.0004 (−0.88)
常数项	−0.0085*** (−9.73)	−0.0085*** (−9.72)	−0.0085*** (−9.66)	−0.0086*** (−9.74)
观测值	8209	8184	7972	8080
Log pseudo likelihood	1364.18	1361.29	1364.83	1360.47
F 值	8.10	7.93	8.13	7.83
p 值	0.00	0.00	0.00	0.00

注：***、**、* 分别表示在 1%、5%及 10%水平上显著；括号内的数字为经过公司聚类调整的 t 值。

表 4－10 为在模型(1)中增加薪酬契约因素的回归结果。其中，*COB_SALARY_CHANGE* 表示董事长薪酬自然对数的年度变化额，*CEO_SALARY_CHANGE* 表示总经理薪酬自然对数的年度变化额，*COB_RATIO_CHANGE* 及 *CEO_RATIO_CHANGE* 为根据 Bergstresser 和 Philippon(2006)的所使用的公式计算的权益占总薪酬比例的年度变化额。表 4－10 中回归(1)中的变量 *COB_SALARY_CHANGE* 的回归系数为－0.0001，表明董事长薪酬增加越多，企业计提商誉减值的可能性越小，且计提的商誉减值金额也更低。然而，该系数的 t 值仅为－1.33，略低于 10%的显著性水平，结果不够稳健。在表 4－10 中回归(3)中的变量 *COB_RATIO_CHANGE* 的回归系数为－0.0010(t＝－2.54)，这表明董事长的权益激励占比与商誉减值的计提之间存在显著的负相关关系。具体而言，董事长所接受的权益激励份额在总薪酬中的比重越高，其企业计提商誉减值的可能性越低。以上结论与 Beatty 和 Weber(2006)研究结果存在相似之处：两者均发现对实权高管实施薪酬激励会导致商誉减值计提减少。然而，本节并未发现奖金激

励的显著作用，仅发现授予股权激励的高管在商誉减值准备的计提上表现出更大的减少倾向。这可能是由于中国资本市场尚未完全有效，高管对会计信息的“管理”未能被市场有效识别。此外，表 4 - 10 中，*CEO_SALARY_CHANGE* 和 *CEO_RATIO_CHANGE* 的回归系数均不显著，这表明无法排除“CEO 所接受的激励与商誉减值无关”的假说。这一结果也与前文关于“CEO 并不具有决策权”的分析在逻辑上保持一致。最为重要的是，在控制可能遗漏的薪酬契约激励动机后，本节的主要研究结论均未发生改变。

4.5.3.2　控制并购特征的影响

Shleifer 和 Vishny(2003)发现，股票市场的繁荣及股份支付方式的盛行均极大地推动了企业并购市场的爆发式增长。这种由资本运作催生的并购市场繁荣可能会引发估值泡沫问题，并进一步直接影响商誉减值。Gu 和 Lev(2011)的研究发现，并购活动因股价虚高所导致的过度支付与未来商誉减值显著正相关。同时，会计上对商誉不计提摊销的处理也使企业更可能高估并购中的商誉资产，以避免未来的商誉减值损失(Shalev 等，2013；谢纪刚和张秋生，2013；Paugam 等，2015)，从而加大了企业商誉资产未来发生减值的可能性。因此，并购活动自身的特征可能是并购市场繁荣时期商誉减值的主要决定因素。Hayn 和 Hughes(2006)的研究表明，并购活动本身的特征比公司层面的业绩指标更能预测企业的商誉减值。因此，本节在模型(1)中进一步添加反映并购特征的变量，以控制因遗漏并购特征变量可能导致的研究结论偏误，具体回归结果见表 4 - 11 所列。

表 4 - 11 展示了控制相关并购特征的模型(1)的回归结果。由于 CAS2 及 CAS20 明确要求并购企业通过区分企业合并类型来确定是否确认商誉资产，因此在无法获取企业并购类型数据的情况下，本节未直接采用 Hayn 和 Hughes(2006)使用的并购溢价(*PREM*)、竞价者数目(*BID*)、股份支付占比(*STOCK*)以及商誉占比(*GW%*)等指标，而是根据数据的可得性和研究需求对上述变量进行了如下调整。首先，本节用变量 *MRS* 替代变量 *PREM*；[①]其次，不考虑变量 *BID* 的影响；[②]最后，对股

① 变量 *MRS* 在度量并购溢价风险方面具有以下优势：第一，重大资产重组涉及的交易金额较大，且关系到公司整体经营业务的调整，其积累的并购风险相对较高，因此该变量在反映资产减值风险方面更具代表性；第二，根据证监会披露的相关资料，非同一控制下的重大资产重组占整个重组活动的比例越来越高(2015 年的 127 起并购重组事件中，108 起为非同一控制下的企业合并事件)，因此重大资产重组变量能够较充分地反映与非同一控制下确认商誉相关的风险；第三，现有数据库中有关并购溢价计算的数据缺失较严重，而是否发生重大资产重组的数据基本完整。

② 中国的并购活动中极少出现多个竞价者的情况，也无法获取相关指标数据，因此不考虑该指标。

份支付以及商誉占比变量进行了细微的调整。[①] 在表 4－11 中，*MRS* 为虚拟变量，表示企业是否在最近 3 年内实施过重大资产重组行为，用以反映并购活动中的溢价风险。若企业实施过重大资产重组，则 *MRS* 取值为 1；否则取值为 0。*STOCK* 为虚拟变量，表示企业在最近 3 年内是否使用过股份支付方式或股份支付与现金结合的方式购买资产，用以反映企业在并购活动中的过度支付风险。若企业使用过上述支付方式，则 *STOCK* 取值为 1；否则取值为 0。*GW_ADD* 综合反映了并购溢价以及过度支付对商誉资产的影响，具体为企业在过去 3 年新增商誉资产的自然对数。

表 4－11 控制并购特征对商誉减值行为的影响

变量	(1) *WOTA*	(2) *WOTA*	(3) *WOTA*	(4) *WOTA*
GDP	−0.0112** (−2.42)	−0.0120*** (−2.58)	−0.0073 (−1.56)	−0.0064 (−1.39)
INDROA	−0.0331* (−1.90)	−0.0334* (−1.92)	−0.0405** (−2.33)	−0.0399** (−2.30)
GROWTH	−0.0003 (−0.87)	−0.0002 (−0.67)	−0.0005 (−1.38)	−0.0006 (−1.60)
E	−0.0094** (−2.09)	−0.0094** (−2.09)	−0.0088* (−1.88)	−0.0089* (−1.89)
OCF	0.0004 (0.28)	0.0003 (0.24)	0.0005 (0.33)	0.0005 (0.36)
MGT	0.0008** (2.43)	0.0008** (2.48)	0.0010*** (3.03)	0.0010*** (2.96)
BATH	0.0026*** (5.13)	0.0026*** (5.14)	0.0028*** (5.31)	0.0028*** (5.30)
SMOOTH	0.0017*** (4.01)	0.0017*** (4.09)	0.0017*** (4.10)	0.0017*** (4.01)

① 由于中国的并购事件数据与财务报告中的并购商誉数据无法实现一对一匹配，因此对相关指标进行了调整。本节所使用的指标相较于 Hayn 和 Hughes(2006)的指标存在以下不足：第一，本节使用的股份支付样本包含了同一控制下企业的并购样本，但这类样本在总并购活动中的占比呈逐年下降趋势；第二，本节所使用的商誉占比样本包括了因被并购企业报表中含有商誉项目而导致合并报表新增商誉的样本，但这类样本在总样本中的比重小；第三，本节所采用的指标均为企业层面的指标，无法精确到被并购企业层面，因此存在一定的测量误差。

（续表）

变量	(1) WOTA	(2) WOTA	(3) WOTA	(4) WOTA
DE	−0.0002** (−2.30)	−0.0002** (−2.29)	−0.0002** (−2.11)	−0.0002** (−2.13)
MRS	0.0014** (2.37)	—	—	0.0013* (1.70)
STOCK	—	0.0007 (1.48)	—	−0.0005 (−0.76)
GW_ADD	—	—	0.0002*** (7.36)	0.0002*** (7.19)
常数项	−0.0087*** (−9.84)	−0.0086*** (−9.80)	−0.0105*** (−11.22)	−0.0105*** (−11.20)
观测值	8237	8237	8049	8049
Log pseudo likelihood	1367.46	1364.71	1390.23	1392.54
F 值	8.18	8.09	11.43	10.15
p 值	0.00	0.00	0.00	0.00

注：***、**、* 分别表示在 1%、5%及 10%水平上显著；括号内的数字为经过公司聚类调整的 t 值。

由表 4－11 可知，新增的 3 类反映企业并购特征的变量中，除变量 *STOCK* 的回归系数不显著以外，其他两类变量的回归系数均显著为正，且至少在 10%水平上显著。这表明企业过往的并购行为所反映的并购风险越大，企业随后期间发生商誉减值的可能性也越大，两者呈现出显著的正相关关系，与前文的分析结果相一致，也验证了 Hayn 和 Hughes（2006）关于并购特征影响商誉减值的判断。另外，变量 *STOCK* 在回归(2)与(4)中的回归系数均不显著，且在回归(4)中该变量的回归系数转变为负值，符号方向与预期相反。① 但总体而言，在添加并购特征变量后，本节主要变量的回归结果均未发生根本性变化，与表 4－5 中的回归结果基本

① 这可能归因于两个关键层面的影响：第一，变量中所包含的噪声，以及该变量与其他两类变量之间的共线性问题导致研究偏误；第二，以股份支付方式购买资产的行为通常伴随着业绩承诺，因此高管可能有动机推迟确认商誉减值，从而导致两者呈负相关。

保持一致，说明研究结论并不受并购特征的影响。

4.5.4 样本自选择问题

虽然本章的研究样本已经包含了未计提商誉减值准备但商誉账面价值不为0的样本，并采用Tobti方法将该类样本纳入商誉减值的分析中，解决了企业是否计提商誉减值的样本选择偏误问题，却并未很好地解决企业是否会发生非同一控制下企业合并的样本自选择问题。如果遗漏了可能发生非同一控制下企业合并的样本，可能会导致所选样本的非随机性，从而影响研究结论的准确性。根据Heckman(1979)的建议，可以通过两阶段回归的方法对该问题进行控制。

中国会计准则委员会在制定企业合并准则时，允许同一控制下的企业采用类似于权益结合法的方式进行合并处理，以减少对同一控制下非市场化行为的错误记录，并希望通过权益结合法的采用，降低整合国有资产的会计成本。由此可见，同一控制下的企业合并更多地表现出非市场化特征，更不可能发生在市场化程度较高的地区；而非同一控制下的企业合并则更多是基于市场力量的驱动，更可能发生在市场化程度较高的地区。因此，市场化程度与企业是否会发生非同一控制下企业合并显著正相关。同时，微观个体的财务报告决策行为主要受到企业经济发展状况以及相关报告激励动机的影响，与企业所处地区的市场化程度并不具有相关性。综上，本节以企业所处的地域特征作为外生变量，采用Heckman两阶段的方法控制样本的自选择问题，回归结果见表4-12所列。

表4-12 Heckman两阶段下商誉减值的影响因素

变量	(1) *M&A*	(2) *WOTA*
GDP	−1.1792*** (−2.64)	−0.0101** (−2.08)
INDROA	7.1042*** (5.11)	−0.0431** (−2.36)
GROWTH	0.2374*** (7.43)	−0.0005 (−1.43)
E	−0.3793 (−1.04)	−0.0087* (−1.88)

（续表）

变量	(1) M&A	(2) WOTA
OCF	−0.1465 (−0.99)	0.0006 (0.43)
MGT	−0.1061*** (−3.00)	0.0010*** (2.92)
BATH	−0.0779* (−1.68)	0.0027*** (5.34)
SMOOTH	0.1113*** (2.84)	0.0016*** (3.58)
DE	−0.0125* (−1.71)	−0.0002** (−2.28)
REGION	0.0921*** (2.86)	—
SOE	−0.3842*** (−11.45)	—
SIZE	0.0824*** (6.19)	—
MEETING	0.5823*** (12.40)	—
Lambda	—	−0.0020** (−2.41)
常数项	−3.6778*** (−12.01)	−0.0061*** (−4.66)
观测值	8076	8219
Log pseudo likelihood	−4956.00	1369.29
Chi^2/F 值	542.76	8.92
p 值	0.00	0.00

注：***、**、*、分别表示在 1%、5%以及 10%水平上显著；回归(1)括号内的数字为经过稳健调整的 z 值，回归(2)括号内的数字为经过公司聚类调整的 t 值。

表 4－12 显示了使用 Heckman 两阶段方法控制样本自选择问题后的结果。

在表 4－12 中，回归(1)为第一阶段的回归结果。该模型主要参考姜付秀等(2008)关于企业是否发生并购的模型，保留了该模型中变量符号显著的变量，同时根据 Heckman 两阶段方法的要求，增加了模型(1)中的变量及本节选择的外生变量 *REGION*，对企业是否发生非同一控制下企业合并使用 Probit 方法进行回归分析。在回归(1)中，因变量 *M&A* 表示企业当年是否发生非同一控制下企业合并。若当年的新增商誉增加额不为 0，则该值取 1，否则取 0。外生变量 *REGION* 表示企业所处地域是否为东部地区，若企业注册地为东部地区，[①]则取值为 1，否则取 0。新增的变量 *SOE* 表示企业的产权性质，若为国有企业则取值为 1，否则为 0。变量 *SIZE* 表示企业的规模，以企业总资产的自然对数表示；变量 *MEETING* 表示企业的公司治理有效性，以企业董事会会议次数的自然对数表示。表 4－12 中的回归(2)为第二阶段的回归结果。在该回归中新增了 *Lambda* 变量，该变量是根据回归(1)的结果计算得出的。

由表 4－12 中的回归(1)可知，变量 *REGION* 的回归系数显著为正，与本节的预期一致，说明其作为外生变量具有合理性。回归(2)的结果显示，*Lambda* 的回归系数显著为负，表明该模型确实存在样本自选择问题。除此之外，回归(2)中主要变量回归系数的符号方向均与表 4－5 中的结果相一致，表明本节的研究结论在控制样本自选择问题后依然稳定。

4.6 进一步分析

虽然本章已经对影响商誉减值的经济因素进行了深入分析，发现企业的商誉减值确实反映了企业经营背后的经济状况变化，说明商誉减值具有一定的可靠性与合理性，但是本章对于 4 类报告激励因素所反映的经济实质缺乏深刻洞见。根据前文的分析可知，4 类报告激励因素与企业的商誉减值均存在截然相反的两种解读思路。因此，本节借鉴 Riedl(2004)的研究思路，使用不同的公司治理方式对企业报告激励因素背后的盈余管理动机进行排除，以探索报告激励因素所反映的经济实质。

① 本节参考王小鲁和樊纲(2004)的研究，将东部地区定义为辽宁、北京、天津、河北、山东、江苏、上海、浙江、福建、广东、海南等 11 个省、自治区、直辖市。

由于经济活动的多样性,原则导向的会计准则比规则导向的会计准则赋予了高管更多的权力,以反映企业的真实经济状况,因此它比规则导向的准则具有更强的适应性。然而,其执行效果更依赖于会计人员的判断水平,同时也给会计人员的盈余管理留下了巨大的空间。因此,准则制定者及监管者需要考虑给予会计人员更大程度的职业判断(Healy 和 Wahlen,1999)。监督机制的有效实施能够增加企业机会主义盈余管理的成本,从而有效抑制企业的盈余管理行为(卢太平和张东旭,2014)。对于商誉减值而言,如果该商誉减值与报告激励因素之间的关系更多地表现为一种机会主义盈余管理行为,那么企业所面临的内外部公司治理机制的加强将能够有效抑制该类行为。因此,预期更为有效的公司治理机制能够降低商誉减值与报告激励因素之间的盈余管理关系。反之,如果企业的商誉减值与报告激励因素之间的关系体现为高管根据其私人信息向外界传递企业的真实价值,那么相关的公司治理机制将不会对该行为产生影响。因此,本节预期公司治理水平与传递高管私人信息的商誉减值行为无关。

结合已有文献及中国背景下企业的公司治理实际,本节从企业内外部分别选取反映企业公司治理状况的变量。企业内部治理变量包括反映高管权力大小的两职合一变量(Core 等,1999;Riedl,2004;Abernethy 等,2015),反映董事会治理水平的董事会规模(Zahra 和 Pearce,1989;Jensen,1993;Yermack,1996;Westphal 和 Zajac,1993),以及反映股东治理水平的第一大股东占比变量(Smith,1996;Shleifer 和 Vishny,1997;Van Essen 等,2015);企业的外部治理变量包括反映外部财务监督的会计师事务所变量(Becker 等,1998;Kim 等,2003),以及综合反映外部监督力量的机构投资者占比变量(McConnell 和 Servaes,1990;Hartzell 和 Starks,2003)和外部独立董事占比变量(Boyd,1994;Bebchuk 和 Fried,2003)。内部、外部公司治理视角下商誉减值的经济实质检验,分别见表 4-13 与 4-14 所列。

由表 4-13 可知,4 类反映报告动机的激励因素中,变量 *BATH* 的回归系数在回归(1)、回归(2)、回归(3)、回归(4)中均存在显著的差异,且该差异均通过邹检验,均在 5%水平上显著,说明公司治理水平较高组[回归(2)与回归(3)]的企业商誉减值金额要显著小于公司治理水平较低组[回归(1)与回归(4)]的商誉减值水平。该结果表明随着公司治理水平的变化,企业的商誉减值行为也发生了变化,支持商誉减值的盈余管理假说。但表 4-13 中,除变量 *BATH* 之外的其他 3 类报告激励变量的回归系数在不同的公司治理水平下并不存在显著的差异。这表明,无法排除其他 3 类报告激励变量反映高管私人信息的假说,因而不能接受其他 3 类报告激励变量反映高管盈余管理动机的假说。

表 4-13 内部公司治理视角下商誉减值的经济实质检验

变量	按是否两职合一分组			按大股东持股分组			按董事会规模分组		
	(1) WOTA	(2) WOTA	差异 (Chi^2)	(3) WOTA	(4) WOTA	差异 (Chi^2)	(5) WOTA	(6) WOTA	差异 (Chi^2)
GDP	-0.0126	-0.0139***	—	-0.0127**	-0.0138**	—	-0.0112**	-0.0166*	—
	(-0.96)	(-2.87)		(-2.10)	(-2.08)		(-2.27)	(-1.71)	
INDROA	-0.0910**	-0.0208	—	-0.0544***	-0.0138	—	-0.0271*	-0.0409	—
	(-2.50)	(-1.41)		(-2.88)	(-0.70)		(-1.73)	(-1.52)	
GROWTH	-0.0009	0.0001	—	0.0001	-0.0003	—	0.0001	-0.0005	—
	(-1.07)	(0.25)		(0.18)	(-0.72)		(0.14)	(-0.84)	
E	0.0063	-0.0160***	—	-0.0046	-0.0120**	—	-0.0103**	-0.0069	—
	(0.76)	(-3.61)		(-0.86)	(-2.33)		(-2.36)	(-1.00)	
OCF	0.0014	0.0005	—	-0.0002	0.0005	—	0.0004	0.0002	—
	(0.36)	(0.33)		(-0.11)	(0.25)		(0.22)	(0.07)	
MGT	0.0008	0.0009**	-0.0001	0.0007*	0.0009*	-0.0002	0.0008**	0.0009	-0.0001
	(0.88)	(2.54)	(0.00)	(1.67)	(1.82)	(0.06)	(2.02)	(1.32)	(0.02)
BATH	0.0048***	0.0018***	0.0030**	0.0013**	0.0036***	-0.0023**	0.0023***	0.0029***	-0.0006
	(4.58)	(3.76)	(5.91)	(2.22)	(5.70)	(6.25)	(4.77)	(3.45)	(0.34)

（续表）

变量	按是否两职合一分组			按大股东持股分组			按董事会规模分组		
	(1) WOTA	(2) WOTA	差异 (Chi^2)	(3) WOTA	(4) WOTA	差异 (Chi^2)	(5) WOTA	(6) WOTA	差异 (Chi^2)
SMOOTH	0.0005	0.0021***	−0.0016	0.0011**	0.0023***	−0.0012	0.0021***	0.0006	0.0015
	(0.52)	(4.98)	(2.36)	(2.06)	(4.00)	(2.61)	(4.90)	(0.78)	(2.70)
DE	−0.0004*	−0.0001*	−0.0003	−0.0002**	−0.0002	−0.0000	−0.0002**	−0.0002	−0.0000
	(−1.72)	(−1.81)	(1.43)	(−2.50)	(−1.46)	(0.27)	(−2.31)	(−1.05)	(0.05)
常数项	−0.0075***	−0.0084***	—	−0.0067***	−0.0098***	—	−0.0082***	−0.0087***	—
	(−4.14)	(−10.86)		(−7.08)	(−9.26)		(−10.10)	(−6.24)	
观测值	1776	6323	—	4156	4081	—	5665	2572	—
Log pseudo likelihood	293.62	1052.41	—	627.70	749.96	—	935.71	441.24	—
F 值	4.00	6.39	—	2.58	7.84	—	6.00	3.60	—
p 值	0.00	0.00	—	0.00	0.00	—	0.00	0.00	—

注：***、**、*分别表示在 1%、5%及 10%水平上显著；括号内的数字为经过公司聚类调整的 t 值。回归(1)为两职合一组，回归(2)为非两职合一组；回归(3)为大股东持股占比大于年度行业中位数的组，回归(4)为大股东持股占比小于年度行业中位数的组；回归(5)为董事会规模大于年度行业中位数的组，回归(6)为董事会规模小于年度行业中位数的组。

表 4-14 外部公司治理视角下商誉减值的经济实质检验

变量	按是否国际四大事务所分组			按机构投资者持股分组			按独立董事占比分组		
	(1) WOTA	(2) WOTA	差异 (Chi^2)	(3) WOTA	(4) WOTA	差异 (Chi^2)	(5) WOTA	(6) WOTA	差异 (Chi^2)
GDP	−0.0021 (−0.24)	−0.0145*** (−2.94)	—	−0.0159*** (−2.69)	−0.0099 (−1.47)	—	−0.0097** (−2.02)	−0.0340** (−2.23)	—
INDROA	−0.0232 (−0.80)	−0.0351** (−2.36)	—	−0.0201 (−1.16)	−0.0481** (−2.27)	—	−0.0456*** (−2.82)	0.0016 (0.06)	—
GROWTH	0.0010 (0.90)	−0.0002 (−0.67)	—	0.0001 (0.25)	−0.0003 (−0.81)	—	−0.0002 (−0.48)	0.0000 (0.08)	—
E	−0.0404*** (−2.86)	−0.0078** (−2.00)	—	−0.0112* (−1.95)	−0.0092* (−1.87)	—	−0.0091** (−2.24)	−0.0114 (−1.23)	—
OCF	−0.0037 (−0.97)	0.0008 (0.51)	—	−0.0003 (−0.15)	0.0011 (0.50)	—	0.0005 (0.29)	0.0000 (0.01)	—
MGT	0.0006 (0.95)	0.0008** (2.33)	−0.0002 (0.06)	0.0005 (1.18)	0.0011** (2.21)	−0.0006 (0.84)	0.0007* (1.93)	0.0014* (1.88)	−0.0007 (0.71)
BATH	−0.0013 (−0.98)	0.0028*** (6.11)	−0.0041*** (9.90)	0.0016*** (2.73)	0.0032*** (5.13)	−0.0016* (3.00)	0.0025*** (5.18)	0.0028*** (2.80)	−0.0003 (0.09)

（续表）

变量	按是否国际四大事务所分组			按机构投资者持股分组			按独立董事占比分组		
	(1) *WOTA*	(2) *WOTA*	差异 (Chi^2)	(3) *WOTA*	(4) *WOTA*	差异 (Chi^2)	(5) *WOTA*	(6) *WOTA*	差异 (Chi^2)
SMOOTH	0.0023**	0.0017***	0.0006	0.0015***	0.0021***	−0.0006	0.0017***	0.0019**	−0.0002
	(2.54)	(4.07)	(0.25)	(3.02)	(3.48)	(0.61)	(3.92)	(2.05)	(0.03)
DE	−0.0001	−0.0002**	0.0001	−0.0002*	−0.0002*	−0.0000	−0.0002*	−0.0003*	0.0001
	(−1.60)	(−2.23)	(0.18)	(−1.86)	(−1.75)	(0.00)	(−1.90)	(−1.94)	(0.96)
常数项	−0.0051***	−0.0086***	—	−0.0074***	−0.0091***	—	−0.0084***	−0.0076***	—
	(−3.58)	(−11.13)		(−8.02)	(−8.44)		(−10.29)	(−4.60)	
观测值	649	7588	—	4156	4081	—	6814	1423	—
Log pseudo likelihood	154.11	1227.35	—	647.16	731.74	—	1085.36	282.36	—
F 值	1.2533	8.6107	—	3.0685	6.2890	—	6.5464	3.3947	—
p 值	0.02	0.00	—	0.00	0.00	—	0.00	0.00	—

注：***、**、* 分别表示在 1%、5%及 10%水平上显著；括号内的数字为经过公司聚类调整的 t 值；回归(1)为国际四大会计师事务所组，回归(2)为非国际四大组；回归(3)为机构投资者持股占比大于年度行业中位数的组，回归(4)为机构投资者持股占比小于年度行业中位数的组；回归(5)为独立董事占比大于年度行业中位数的组，回归(6)为独立董事占比小于年度行业中位数的组。

由表4-14可知，在国际四大组及机构投资者持股占比较高组中，变量*BATH*的回归系数分别小于非国际四大组以及机构投资者持股占比较低组，且该差异通过了检验，分别在1%水平和10%水平上显著，说明随着外部治理水平的变化，企业的商誉减值行为也发生了变化，与商誉减值的盈余管理动机的预期相一致。除变量*BATH*外，其他4类反映报告激励动机的变量在不同公司治理组之间的差异均不显著，表明商誉减值并不具有盈余管理动机，但不能排除高管利用商誉减值传递其私人信息的假说。

综合而言，在不同的内外部公司治理水平下，4类反映公司报告激励动机的变量中仅有商誉减值受到不同公司治理水平的影响(6组回归中有4组均存在显著性差异)，而其他变量在不同公司治理组的差异并不显著。这表明变量*BATH*反映的是企业高管通过商誉减值操控业绩的盈余管理动机，而其他3类变量则反映了企业高管通过商誉减值传递其私人信息的假说。

4.7 本章小结

本章利用Riedl(2004)提出的长期资产减值模型，通过检验不同商誉减值动机与企业是否发生商誉减值之间的关系，间接探讨商誉减值信息的可靠性问题。本章基于中国A股上市公司的实证检验结果表明，企业的商誉减值信息与宏观经济因素、中观行业因素以及微观企业因素均显著相关，说明商誉减值信息反映了潜在经济因素的变化，具有一定的可靠性特征。同时，本章的实证检验结果还表明，企业的商誉减值信息与高管变更、“洗大澡”、盈余平滑及债务契约等报告动机显著相关，表明商誉减值信息还反映了潜在报告动机的影响。本章进一步利用不同公司治理环境对企业盈余管理约束作用的差异，检验不同公司治理环境下商誉减值信息与报告激励动机之间的关系。研究结果显示，除“洗大澡”动机以外，其他报告动机与商誉减值信息之间的关系在不同公司治理环境下并无显著差异，而“洗大澡”动机与商誉减值信息之间的关系在不同公司治理环境下存在显著差异。以上结果表明，“洗大澡”动机下的商誉减值更多表现为一种企业的盈余管理行为，而其他报告动机下的商誉减值则表现为高管的私人信息传递。

对于会计准则制定者而言，商誉减值信息具有可靠性意味着目前所采用的商誉减值相关会计处理具有一定的合理性，并未出现明显的商誉减值盈余管理行为，因此可以在其他会计准则中进一步推行减值法。对于资本市场监管者而言，商誉减值信息在“洗大澡”动机下所表现出的盈余管理特征需要市场监管者加大监管力度，增强执法效果，抑制企业的盈余管理行为，从而切实保护中小投资者的利益。对于资本市场投资者而言，虽然商誉减值信息表现出一定的可靠性，但其在“洗大澡”动机下的盈余管理特征也较为明显，因此市场投资者应充分利用具有可靠性的商誉减值信息进行估值，加强对商誉减值盈余管理行为的识别，减少自身的定价错误。对于审计师而言，应重点关注不同报告动机下的商誉减值行为，特别是“洗大澡”动机下的商誉减值行为，通过增加实质性程序等方法识别其中的盈余管理行为和可能的财务舞弊，以减少审计风险、提高审计质量。

本章的研究主要关注不同因素对企业是否发生商誉减值行为的影响，即企业是否计提商誉减值决策的影响因素，而未对企业计提商誉减值金额决策的影响因素进行分析。虽然根据 IASB 或 CAS 的规定，企业应该于每年年末进行商誉减值测试，并在此基础上确定企业是否需要计提减值以及减值金额的大小，因此以上两个问题应该是同一问题。然而，本章在研究中发现，企业是否计提商誉减值的影响因素与企业减值金额大小的影响因素存在差异（见本章表 4－5），表明以上两个决策可能并非同一决策，需要进一步研究。由于商誉减值本身的不可验证性，本章主要通过分析可能的动机与商誉减值结果之间的关系，来推断商誉减值信息的可靠性，这属于间接检验，还需要直接证据的进一步支持。

第5章 商誉减值的相关性研究

5.1 引 言

FASB与IASB相继在其制定的会计准则中引入了公允价值计量，以提高会计信息的价值相关性。由于公允价值计量涉及较多的职业判断，而这种判断的可验证性较低，如果高管存在盈余管理动机，则可能导致企业会计信息的不相关性(Holthausen和Watts，2001；Watts，2003)。商誉的减值测试是公允价值应用的重要方面，由于其决策结果的不可验证性及测试程序的复杂性，商誉减值是否能够提高会计信息的相关性受到了较多质疑。

根据IASB财务报告概念框架对相关性的描述，相关的财务信息指该信息能够对使用者的决策产生影响。这种对决策的影响可以表现为财务信息具有预测价值、证实价值或者两者兼有。预测价值与证实价值被认为是相关性的重要组成部分。考虑到商誉减值测试是企业高管基于未来现金流所作出的决策，若该决策真实可靠，则商誉减值信息必然是未来现金流的一种反映，能够预测未来现金流的变动情况；同时，未来现金流的变化也能够在一定程度上证实商誉减值是否真实可靠。因此，本章主要针对商誉减值能否反映未来现金流变动进行研究，该研究将是对商誉减值信息是否具有相关性的直接回答。

已有的商誉减值相关性研究多使用价值相关性的研究方法进行。该类研究在市场有效的假设前提下考察商誉减值信息是否提高了股票市场的定价效应。若商誉减值信息具有价值相关性，则股票市场的股价会因此而下降(Hirschey和Richardson，2002；Dahmash等，2009；Lapointe-Antunes等，2009；Li等，2011；

Hamberg 和 Beisland,2014;Knauer 和 Wöhrmann,2016),反之则不会。由于该类研究对市场有效假设及投资者依赖财务报告信息作出决策的假设有较强的依赖性,因此存在一定的应用缺陷。财务报告仅仅是投资者获取上市公司相关信息的渠道之一,所以即使得出了两者相关的结论,也无法直接推论出该结果是因为会计信息有效所致;反之,即使没有得出两者之间的相关关系,也无法说明会计信息是无效的,因为投资者可能是基于其他信息作出了投资决策。此外,这种以股价为基础的检验,更可能是一种对可靠性与相关性的联合检验,而非针对会计信息相关性的直接验证(Barth 等,2001;任世驰和冯丽颖,2016)。

除以上研究外,还有部分研究基于商誉减值对未来现金流的预测价值,对商誉减值的相关性进行探讨。例如,Jarva(2009)的研究发现商誉减值对未来现金流具有一定的预测能力;Lee(2011)发现在实施 SFAS142 后,商誉减值对未来现金流的预测能力得到了进一步提高;Bostwick 等(2016)则从统计学的视角证明了商誉减值对预测未来现金流模型的增量解释力。这类研究多集中于美国背景下商誉减值预测能力的检验,而关于中国上市公司商誉减值预测能力的研究仍较为少见。不同于欧美等发达资本市场,研究者对于中国目前是否具备了使用公允价值计量的环境还存有争议(支晓强和童盼,2010;王守海等,2012)。采用以公允价值为基础的商誉减值测试模型是否过于超前,从而降低商誉减值测试的预测能力,这些问题尚需实证检验,也是本章的主要研究动机。

针对中国资本市场中的商誉减值相关性问题,本章采用 2007—2012 年的 A 股上市公司数据进行研究。研究发现,商誉减值金额与未来现金流量显著正相关,且这种相关性仅在采用未来两年、未来三年及未来四年的现金流均值作为因变量时才成立。这说明商誉减值信息对未来现金流具有一定的预测能力,表现出相关性特征,但这种预测的时间一般不超过未来四年。在对样本的遗漏变量问题及测量误差问题进行控制后发现,本章的研究结论依然成立。进一步研究发现,商誉减值的预测能力受到相关公司特征的影响。在现金周转天数更快的样本、资产规模更小的样本及不具有"洗大澡"动机的样本中,以上结果更为稳健。

基于中国资本市场的实证结果显示,在目前的市场环境下,商誉减值信息具有相关性的特征,但这种相关性特征仅体现为商誉减值信息对未来两期～四期现金流的预测能力方面。这表明,采用公允价值计量的商誉减值能够提供具有相关性特征的会计信息,支持 IASB 放弃摊销法而采用减值法的做法。同时,商誉减值信息的相关性特征受到与企业商誉减值相关的公司特征的影响。具体而言,企业的现金流周转越快,商誉减值对现金流的预测能力越强;企业的规模越小,商誉减值的准确性越高，其预测能力越强；企业的盈余管理动机越强，商誉减值的预测能力越弱。该发现对提高商誉减值信息的使用效率具有一定的现实意义，也为准则制定部门修改和完善商誉减值方法提供了可能的路径。

本章随后的内容安排如下：第二部分为研究假设；第三部分为研究设计；第四部分为样本与数据；第五部分为实证结果分析；第六部分为进一步分析；第七部分为研究结论。

5.2 研究假设

在历史成本计量模式下，会计计量并不重视企业资产的经济价值，忽视计量的相关性特征，更注重计量的可靠性特征。随着资产减值规则的引入，在不改变历史成本计量的前提下，在一定程度上缓解了企业资产高估的问题，提高了企业会计信息的相关性，有利于决策有用性目标的实现。资产减值方法更为强调资产的经济价值，并强调将资产的价值变动及时反映在企业的财务报告之中，从而使得资产的真实价值能够得到及时的体现。企业资产或资产组的真实价值往往是未来现金流折现价值的体现，因此减值法下资产的减值能够对未来的现金流起到预测作用。

从减值测试技术角度看，中国采用了与国际会计准则相一致的商誉减值处理办法，要求企业基于资产或资产组层面对商誉进行减值测试，并强调以减值测试中的可回收金额（即以公允价值减去处置费用与使用价值孰高）作为标准，放弃了FASB所采用的单一公允价值标准。IASB在《国际会计准则第36号——资产减值》（IAS36）结论基础上解释道，这主要是因为市场价值相对于商誉等资产而言更难以获得，且无法预期企业的实际决策倾向（IAS36，BCZ23）。因此，允许企业运用职业判断会更有利于商誉信息质量的提高。由于使用价值的计算要求企业使用相应的现值技术，因此通过估算企业的未来现金流来计算企业相关资产或资产组的真实价值，这种确认使用价值的方法更加密切了商誉减值与未来现金流之间的联系。此外，IASB的理事会相信其设计了一个充分严密且不易被操纵的减值测试，为主体的财务报告使用者提供更多有用的信息（IAS36B，BC131G）。基于以上分析，本节提出假说H1a。

H1a：其他条件不变的情况下，商誉减值信息与未来现金流量显著负相关。

由于无法判定企业在发生资产减值时是出售资产还是选择继续持有该资

产，当 IASB 允许企业在公允价值减去处置费用与使用价值之间进行选择时，若企业存在盈余管理的动机，那么该选择的结果可能会降低商誉减值信息的可靠性，从而降低其相关性，也同时削弱其对未来现金流的预测能力。当然，除可回收金额的孰高标准外，在商誉减值测试中还存在一系列的职业判断（如折现率的选择、折现期间的选择、未来现金流的估计、资产组的划分、商誉金额的分摊等），而且这些判断大多不具有可验证性的特征。因此，在存在盈余管理动机的企业中，以上因素均可能成为企业操控商誉减值的方法，从而降低商誉减值对未来现金流的预测能力。

同时，由于存在以上诸多职业判断与估计，即使不存在高管或企业的机会主义盈余管理动机，估计本身的误差也可能导致商誉减值的结果与实际的真实情况存在差异，从而导致商誉减值信息的预测能力下降。另外，由于商誉减值测试程序的复杂性，企业执行减值测试的成本较高，因此企业可能降低对商誉相关准则的遵循程度（Glaum 等，2013）。这也会降低商誉减值测试的有效性，进而导致商誉减值会计信息对未来信息预测能力的下降。基于以上分析，本节提出假说 H1a 的对立假说 H1b。

H1b：在其他条件不变的情况下，商誉减值信息与未来现金流量不相关。

5.3 研究设计

为了检验商誉减值对企业未来现金流的预测能力，本节借鉴了 Barth 等（2001）的研究思路，在其研究模型的基础之上添加了商誉减值因素，考察商誉减值的相关性。[①] 具体见模型（2）。

$$F\_CF_{i,t+j}=\alpha_0+\alpha_1 CF_{i,t}+\alpha_2 GWIMP_{i,t}+\alpha_3 AR_{i,t}+\alpha_4 INV_{i,t}+\alpha_5 AP_{i,t}+\alpha_6 DEPR_{i,t}+\alpha_7 OTHER_{i,t}+\varepsilon_{i,t}$$

模型（2）

其中，F_CF 表示企业未来的预期现金流，以企业未来 3 年的经营活动产生的现金流量净额的均值除以滞后一期的企业总市值表示；下标 i 和 t 分别表示企

① Jarva（2009）以及 Bostwick 等（2016）均采用该思路对商誉减值对未来现金流的预测能力进行研究。

业与年度;*CF* 表示企业当期的现金流情况,以企业当期的经营活动产生的现金流量净额除以滞后一期的企业总市值表示;*GWIMP* 表示企业的商誉减值情况,以企业当期的商誉减值金额表示;*AR* 表示企业的应收账款变动情况,以企业期末的应收账款账面价值减去期初值表示;*INV* 表示企业的存货变动情况,以企业期末的存货账面价值减去期初值表示;*AP* 表示企业应付账款的变动情况,以企业期末的应付账款账面价值减去期初值表示;*DEPR* 表示企业折旧与摊销的变动情况,以企业现金流量表中的固定资产折旧额与无形资产摊销额之和表示;*OTHER* 表示企业的其他应计项目,以企业当期的净利润减去以上应计项目之和的差额表示;ε 是模型的残差项。以上所有变量均除以年初股票市值,以消除规模效应影响。①

Barth 等(2001)的研究发现,将当期盈余分解为不同的应计组成部分以及现金流,比使用不同滞后期的盈余更能有效预测未来现金流。因此,本节参考其研究结论,使用现金流与不同应计项目的模型预测企业的未来现金流。同时,考虑到商誉减值决策是基于未来多期现金流预期的决策,使用单一年度的现金流水平无法有效反映商誉减值的决策基础,所以本节的因变量分别取未来 3 年或未来 5 年的现金流平均值。根据本章的假说,若商誉减值具有相关性,即具有预测能力,则变量 *GWIMP* 的取值越大,表示企业未来现金流入的可能性越小,因此变量 *GWIMP* 的回归系数 α_2 应为负值;否则该系数不应为负。根据 Barth 等(2001)的研究,预期企业当期的现金流变量 *CF* 与未来现金流变量 *F_CF* 之间显著正相关;构成应计项目中的变量 *AR*、变量 *INV* 及变量 *DEPR* 均与未来现金流呈正相关关系,而变量 *AP* 与未来现金流变量 *F_CF* 呈负相关关系。

5.4 样本与数据

5.4.1 样本选择

本节选取 2007—2015 年所有 A 股上市公司共 18360 个观测值作为初选样本。以 2007 年作为研究期间的起点,主要是考虑到在现行的《企业会计准则》执

① 分别采用年初的资产总额、年初总股数作为平减因子,研究结论未发生改变。

行之前，相关会计规则与会计制度对商誉的确认与计量并没有明确的规定，极少有企业在财务报表中确认商誉资产，进行商誉减值处理的样本量则更少。考虑到本章的因变量为未来 3 年的现金流量均值，因此本节的实际样本区间为 2007—2012 年。由于本章的研究目标是分析商誉减值的预测价值，因此将年初商誉资产账面价值为 0 或当年新增商誉金额为 0 的样本剔除，以保证所有样本均有可能发生商誉减值。在此基础上，本节参考 Barth 等（2001）以及 Jarva（2009）等已有研究，去除金融行业样本，同时删除主要变量缺失的样本，最终共获取 3901 个公司年度样本，涉及 1100 家上市公司。本节所有数据均来自国泰安数据库。

5.4.2　描述性统计

样本的年度以及行业分布见表 5－1 所列。由其中的 Panel A 可知，除 2008 年外，商誉减值样本量呈现逐年增加的趋势。截至 2012 年，商誉减值样本量达到 95 家。减值样本占未减值样本的比例平均为 9.98%，说明商誉减值在总样本中具有一定的代表性，而非个别现象。在样本期间，2008 年的商誉减值样本占比最高，达到 13.39%；2011 年的商誉减值样本占比最低，仅为 8.68%。由表 5－1 的 Panel B 可知，减值样本占非减值样本比例较高的行业为卫生和社会工作业（28.57%）、建筑业（21.43%），以及文化、体育和娱乐业（15.38%）；占比较低的行业为交通运输、仓储和邮政业（6.60%）、采矿业（7.37%），以及信息传输、软件和信息技术服务业（7.56%）。其中，住宿和餐饮业，科学研究和技术服务业，居民服务、修理和其他服务业均没有商誉减值样本①，说明商誉减值样本在不同行业间的分布差异较大。

表 5－1　样本的年度以及行业分布

Panel A：年度分布							
年份	2007 年	2008 年	2009 年	2010 年	2011 年	2012 年	合计
减值样本量（家）	34	58	48	54	65	95	354
未减值样本量（家）	349	433	517	587	749	912	3547
减值样本占比	9.74%	13.39%	9.28%	9.20%	8.68%	10.42%	9.98%

① 剔除以上三类行业中未发生商誉减值的样本后，研究结论并未改变。

（续表）

Panel B：行业分布				
行业名称	行业代码	减值样本量（家）	未减值样本量（家）	减值样本占比
农、林、牧、渔业	A	10	74	13.51%
采矿业	B	7	95	7.37%
制造业	C	211	2047	10.31%
电力、热力、燃气及水生产和供应业	D	13	159	8.18%
建筑业	E	18	84	21.43%
批发和零售业	F	27	277	9.75%
交通运输、仓储和邮政业	G	7	106	6.60%
住宿和餐饮业	H	0	20	0.00%
信息传输、软件和信息技术服务业	I	17	225	7.56%
房地产业	K	18	226	7.96%
租赁和商务服务业	L	6	60	10.00%
科学研究和技术服务业	M	0	10	0.00%
水利、环境和公共设施管理业	N	2	26	7.69%
居民服务、修理和其他服务业	O	0	14	0.00%
卫生和社会工作	Q	2	7	28.57%
文化、体育和娱乐业	R	4	26	15.38%
综合	S	12	91	13.19%

样本的描述性统计见表 5－2 所列。由其中的 Panel A 可知，变量 *F_CF* 的均值（中位数）为 0.05（0.03），表明未来 3 年的现金流量均值占期初股权市值的 5% 左右；变量 *F_CF*4（*F_CF*5）为未来 4（5）年的现金流量均值占期初股权市值的比例，其均值分别为 0.05 和 0.06；变量 *CF* 为当年的现金流量占期初股权市值的比例，均值为 0.04，中位数为 0.03，其取值略小于变量 *F_CF*、*F_CF*4 及 *F_CF*5。根据以上变量的均值以及中位数的对比可知，未来的现金流量逐渐增多。变量 *GWIMP* 表示企业的商誉减值情况，其均值与中位数均为 0，最大值为 0.01，表明商誉减值样本占比较小。变量 *AR*、*INV*、*AP* 及 *DEPR* 的均值均大于其中位数，而变量 *OTHER* 的均值则小于其中位数。

表5-2 样本的描述性统计

Panel A:描述性统计

变量	均值	标准差	最小值	Q1	中位数	Q3	最大值
F_CF	0.050	0.120	−0.375	0.005	0.034	0.078	0.569
*F_CF*4	0.052	0.129	−0.421	0.004	0.032	0.08	0.644
*F_CF*5	0.063	0.154	−0.499	0.007	0.038	0.094	0.765
CF	0.042	0.099	−0.271	0.002	0.028	0.071	0.438
GWIMP	0.000	0.001	0.000	0.000	0.000	0.000	0.006
AR	0.010	0.043	−0.156	−0.002	0.003	0.019	0.198
INV	0.036	0.112	−0.185	−0.001	0.008	0.035	0.704
AP	0.017	0.048	−0.102	−0.002	0.006	0.022	0.266
DEPR	0.024	0.029	0.001	0.006	0.014	0.029	0.168
OTHER	−0.014	0.111	−0.603	−0.028	−0.002	0.021	0.289

Panel B:相关系数

变量	*F_CF*	*CF*	*GWIMP*	*AR*	*INV*	*AP*	*DEPR*	*OTHER*
F_CF	1	0.477***	−0.018	0.002	−0.030*	0.069***	0.459***	−0.070***
CF	0.427***	1	−0.026	−0.104***	−0.155***	0.110***	0.457***	−0.306***
GWIMP	−0.029***	0.012**	1	−0.028*	0.005	0.015	0.030*	−0.011
AR	0.030***	−0.038***	−0.046***	1	0.188***	0.358***	−0.010	−0.163***
INV	−0.123***	−0.121***	0.009	0.124***	1	0.403***	0.000	−0.309***
AP	0.083***	0.176***	−0.006	0.402***	0.421***	1	0.117***	−0.056***
DEPR	0.542***	0.472***	0.025***	0.043***	0.024***	0.178***	1	−0.037**
OTHER	−0.003	−0.346***	−0.027***	−0.201***	−0.610***	−0.141***	−0.067***	1

注:***、**、*分别表示在1%、5%以及10%水平上显著;左下角为Pearson相关系数的结果,右上角为Spearman相关系数的结果。

由表5-2中的Panel B可知,变量*F_CF*与变量*CF*之间的相关系数为0.43,具有较强的相关性,表明不同时期现金流之间存在时序上的显著相关关系。变量*F_CF*与变量*GWIMP*之间的Pearson相关系数为−0.03,且该相关系数在1%的水平上显著,表明两者之间存在显著的负相关关系,与本章的假设预期相一致,初步验证了本章的研究结论。变量*F_CF*与其他应计组成部分变量*AR*以及变量*DEPR*也存在显著的正相关关系,与预期结果相一致,但变量*F_CF*与变量*AP*的相关关系的符号方向与预期不一致，还有待后文进一步分析。自变量 *CF* 与不同应计组成部分的变量均显著相关，与预期一致。总体而言，不同期间的现金流变量之间以及现金流变量与不同应计项目之间的关系基本支持预期的假设。[①]

变量 *GWIMP* 与其他变量之间的相关系数均较小，表明不同解释变量之间存在多重共线性问题的可能性较低。另外，变量 *DEPR* 与当期现金流以及未来现金流变量之间的 Pearson 相关系数分别为 0.47 和 0.54[Barth 等(2001)中折旧与当期现金流的相关系数为 0.32]；变量 *AP* 与变量 *AR*、*INV* 之间的 Pearson 相关系数分别为 0.40 和 0.42[Barth 等(2001)中对应系数为 0.40 和 0.30]；变量 *OTHER* 与变量 *INV* 之间的 Pearson 相关系数为－0.61[Jarva(2009)中对应的系数为－0.39]。虽然本节中个别变量之间的相关系数较大，但在已有文献中也发现类似现象，可能表明该相关关系并不会对结论产生严重的影响。除此以外，其他变量之间的相关系数均较低。

5.5 实证结果

5.5.1 主要回归结果

模型(2)的回归结果见表 5－3 所列。其中，回归(2)、(3)及回归(4)分别在模型(2)的基础上控制了年度、行业及同时控制年度与行业的回归结果。由表 5－3 中的回归(1)可知，主要解释变量 *GWIMP* 与被解释变量 *F_CF* 之间的回归系数为－5.5104，且在 5%水平上显著，表明商誉减值与未来的现金流显著负相关，即随着商誉减值金额的增加，未来的现金流会大幅下降。这与商誉减值预测作用的方向一致，支持研究假设。在回归(2)、回归(3)及回归(4)中，变量 *GWIMP* 的回归系数依然显著为负，表明在控制了行业以及年度效应后，该结果依然稳健，研究结论受到行业效应以及年度效应的影响较小。回归(1)—(4)中调整 R^2 的取值从 0.35 增加到 0.37 也验证了这一点。表 5－3 中，变量 *CF* 的回归系数显著为正，表明不同期的现金流之间具有较强的相关关系；变量 *AR* 及变量 *DEPR* 的回归系数也显著为正，表

① 由于当期应计与当期现金流共同构成了当期的盈余，所以当期应计与当期现金流之间存在负相关关系，反向的应计项目(如变量 *AP*)则会表现为与现金流的正相关关系；因为当期的应计会在未来转化为未来的现金流，所以当期的应计与未来的现金流存在正相关关系，反向的应计项目则会表现为负相关关系。

明当期的应收项目越多、当期的折旧摊销越大，未来的现金流越充裕。变量 *INV* 在回归(3)、回归(4)中的符号方向也与预期一致，但其相应的 t 值较小，略低于 10%的显著性水平。变量 *AP* 在回归(3)、回归(4)中的回归系数为负，且在 10%水平上显著，表明当期的应付项目越多，未来的现金流越少，与预期相一致。

表 5-3　商誉减值与未来现金流间关系

变量	(1) *F_CF*	(2) *F_CF*	(3) *F_CF*	(4) *F_CF*
CF	0.3428*** (6.77)	0.3512*** (6.88)	0.3493*** (7.25)	0.3545*** (7.28)
GWIMP	−5.5104** (−2.42)	−5.2786** (−2.34)	−4.8264** (−2.15)	−4.6759** (−2.09)
AR	0.1861*** (2.70)	0.1997*** (2.84)	0.1590** (2.34)	0.1727** (2.49)
INV	−0.0092 (−0.17)	−0.0095 (−0.17)	0.0671 (1.27)	0.0643 (1.20)
AP	−0.1177 (−1.48)	−0.1230 (−1.55)	−0.1440* (−1.86)	−0.1483* (−1.92)
DEPR	1.7321*** (12.91)	1.7490*** (12.89)	1.5257*** (11.71)	1.5388*** (11.57)
OTHER	0.1398*** (3.04)	0.1363*** (2.92)	0.1559*** (3.51)	0.1511*** (3.34)
常数项	−0.0024 (−0.89)	0.0021 (0.30)	−0.0179 (−1.39)	−0.0119 (−0.82)
年份固定效应	未控制	控制	未控制	控制
行业固定效应	未控制	未控制	控制	控制
观测值	3901	3901	3901	3901
调整 R^2	0.35	0.35	0.37	0.37
F 值	79.63	54.64	31.62	31.47
p 值	0.00	0.00	0.00	0.00

注：***、**、* 分别表示在 1%、5%及 10%水平上显著；括号内的数字为经过公司层面聚类调整的 t 值。

5.5.2 敏感性分析

本节根据商誉减值测试的程序，采用未来 3 期的现金流均值作为商誉减值是否具有相关性的衡量标准。考虑到不同企业在估算可回收金额时会采取不同的折现期间，本节同时汇报了商誉减值对未来 1 期现金流量（F_CF1）、未来 2 期现金流量均值（F_CF2）、未来 4 期现金流量均值（F_CF4），以及未来 5 期现金流量均值（F_CF5）[①]的预测能力，具体见表 5－4 所列。

由表 5－4 中回归(1)可知，商誉减值变量 *GWIMP* 的回归系数为－2.58，但不显著，且该系数明显小于表 5－3 中回归(1)及表 5－4 中回归(2)—(4)中 *GWIMP* 的回归系数，后者的系数是前者的 1 倍左右。该结果表明商誉减值并不能预测未来 1 期的现金流状况，并未发现 Barth 等(2001)以及 Jarva(2009)等所发现的正相关关系。这可能是因为企业高管在商誉减值后采取了一些措施来应对其面临的困境(Dechow 和 Ge，2006)，这些措施在短期内起到了一定的效果，减缓了企业未来现金流恶化趋势。[②] 回归(2)和回归(3)中变量 *GWIMP* 的回归系数均显著为负，且均在 5% 的水平上显著，说明商誉减值对未来两期以及四期的现金流量具有一定的预测能力，支持商誉减值具有预测能力的假说。回归(4)中变量 *GWIMP* 的回归系数虽然为负，但并不显著，说明商誉减值对于未来 5 期的现金流量不具有预测能力，或者说商誉减值并非基于未来 5 期的现金流量制定。该发现与《企业会计准则第 8 号——资产减值》要求企业做五年内的现金流量预测具有一致性。表 5－4 中除商誉减值之外的其他应计变量中，仅变量 *DEPR* 与未来不同期间的现金流量具有正相关关系，其他变量的回归系数并不显著。

表 5－4 商誉减值与不同期间的未来现金流间关系

变量	(1) F_CF1	(2) F_CF2	(3) F_CF4	(4) F_CF5
CF	0.3320*** (5.84)	0.3180*** (6.24)	0.2759*** (4.28)	0.2672*** (3.57)

① 《企业会计准则第 8 号——资产减值》认为“预计现金流量最多涵盖 5 年”，更长期间的现金流量预测可能不可靠或者成本较高。

② 当然，这种不显著也可能是变量误差或模型设定偏误所致。本章在内生性讨论中进行了具体的分析，控制可能的计量误差后，研究结论并未发生改变。

（续表）

变量	(1) F_CF1	(2) F_CF2	(3) F_CF4	(4) F_CF5
GWIMP	−2.5803 (−1.17)	−4.8558** (−1.98)	−6.5371** (−2.07)	−4.9041 (−1.14)
AR	0.1419* (1.70)	0.0468 (0.57)	0.2069** (2.28)	0.1621 (1.40)
INV	−0.0405 (−0.74)	0.0139 (0.27)	−0.0954 (−1.30)	−0.1198 (−1.35)
AP	−0.1405 (−1.50)	−0.1253 (−1.42)	−0.0825 (−0.80)	−0.0169 (−0.15)
DEPR	1.5307*** (12.98)	1.6797*** (14.14)	2.0231*** (12.44)	2.3164*** (11.50)
OTHER	0.1314** (2.39)	0.1694*** (3.65)	0.1139* (1.86)	0.1571** (2.08)
常数项	−0.0014 (−0.62)	−0.0026 (−1.10)	−0.0006 (−0.17)	−0.0031 (−0.55)
年份固定效应	未控制	未控制	未控制	未控制
行业固定效应	未控制	未控制	未控制	未控制
观测值	3901	3901	2889	2073
调整 R^2	0.28	0.32	0.34	0.33
F 值	84.98	96.89	55.15	46.05
p 值	0.00	0.00	0.00	0.00

注：***、**、* 分别表示在 1%、5%及 10%水平上显著；括号内的数字为经过公司层面聚类调整的 t 值。

本节在计算变量 *OTHER* 时采用净利润作为总盈余的替代，考虑到非生产经营活动可能对该结果产生影响，因此在回归(1)及回归(2)中采用利润总额指标作为总盈余指标的替代来计算变量 *OTHER*，以减少因变量测量误差所造成的影响。应计指标算法差异对商誉减值相关性的影响，见表 5－5 所列。其中的回归(1)与回归(2)中变量 *GWIMP* 的回归系数可知，在采用不同变量计算 *OTHER* 后，变量 *GWIMP* 的回归系数依然显著为负，表明研究结果较为稳健；变量 *OTHER* 的回归系数并没有发生显著改变，表明不同变量计算的结果影响较小。同时，本节参考 Barth 等(2001)及 Bostwick 等(2016)的研究，采用现金流量表中公布的“存货的减少”“经营性应收项目的减少”及“经营性应付项目的增加”分别作为存货变动(*INV*)、应收账款变动(*AR*)以及应付账款变动(*AP*)的替代，回归结果见表 5－5 中的回归(3)与回归(4)。在采用新的数据来源后，主要解释变量 *GWIMP* 的回归系数依然显著为负，与研究假设的预期一致；与表 5－3 中回归(1)与回归(4)的结果相比，表 5－5 回归(3)与回归(4)中变量 *AR* 的回归系数不再显著，但变量 *AP* 呈现出与预期一致的显著负相关关系，而变量 *OTHER* 的回归系数不再显著。综合而言，在采用不同的方法或数据来源计算解释变量后，本章的研究结论依然稳健。

表 5－5　应计指标算法差异对商誉减值相关性的影响

变量	按利润总额计算总应计		应计指标来自现金流量表	
	(1) *F_CF*	(2) *F_CF*	(3) *F_CF*	(4) *F_CF*
CF	0.3319*** (6.95)	0.3484*** (7.66)	0.3575*** (5.57)	0.3738*** (6.29)
GWIMP	−5.5587** (−2.45)	−4.6885** (−2.11)	−6.0321** (−2.54)	−4.9950** (−2.15)
AR	0.1780*** (2.63)	0.1673** (2.45)	−0.0042 (−0.03)	−0.0091 (−0.08)
INV	−0.0201 (−0.39)	0.0604 (1.20)	0.1061 (0.74)	0.0308 (0.22)
AP	−0.1113 (−1.44)	−0.1481** (−1.98)	−0.1790** (−2.57)	−0.1894*** (−2.87)
DEPR	1.7320*** (12.90)	1.5329*** (11.56)	1.6787*** (10.52)	1.4622*** (9.52)
OTHER	0.1309*** (3.15)	0.1495*** (3.66)	0.0648 (1.05)	0.0688 (1.17)

（续表）

变量	按利润总额计算总应计		应计指标来自现金流量表	
	(1) *F_CF*	(2) *F_CF*	(3) *F_CF*	(4) *F_CF*
常数项	−0.0030 (−1.08)	−0.0130 (−0.89)	−0.0025 (−0.89)	−0.0144 (−0.97)
年份固定效应	未控制	控制	未控制	控制
行业固定效应	未控制	控制	未控制	控制
观测值	3901	3901	3887	3887
调整 R^2	0.35	0.37	0.34	0.37
F值	80.15	31.55	75.05	31.27
p值	0.00	0.00	0.00	0.00

注：***、**、*分别表示在1%、5%及10%水平上显著；括号内的数字为经过公司层面聚类调整的t值。

本节的主回归以期初商誉资产账面价值不为0或当期有新增商誉资产的企业为研究样本。这种样本筛选思路可以保证所选择的样本均发生过非同一控制下的企业合并活动，样本企业之间具有可比性，减少企业间差异对研究结论的影响。但是，这种样本筛选思路也有一定的弊端。第一，这种筛选思路可能导致样本的自选择问题。没有并购需求的企业可能自身的经营状况更好，未来的现金流也更为稳定，遗漏没有并购需求的样本可能导致所选择的样本均为经营状况较差、现金流不稳定的企业，从而高估商誉减值与未来现金流之间的关系。第二，这种筛选思路会导致所选择的商誉减值样本呈现出左偏的分布特征，影响计量结果的准确性。由于存在大量商誉减值为零的样本，商誉减值变量的非正态性特征会导致OLS估计结果的不一致。针对上述问题，本节将样本范围限定为仅包含商誉减值不为零的商誉减值组样本，以及包含所有样本的全样本组，对模型(2)进行重新检验，结果见表5-6所列。由表5-6可知，在商誉减值组的回归(1)与回归(2)中，变量*GWIMP*的回归系数均显著为负，表明本章的研究结论依然稳健；在全样本组的回归(3)与回归(4)中，变量*GWIMP*的回归系数也显著为负，且至少在10%水平上显著，已有的研究结论未发生改变。表5-6与表5-3中的结果相比，其调整R^2有显著提高，且变量*INV*的回归系数在回归(3)与回归(4)中显著为正，与假设预期相一致。其他变量的回归结果基本与预期相符，不再赘述。

表 5-6 样本选择差异对商誉减值相关性的影响

变量	商誉减值组		全样本组	
	(1) F_CF	(2) F_CF	(3) F_CF	(4) F_CF
CF	0.6205*** (3.83)	0.6980*** (4.00)	0.3371*** (12.63)	0.3221*** (12.33)
GWIMP	−2.4645* (−1.69)	−2.8338* (−1.94)	−13.4169** (−2.48)	−9.2370* (−1.73)
AR	0.7167* (1.96)	0.6272* (1.94)	0.1706*** (6.13)	0.1734*** (6.21)
INV	0.2668 (1.52)	0.2973 (1.49)	0.0718*** (2.64)	0.1056*** (3.92)
AP	−0.5387 (−1.56)	−0.7601** (−2.06)	−0.0589 (−1.52)	−0.0736* (−1.93)
DEPR	1.2360*** (3.16)	1.2402*** (3.21)	1.4638*** (19.80)	1.3001*** (17.40)
OTHER	0.6135*** (4.04)	0.6367*** (3.75)	0.0950*** (5.19)	0.0943*** (5.05)
常数项	−0.0031 (−0.31)	−0.0747 (−1.12)	0.0033* (1.89)	0.0028 (0.38)
年份固定效应	未控制	控制	未控制	控制
行业固定效应	未控制	控制	未控制	控制
观测值	361	361	14031	14031
调整 R^2	0.39	0.43	0.29	0.31
F 值	10.36	6.71	162.87	200.02
p 值	0.00	0.00	0.00	0.00

注：***、**、* 分别表示在 1%、5%及 10%水平上显著；括号内的数字为经过公司层面聚类调整的 t 值。

5.5.3 内生性问题

本章的原始模型来自 Dechow 等(1998)关于盈余与现金流的模型，随后该模型被 Barth 等(2001)以及 Jarva(2009)进一步拓展，具有一定的可靠性。然而，该模型仍可能受到不可观测的遗漏变量的影响，因此需要对其进行控制。本节采用固定效应模型以控制模型中不随时间变化的遗漏变量的影响，具体回归结果见表 5－7 所列。由其中变量 *GWIMP* 的回归系数可知，其值在回归(1)—(4)中均显著为负，表明商誉减值与未来现金流量显著负相关，且对未来现金流具有预测作用，与假设预期一致。在采用固定效应模型后，变量 *CF* 与被解释变量 *F_CF* 之间呈现出不显著的负相关关系；变量 *AR* 与变量 *AP* 的回归系数均不显著；然而，变量 *INV* 以及变量 *OTHER* 的回归系数均显著为正，与预期一致。

表 5－7　采用固定效应的结果

变量	(1) *F_CF*	(2) *F_CF*	(3) *F_CF*	(4) *F_CF*
CF	−0.0298 (−1.22)	−0.0402 (−1.63)	−0.0283 (−1.16)	−0.0383 (−1.55)
GWIMP	−4.2549** (−2.38)	−4.2983** (−2.40)	−4.4376** (−2.48)	−4.4822** (−2.51)
AR	0.0144 (0.35)	0.0517 (1.20)	0.0236 (0.57)	0.0594 (1.38)
INV	0.0735*** (2.84)	0.0621** (2.38)	0.0804*** (3.11)	0.0690*** (2.63)
AP	−0.0497 (−1.23)	−0.0521 (−1.29)	−0.0520 (−1.29)	−0.0543 (−1.35)
DEPR	1.9168*** (22.27)	1.8308*** (19.04)	1.9068*** (22.15)	1.8171*** (18.88)
OTHER	0.0314 (1.33)	0.0201 (0.84)	0.0363 (1.54)	0.0252 (1.05)
常数项	0.0048** (2.12)	0.0058* (1.65)	−0.0716*** (−2.94)	−0.0762*** (−3.12)
年份固定效应	未控制	控制	未控制	控制
行业固定效应	未控制	未控制	控制	控制
观测值	3901	3901	3901	3901
R^2	0.18	0.19	0.19	0.20
公司数量	1100	1100	1100	1100
F 值	89.27	53.42	29.96	25.01
p 值	0.00	0.00	0.00	0.00

注：***、**、* 分别表示在 1%、5%及 10%水平上显著；括号内的数字为 t 值。

商誉减值是基于预期的未来现金流量计算所得，而非本章所采用的实际现金流量。因此，这种预期与实际之间的测量误差会降低商誉减值对未来现金流的预测能力，从而影响本章研究结论的准确性。为控制因变量的测量误差对研究结论的影响，本节参考 Jarva(2009)的研究，在模型(2)的基础上增加企业未来 3 年的年度股票收益率变量 *R*，结果如表 5-8 所列。表 5-8 中主要变量的回归结果与表 5-3中的结果基本保持一致，说明本节的研究结论在控制了股票年度收益率后，基本保持不变。新增加的变量 *R* 的回归系数显著为正，且在 1%水平上显著，表明股票收益率与未来现金流之间表现出了较强的正相关关系，说明股票收益率确实反映了未来现金流状况的变化，作为控制变量具有一定的合理性。

表 5-8　控制未来现金流测量误差的结果

变量	(1) *F_CF*	(2) *F_CF*	(3) *F_CF*	(4) *F_CF*
CF	0.3523*** (6.54)	0.3603*** (6.63)	0.3586*** (6.98)	0.3636*** (7.01)
GWIMP	−5.0088** (−2.24)	−4.8911** (−2.20)	−4.3598** (−1.97)	−4.3193* (−1.96)
AR	0.1633** (2.29)	0.1909*** (2.62)	0.1400** (1.98)	0.1668** (2.31)
INV	−0.0006 (−0.01)	0.0009 (0.02)	0.0746 (1.32)	0.0741 (1.29)
AP	−0.1150 (−1.39)	−0.1273 (−1.54)	−0.1426* (−1.78)	−0.1538* (−1.91)
DEPR	1.7699*** (12.86)	1.7822*** (12.83)	1.5595*** (11.67)	1.5653*** (11.52)
OTHER	0.1529*** (3.05)	0.1530*** (3.01)	0.1692*** (3.48)	0.1680*** (3.41)
R	0.0205*** (3.52)	0.0306*** (3.58)	0.0185*** (3.12)	0.0299*** (3.38)
常数项	−0.0086*** (−2.60)	−0.0091** (−2.50)	−0.0228* (−1.70)	−0.0237* (−1.76)
年份固定效应	未控制	控制	未控制	控制

（续表）

变量	(1) *F_CF*	(2) *F_CF*	(3) *F_CF*	(4) *F_CF*
行业固定效应	未控制	未控制	控制	控制
观测值	3855	3855	3855	3855
调整 R^2	0.35	0.36	0.38	0.38
F 值	70.46	50.89	30.54	30.59
p 值	0.00	0.00	0.00	0.00

注：***、**、* 分别表示在 1%、5%及 10%水平上显著；括号内的数字为经过公司层面聚类调整的 t 值，其中变量 *R* 为企业未来 3 年的股票年度收益率的均值。

5.6　进一步分析

5.6.1　企业内部异质性

由于企业经营活动的差异，不同企业可能具有不同的现金流量状况，从而影响商誉减值对未来现金流预测能力的表现。因此，本节参考 Barth 等(2001)的研究，按照企业的现金周转天数进行分组。由于企业的现金周转天数越短，应计转换为现金流的时间就越短，所以预期商誉减值在这种情境下具有更好的预测能力；反之，若现金周转天数较长，现金流量的周期性特征较为明显，商誉减值则难以反映现金流状况。同时，Bens 等(2011)指出，规模较小的企业由于财务资源的限制，较难实施机会主义的商誉减值行为，从而导致市场对小规模企业商誉减值行为的反应相对更弱。Jarva(2009)也得出了类似的结论。因此，本节预期，在企业规模较小的情况下，高管会实施更稳健的商誉减值政策，以减少商誉减值测试中的估计误差；反之，规模较大的企业可能充分利用其拥有的资源，调节最终的报告盈余，从而加大报告商誉减值的误差。Jarva(2009)指出，企业的“洗大澡”动机会影响商誉减值的质量，进而影响商誉减值的预测能力。本书第四章的研究也发现，“洗大澡”动机下的商誉减值具有盈余管理的特征，从而降低了商誉减值的可靠性。因此，本节预期，有“洗大澡”动机的商誉减值与未来现金流之间的关系更弱，而无“洗大澡”动机的商誉减值与未来现金流之间的关系更强。具体分析结果见表 5－9 所列。

表 5-9　不同预测能力下商誉减值与未来现金流间关系

变量	按现金周期分组		按资产规模分组		按盈余管理动机分组	
	(1) F_CF	(2) F_CF	(3) F_CF	(4) F_CF	(5) F_CF	(6) F_CF
CF	0.0945 (1.22)	0.5069*** (8.63)	0.4140*** (7.51)	0.2400*** (2.63)	0.4711*** (5.35)	0.3155*** (5.09)
GWIMP	−3.5156 (−1.01)	−5.0788** (−2.04)	−1.8061 (−0.59)	−5.7343** (−1.97)	−3.3431 (−1.04)	−6.1849** (−2.06)
AR	−0.0181 (−0.18)	0.2484*** (2.63)	0.1647** (2.03)	0.3116*** (2.86)	0.4373*** (3.21)	0.1467* (1.76)
INV	−0.1353 (−1.57)	0.0991 (1.44)	0.1291** (2.24)	0.0110 (0.08)	0.1837* (1.67)	−0.0383 (−0.59)
AP	−0.2256 (−1.65)	−0.1251 (−1.39)	−0.2152** (−2.54)	−0.0159 (−0.10)	−0.1288 (−0.84)	−0.0946 (−1.02)
DEPR	1.3826*** (4.80)	1.4569*** (9.60)	1.5558*** (10.40)	1.1883*** (4.41)	1.3017*** (5.51)	1.8389*** (12.07)
OTHER	−0.0010 (−0.01)	0.1676*** (3.34)	0.2141*** (4.18)	0.0513 (0.60)	0.0899 (0.99)	0.1277** (2.21)
常数项	0.0012 (0.26)	0.0016 (0.53)	−0.0143 (−0.94)	−0.0222 (−1.04)	0.0030 (0.61)	−0.0030 (−1.00)
年份固定效应	未控制	未控制	未控制	未控制	未控制	未控制
行业固定效应	未控制	未控制	未控制	未控制	未控制	未控制
观测值	1605	2255	2510	1391	770	3131
调整 R^2	0.12	0.46	0.45	0.12	0.30	0.36
F 值	9.76	86.73	81.95	12.30	20.91	81.56
p 值	0.00	0.00	0.00	0.00	0.00	0.00

注：***、**、* 分别表示在 1%、5%及 10%水平上显著；括号内的数字为经过公司层面聚类调整的 t 值。

表 5-9 为不同预测能力下模型(2)的回归结果。其中，回归(1)为高现金周转天数组，回归(2)为低现金周转天数组；回归(3)为高资产组，回归(4)为低资产组；回归(5)为具有“洗大澡”动机组，回归(6)为没有“洗大澡”动机组。现金周转天数

等于应收账款周转天数加上存货周转天数再减去应付账款周转天数。若样本企业的该值大于该指标的中位数，则该样本归入高现金周转天数组，否则归入低现金周转天数组；若样本企业的资产总额大于全样本的中位数，则该样本归入高资产组，否则归入低资产组。本节参考 Riedl(2004)的思路计算“洗大澡”变量，若样本企业当年扣除商誉减值后的总资产收益率小于所有该值小于 0 的样本的中位数，则该样本归入具有“洗大澡”动机组，否则归入没有“洗大澡”动机组。

由表 5-9 可知，商誉减值变量 *GWIMP* 的回归系数在回归(2)、回归(4)及回归(6)中均显著为负，而在回归(1)、回归(3)及回归(5)中并不显著。该结果与本节的预期基本一致，说明商誉减值对未来现金流的预测受到了公司特征的影响，特别是受到了与现金流预测相关的公司特征的影响。

5.6.2　企业外部异质性

除了企业内部异质性差异会影响商誉减值对未来现金流的预测能力，企业所处的外部法律环境差异，特别是执法力度差异，也可能对商誉减值的预测能力产生影响。虽然企业所面临的商誉减值的会计规则基本一致，但是证券监管机构在不同时期对商誉减值会计规则的执法力度却存在显著差异。伴随着商誉减值暴雷事件频发，2018 年证监会发布了《会计监管风险提示第 8 号——商誉减值》，明确商誉减值相关会计规则实施中的细节要求，特别强调不得以业绩承诺为由不计提商誉减值。相关学术研究也确实发现，在 2018 年企业计提了更多的商誉资产减值准备(徐婷婷等，2022；亓文韬等，2022；徐沛勣等，2023)。那么，执法力度加强是否改善了商誉减值的预测能力，从而使其为决策提供了更具相关性的商誉减值会计信息呢？

从理论上看，执法力度增强对商誉减值预测能力的影响主要体现在两个层面。第一层，执法力度增强通过规范商誉减值的会计处理与披露，抑制商誉减值方面的盈余管理，从而提升商誉减值会计信息的预测能力。“第 8 号文”以列举方式详细罗列了商誉资产减值测试时点、资产组或资产组组合识别、减值测试过程以及商誉减值信息披露等 4 个方面的常见会计实务处理不规范问题及监管重点。这既有利于监管者精准识别企业的机会主义商誉减值行为，也有利于监管者加大对机会主义商誉减值行为的执法力度，从而提升商誉减值会计信息的预测能力。

第二层，执法力度的增强也可能通过抑制企业的会计自由裁量权、加剧企业的监管风险回避倾向，从而降低商誉减值会计信息的预测能力。“第 8 号文”重点提及了会计实务中利用业绩承诺规避商誉减值测试的现象，并要求披露业绩承诺完成情况对商誉减值测试的影响。由于该规定并未充分考虑中国背景下业绩承诺的形成原因，仅强调业绩承诺完成情况与商誉减值之间的单一关系，[①]这种简单化处理容易诱发企业过度规避监管风险的问题。为了规避可能面临的监管风险，企业很可能在业绩承诺不达标时，甚至在业绩承诺仅部分未完成时就全额计提商誉减值准备，导致商誉减值损失的提前确认，进而降低商誉减值会计信息的预测价值。

本节以“第8号文”实施构造变量 *POST*，反映企业面临的执法力度差异，并在模型(2)中增加交乘项 *GWIMP*×*POST*，以反映执法强度增强对商誉减值预测能力的影响。若交乘项 *GWIMP*×*POST* 的系数为正，则表明执法力度增强提升了商誉减值预测能力；反之，若该交乘项的系数为负，则表明执法力度增强削弱了商誉减值预测能力。由于“第8号文”的实施年度为2018年，本小节的样本期间也同步调整为2017—2018年。具体分析结果见表5-10所列。

表5-10 不同执法力度下商誉减值与未来现金流间关系

期间 变量	(1) 2017—2018 *F_CF*	(2) 2017—2018 *F_CF2*	(3) 2017—2018 *F_CF4*	(4) 2016—2019 *F_CF*	(5) 2015—2020 *F_CF*
CF	0.4001*** (8.43)	0.4236*** (10.24)	0.3931*** (8.81)	0.3323*** (8.29)	0.3338*** (8.94)
GWIMP	−0.2156* (−1.66)	−0.1933 (−1.58)	−0.1956 (−1.63)	−0.3552*** (−3.29)	−0.1997* (−1.87)
GWIMP×*POST*	0.3605*** (4.10)	0.3029*** (3.43)	0.3510*** (4.22)	0.2846*** (3.38)	0.1876** (2.03)
AR	0.2045*** (3.59)	0.1720*** (2.89)	0.1677*** (2.80)	0.1098** (2.40)	0.0862** (2.08)
INV	0.2622*** (5.46)	0.2110*** (4.64)	0.2827*** (6.06)	0.2117*** (5.59)	0.2213*** (6.24)
AP	0.0137 (0.15)	−0.0070 (−0.08)	0.0325 (0.41)	0.0196 (0.28)	0.0516 (0.83)
DEPR	1.5852*** (12.79)	1.4595*** (12.63)	1.6979*** (13.84)	1.5557*** (15.80)	1.6071*** (17.32)

① 业绩承诺过高导致的业绩承诺不达标仅仅意味着部分并购目标未实现，这并不意味着一定要全额计提商誉减值准备。

（续表）

期间 变量	(1) 2017—2018 F_CF	(2) 2017—2018 F_CF2	(3) 2017—2018 F_CF4	(4) 2016—2019 F_CF	(5) 2015—2020 F_CF
OTHER	0.0861** (2.16)	0.0640* (1.76)	0.0970*** (2.67)	0.0373 (1.24)	0.0645** (2.35)
常数项	−3.1826 (−0.55)	−1.3561 (−0.18)	−3.0568 (−0.50)	−12.3593** (−2.32)	−15.1184*** (−2.69)
年份固定效应	控制	控制	控制	控制	控制
行业固定效应	控制	控制	控制	控制	控制
观测值	3310	3336	3280	6582	7785
调整 R^2	0.56	0.55	0.57	0.52	0.49

注：***、**、*分别表示在1%、5%以及10%水平上显著；括号内的数字为经过公司层面聚类调整的t值。

表5-10为不同执法力度下模型(2)的回归结果。其中，变量 *POST* 为虚拟变量，当年度为“第8号文”实施当年，则变量 *POST* 取值为1；当年度为“第8号文”实施前一年，则变量 *POST* 取值为0。由表5-10中的回归(1)—(3)可知，无论因变量是未来3期的经营活动现金流量均值 F_CF，还是未来2期的经营活动现金流量均值 F_CF2，抑或未来4期的经营活动现金流量均值 F_CF4，交乘项 $GWIMP \times POST$ 的系数均显著为正，且至少在1%水平上显著。这一结果表明，“第8号文”实施后，商誉减值与未来现金流之间的负相关关系显著下降，与执法力度增强削弱商誉减值会计信息预测能力的预期一致。

由于在“第8号文”实施前，企业可能普遍存在商誉减值准备计提不足的问题，所以企业可能在“第8号文”实施当年突击补提商誉减值准备，这也会导致商誉减值会计信息预测能力下降。而这种下降仅可能出现在“第8号文”实施当年，而不应持续存在。因此，本节进一步扩大样本范围，分别以“第8号文”实施前后2年和3年为研究期间。相关回归结果见表5-10中的回归(4)和回归(5)。回归(4)和回归(5)中的交乘项 $GWIMP \times POST$ 系数也均显著为正，且至少在5%的水平上显著，与前文的预期一致。扩大样本期间后的结果也表明，商誉减值会计信息预测能力下降并非补提商誉减值准备的结果，而是由于企业为过度规避所面临的监管风险，提前确认商誉减值损失所导致的。

5.7 本章小结

本章使用商誉减值对未来现金流预测能力的模型，研究了商誉减值的相关性问题。本章的实证研究结果显示，商誉减值金额与企业未来3年的现金流均值显著负相关，表明商誉减值与未来现金流之间存在相关性，且商誉减值对未来现金流具有一定的预测能力。该实证结果表明，尽管商誉减值的测试程序及相关动机会对商誉减值结果的相关性产生影响，但在中国资本市场中，商誉减值基本能够提供与未来现金流相关的会计信息，说明商誉减值信息具有相关性的特征。本章的进一步研究还显示，这种商誉减值与未来现金流之间的相关性受到公司特征的影响。在现金周转天数更少的样本、资产规模更小的样本，以及不具有“洗大澡”动机的样本中，以上结果更为稳健。该结果表明，商誉减值对未来现金流的预测能力因具体的环境而产生变化，具有环境依赖性，并非无条件相关。

本章的研究结果对于使用商誉会计信息的不同利益主体具有一定的启发意义。对于准则制定者而言，商誉减值信息所具有的相关性质量特征与其所要达成的决策有用性目标相一致，因此可以进一步推动减值法在相关准则中的应用。但也应该注意到，商誉减值信息的相关性受到了相关公司特征的影响，因此在推动减值法的应用过程中，需要考虑特殊行业和特殊商业模式等因素的影响，以提高会计信息的有效供给，并进一步提升会计信息的相关性。对于企业财务工作者而言，商誉减值信息的相关性特征仅体现在其对未来2年、3年及4年的现金流预测能力上，因此还应进一步提高商誉减值信息的相关性，提供对决策更加有用的信息，从而改善财务报告的质量。

由于财务会计信息质量特征的相关性不仅体现在其预测价值方面，还体现在其证实价值方面，所以本章的研究结论受到了研究范围的限制，还需要针对商誉减值信息的证实价值进行研究，以全面衡量商誉减值信息的相关性。同时，商誉减值信息虽然具有相关性，但减值测试是不是最优的外购商誉资产后续计量方法还有待进一步讨论。未来的研究可以针对各种商誉后续计量方法的相关性进行对比研究。

第 6 章　商誉减值的真实效应研究

6.1 引　言

本书前两章已经深入探究了商誉减值会计规则在财务报告层面的经济后果，并发现商誉减值会计规则所生成的商誉减值会计信息仅具有一定的可靠性和相关性，且受财务报告动机的影响明显。那么，商誉减值会计规则所生成的商誉减值会计信息能否进一步影响企业决策呢？本章将从企业并购决策的视角回答该问题。

商誉减值会计信息能否以及如何影响企业决策，一直是会计准则制定机构关注的热点话题。早在 FASB 发布 SFAS142 征求意见稿时，就有相关机构指出，不一致的商誉会计规则可能导致部分国家的跨国公司并购业务受到严重影响，进而呼吁全球统一商誉会计规则，以促进跨国并购的开展。

从理论发展来看，虽然 Ferracuti 和 Stubben(2019)早就提出了“高管是否会在投资决策中考虑会计自由裁量权的影响”这一命题，但相关实证研究却相对较少。基于商誉减值自由裁量权的实证研究更是严重匮乏。已有关于商誉会计规则经济后果的研究主要集中在商誉减值会计信息的决策有用性方面，还有部分研究探讨其契约有用性问题(Boennen 和 Glaum，2014)。对于决策有用性问题，已有研究主要通过事件研究法(Hirschey 和 Richardson，2002；Li 等，2011；Knauer 和 Wöhrmann，2015；Yehuda 等，2019；张新民等，2020)、价值相关性研究(Dahmash 等，2009；Lapointe-Antunes 等，2009；Choi 和 Nam，2018)或检验商誉减值会计信息的预测价值(Jarva，2009；Lee，2011；Bostwick 等，2016)来研究商誉减值会计信息的决策有用性问题。已有研究主要发现，商誉减值会计信息很可能受到企业的财务报告动机和高管的机会主义盈余管理动机影响，从而导致其不具有决策有用性（Ramanna 和 Watts，2012；Li 和 Sloan，2017；卢煜和曲晓辉，2016）。但也有部分研究发现，基于公允价值的商誉减值会计信息能够提供决策有用的信息（Hamberg 和 Beisland，2014）。对于契约有用性问题，已有研究主要探讨了商誉减值会计信息对债务契约（Frankel 等，2008；徐经长等，2017；杜春明等，2019）、审计师更换（Ayres 等，2019）、审计收费（Chen 等，2019；Carcello 等，2020；叶建芳等，2016；郑春美和李晓，2018）、高管契约（Darrough 等，2014）等方面的影响。从企业视角来看，目前尚不清楚高管是否会通过放弃（或增加）并购的方式来应对商誉会计规则的变化，因此基于并购倾向视角的研究可以拓展商誉减值会计信息真实影响的研究范围。

针对上述实践中的批评和理论发展方面的不足，本章基于委托代理理论的分析框架对该问题进行了研究，并利用中国商誉初始确认规则变化这一准自然实验对其进行实证检验。

在理想状态下，由于会计自由裁量权并不影响企业现金流，因此它并不会对企业投资决策产生影响。但若放松信息完全的假设，在信息不对称的情境下，会计自由裁量权越大，高管越可能利用其掩盖自己的机会主义行为，从而对高管的机会主义行为产生激励作用；反之，会计自由裁量权越小，高管机会主义行为被发现的可能性就越大，从而对高管的机会主义行为产生抑制作用。

2013 年 1 月 1 日，中国《企业会计准则解释第 5 号》（后文简称“第 5 号规则”）正式实施。该文件明确要求，企业合并中被并购方尚未确认的无形资产在满足一定条件时应确认为无形资产，而非直接计入商誉资产。该规则弥补了 2007 年《企业会计准则第 20 号——企业合并》在这一方面的规则空白，可以有效避免企业过度确认商誉的问题。由于商誉的初始确认受到限制，商誉的后续计量也会因此受到限制，从而降低企业在商誉减值后续计量方面的会计自由裁量权。本章借鉴 Ramanna（2008）及 Ramanna 和 Watts（2012）的研究设计，构建企业商誉减值盈余管理能力指标。第 5 号规则实施前，不同企业的商誉减值盈余管理能力也存在较大的差异；那么，在第 5 号规则实施后，商誉减值盈余管理能力较大的企业会受到较大的影响（会计自由裁量权变小），这为本章采用倍差法识别实验组和控制组间的差异提供了重要基础。

具体而言，本章通过比较商誉减值盈余管理能力较大的实验组样本与商誉减值盈余管理能力较小的控制组样本，在该政策实施前后的企业并购倾向变化情况，进而识别出压缩会计自由裁量权对企业并购倾向的影响程度。本章的基本结论是，降低会计自由裁量权抑制了企业的并购倾向。这主要是因为压缩会计自由裁量权缓和了企业的委托代理问题，从而降低了企业的机会主义并购倾向。

本章的研究具有以下三点创新。第一，本章利用中国数据验证了 Ferracuti 和 Stubben(2019)所提出的会计自由裁量权与投资决策间关系的理论命题。本章的研究发现表明，会计自由裁量权确实是高管投资决策的重要影响因素。第二，本章从企业并购视角丰富了会计准则经济后果方面的文献。以往会计准则经济后果的研究多关注会计准则变化对财务报告质量及利益相关者的影响，较少关注会计准则变革的真实影响问题(Kanodia 和 Sapra，2016；张先治和晏超，2015)。本章基于中国数据实证检验了商誉会计规则变更对企业并购行为的影响，拓展了现有商誉会计规则研究的边界(Bartov 等，2021)。第三，本章利用第 5 号规则实施这一准自然实验，可以有效缓解该类研究中的内生性问题。由于商誉的初始确认和后续计量相关会计规则会同时发生变更，已有研究很难准确评估商誉初始确认规则变化和后续计量规则变动的实际影响程度(Cheng 等，2018)。而第 5 号规则的实施仅对商誉初始确认进行规范，未改变商誉的后续计量规则，因此可以清楚地识别出商誉会计规则变化的经济后果问题。

本章随后的内容安排如下：第二部分为制度背景和假设提出；第三部分为研究设计；第四部分为样本与数据；第五部分为研究结论与启示。

6.2　研究假设

自 2007 年中国全面实施与国际会计准则趋同的新《企业会计准则》以来，有关商誉初始确认的规则主要经历了如下发展过程。2007 年实施的《企业会计准则第 20 号——企业合并》(CAS20)要求企业区分同一控制下的企业合并与非同一控制下的企业合并，仅在非同一控制下的企业合并中确认相关的商誉资产。商誉为购买成本与被购买方可辨认净资产公允价值份额的差额，当该差额小于零时，应将该差额计入当期损益。由于 CAS20 对可辨认净资产公允价值的解释仅包括除无形资产以外的资产确认、除或有负债以外的负债确认，以及或有负债确认三个部分，对于被并购方未确认无形资产的确认问题没有明确规定，因此在实践中部分企业将本应确认为无形资产的资产计入商誉部分，导致商誉高估。为避免商誉高估问题，中国财政部于 2012 年 11 月 5 日发布《企业会计准则解释第 5 号》对商誉确认问题进行补充解释，要求“对被购买方拥有但在其财务报表中未确认的无形资产进行充分辨认和合理判断，满足以下条件之一的，应确认为无形资产：（一）源于合同性权利或其他法定权利；（二）能够从被购买方中分离或者划分出来，并能单独或与相关合同、资产和负债一起，用于出售、转移、授予许可、租赁或交换”。该规定于2013年1月1日起正式开始实施，不要求进行追溯调整。

从会计的角度看，不同的会计处理方法会对企业并购后业绩的计算过程和结果产生不同影响。并购后业绩是高管私人收益的重要决定因素，因此会计处理方法会对高管的并购决策产生影响。

从商誉后续计量的视角来看，减值法有利于高管进行针对商誉减值的盈余管理。商誉减值具有不可验证性，高管在商誉减值测试程序中对资产组划分、未来现金流预测、折现率选择等方面具有较大的自由裁量权（Beatty 和 Weber，2006；Ramanna，2008；Ramanna 和 Watts，2012；Li 和 Sloan，2017），这些都为高管的商誉减值盈余管理提供了可能性。同时，由于企业具有异质性，不同企业在划分资产组、预测未来现金流及选择折现率等方面的自由裁量权存在一定的差异，因此不同企业的商誉减值盈余管理能力存在显著差异。例如，多元化经营的企业天然地存在多个不同的资产组，这使得高管在将商誉分摊至不同资产组时具有较大的自由裁量权；反之，业务单一的企业资产组数量相对较少，高管相应的自由裁量权也较小。

商誉减值盈余管理能力越强，高管越可能通过延迟计提商誉减值准备，规避并购后业绩下滑风险，因此越可能实施机会主义并购。Jensen（1986）指出，通过构建商业帝国，高管可以控制更多资源、提升自身薪酬水平或获得职位晋升，从而最大化个人利益。但同时，若出现并购后业绩下滑的情况，高管的个人利益则会受到负面影响。因此，高管是否实施并购，明显受到并购后业绩下滑风险大小的影响。在信息不对称的背景下，企业并购后业绩下滑风险越低，高管越有动机实施机会主义并购，以最大化个人收益。商誉减值盈余管理能力越强，高管越可能通过延迟计提商誉减值准备，规避并购后业绩下滑风险；反之，商誉减值盈余管理能力越弱，高管应对并购后业绩恶化的手段越有限。因此，在并购后的业绩压力下，高管甚至可能放弃并购项目以避免并购后业绩下滑对其个人利益的影响。Kanodia 和 Sapra（2016）的理论分析也指出，会计核算系统的不精确会导致高管的投资效率下降。综上，商誉减值盈余管理能力越强，企业的委托代理冲突也越严重，过度并购倾向越明显。

2013年实施的第5号规则通过抑制商誉减值盈余管理能力，从而对企业并购倾向产生影响。第 5 号规则明确规定,企业不能将应确认的无形资产确认为商誉资产,从而阻止了商誉资产的过度确认。商誉资产的初始计量越准确,其后续发生资产减值的可能性相对越低(Gu 和 Lev,2011;Li 等,2011),商誉减值盈余管理能力也就越难以发挥作用。2013 年之前,由于企业确认了相对较多的商誉资产,高管因商誉减值盈余管理能力所获得的并购收益也相对更多;但在 2013 年后,由于企业不允许随意确认商誉资产,商誉减值盈余管理能力受到了限制,因此在同等情况下,高管因商誉减值盈余管理能力所能获得的并购收益也相对较少。因此,第 5 号规则降低了商誉减值盈余管理能力较强企业的并购净收益,从而降低了企业的并购倾向。基于以上分析,本节提出如下研究假设 H1。

H1:第 5 号规则实施后,商誉减值盈余管理能力较强企业的并购倾向显著下降。

6.3　研究设计

为有效识别商誉减值盈余管理能力对企业并购活动的真实影响,本节以 2013 年 1 月 1 日第 5 号规则的实施作为准自然实验,采用倍差法(Differences in Differences,DID)进行实证估计。本节采用 DID 估计的基本思路是,第 5 号规则要求企业必须在并购时确认相应的无形资产,而不能直接将其计入商誉,从而降低了企业的商誉减值盈余管理能力。然而,不同企业因该要求所面临的商誉减值盈余管理能力下降程度存在显著差异。概括而言,若企业的商誉减值盈余管理能力越强,则该企业的自由裁量权下降得越多。最为重要的是,由于第 5 号规则是财政部针对商誉确认不规范发布的解释性文件,具有很强的外部性,所以这为研究商誉减值盈余管理能力下降的真实影响提供了一个较为理想的准自然实验。借鉴已有研究(Bugeja 和 Loyeung,2017),本节的基准模型设定如模型(3)。

$$Prob[MA_{i,t}=1]=Probit(\alpha_0+\beta_1 TREAT_{i,10-12}\times POST_t+\beta_2 TREAT_{i,10-12}+\beta_3 POST_t+X_{i,t}\delta+\varepsilon_{i,t}) \quad \text{模型(3)}$$

其中,下标 i 和 t 分别表示企业与年度。因变量 MA 为虚拟变量,表示企业是否成功实施了非同一控制下企业合并,若是则为 1,否则为 0。解释变量 $TREAT$ 为基于商誉减值盈余管理能力指标构造的企业是否属于实验组的变量,若是则取值为 1,否则取值为 0。具体而言,在第 5 号规则实施前 3 年中,若某企业的商誉减值盈余管理能力指标大于其所属行业对应期间所有企业该指标的中位数,则该企业在第 5 号规则实施后将面临较大幅度的商誉减值盈余管理能力下降,可视为实验组,反之则可视为控制组。参考 Ramanna(2008)以及 Ramanna 和 Watts(2012)的研究设计,本节以不可辨认净资产比率来衡量商誉减值盈余管理能力,该值越大表示企业的商誉减值盈余管理能力越强。[①] 本节将现金、交易性金融资产、可供出售金融资产、持有至到期投资、长期股权投资、短期借款、长期借款和优先股分别视为可辨认资产和可辨认负债,可辨认净资产占净资产的比率并取负数即为不可辨认净资产比率。变量 *POST* 为所属年度是否属于政策实施后年度的时间虚拟变量,其中 2013 年及以后年度取值为 1,否则取值为 0。变量 *TREAT*×*POST* 为本章主要关注的变量,该估计系数衡量了高商誉减值盈余管理能力组(实验组)与低商誉减值盈余管理能力组(控制组)中企业并购倾向在第 5 号规则实施前后的平均差异,即刻画了商誉减值盈余管理能力下降与企业并购倾向的因果关系及关系强度。*X* 为影响企业并购倾向的其他因素,主要包括第一大股东持股比例、年度股票回报率、企业规模、企业资产负债率、企业成长性、总资产收益率、现金流量。ε 为模型残差项。另外,考虑到年度与行业间的差异,本节同时还控制了年度固定效应与行业固定效应。

为缓解异常值对研究结论的影响,本节对所有非连续变量均在 1%和 99%分位数上进行缩尾处理,具体变量定义见表 6-1 所列。

表 6-1 变量的定义

变量符合	变量含义	变量计算
MA	是否并购	若非同一控制下企业合并为 1,否则为 0
TREAT×*POST*	交乘项	*TREAT*×*POST*
TREAT	是否实验组	若实验组为 1,否则为 0
POST	是否政策实施后年度	若政策实施后年度为 1,否则为 0
*SHRCR*1	第一大股东持股比例	第一大股东持股数量/总股数

① 由于资产组的公允价值(由可辨认净资产部分与不可辨认净资产部分构成)是影响资产组可收回金额的重要因素,资产组可收回金额又是决定商誉减值的关键因素。可辨认净资产(如现金、应付账款等)的公允价值的主观性远低于不可辨认净资产(如专用机械设备等)。因此,不可辨认净资产占比越大,企业在商誉减值方面的自由裁量权将越大。

（续表）

变量符合	变量含义	变量计算
RETURN	年度股票报酬率	(年度收盘价－年度开盘价)/年度开盘价
SIZE	资产规模	资产总额的自然对数
LEV	资产负债率	负债总额除以资产总额
GROWTH	成长性	(当年销售收入－上年销售收入)/上年销售收入
ROA	总资产收益率	净利润/资产总额
CF	现金流量	经营活动的现金流量净额/资产总额

6.4　样本与数据

6.4.1　样本选择

本节以 2010—2015 年间所有 A 股上市公司为初始研究样本，在剔除同一控制下企业合并样本及变量缺失的样本后，共获得 13235 个研究样本，涉及 2562 家企业。由于《企业会计准则解释第 5 号》的正式实施日期为 2013 年 1 月 1 日，自然年度与政策年度完全重合，因此 2013 年及以后为政策实施后年度，2012 年及以前为政策实施前年度。本节仅选择政策实施前后 3 年的时间作为研究期，原因在于随着样本期间的延长，研究结论受其他外部事件影响的概率会增加，从而降低研究结论的准确性；反之，若样本期间较短，研究可能无法准确识别实验组与控制组之间的平行趋势假设是否成立，从而影响研究结论的可靠性。本节的内部控制得分数据来源于迪博数据库，其他数据均来自国泰安数据库。

6.4.2　描述性统计

变量的描述性统计见表 6－2 所列。变量 *MA* 的均值为 0.6103，表明样本期间有 61.03%的企业实施了非同一控制下企业合并；变量 *TREAT* 的均值为 0.6805，表明样本期间有 68.05%的企业为实验组样本；变量 *POST* 的均值为 0.5579，表明样本期间有 55.79%的企业为政策实施后样本；变量 *SHRCR*1 的均值(中位数)为 35.5316(33.5810)，表明样本企业中第一大股东的平均持股比例为 35.53%；变量

RETURN 的均值(中位数)为 0.2544(0.1364),表明样本企业的平均股票回报率为 25.44%;变量 *LEV* 的均值为 0.4536,表明样本企业的平均资产负债率为 45.36%;变量 *GROWTH* 的均值为 0.2079,表明样本企业的平均销售收入增长率为 20.79%;变量 *ROA* 的均值为 0.0365,表明样本企业的平均资产收益率为 3.65%;变量 *CF* 的均值为 0.0381,表明样本企业的平均经营活动净现金流约为企业资产总额的 3.81%。

表 6-2　变量的描述性统计

变量	样本量	均值	标准差	最小值	中位数	最大值
MA	13235	0.6103	0.4877	0.0000	1.0000	1.0000
TREAT×*POST*	13235	0.3615	0.4805	0.0000	0.0000	1.0000
TREAT	13235	0.6805	0.4663	0.0000	1.0000	1.0000
POST	13235	0.5579	0.4967	0.0000	1.0000	1.0000
*SHRCR*1	13235	35.5316	15.2956	8.7742	33.5810	75.1042
RETURN	13235	0.2544	0.5661	−0.5429	0.1364	2.4959
SIZE	13235	21.9620	1.2831	19.2377	21.7974	25.8090
LEV	13235	0.4536	0.2228	0.0474	0.4509	0.9839
GROWTH	13235	0.2079	0.5969	−0.6063	0.1094	4.4643
ROA	13235	0.0365	0.0556	−0.1968	0.0338	0.1993
CF	13235	0.0381	0.0748	−0.2003	0.0381	0.2421

6.5　实证结果

6.5.1　主要回归结果

模型(3)的回归结果见表 6-3 所列。在回归(1)和回归(2)中,交乘项的回归系数均在 1%水平上显著为负,表明商誉减值盈余管理能力下降对企业并购决策产生了十分显著的抑制作用,与研究假设的预期一致。回归(1)和回归(2)中变量 *TREAT* 的回归系数也至少在 10%水平上显著为正,表明企业的商誉减值盈余管理能力越强，企业的并购倾向越明显，再次证明了研究假设的正确性。除此之外，回归(1)和(2)中变量 *POST* 的回归系数均在 1%水平上显著，表明政策实施后相比政策实施前，企业的并购倾向显著增加。此处并购倾向的显著增加主要是因为从 2013 年开始，中国企业并购数量呈现爆发式增长。在企业并购数量大幅增长的背景下，本节依然观察到第 5 号规则对企业并购倾向的抑制作用，从而间接表明本章研究结论的稳健性。

在表 6－3 回归(2)的控制变量中，变量 *SHRCR*1 的回归系数在 1%水平上显著为负，表明第一大股东抑制了企业的过度并购倾向；变量 *RETURN* 的回归系数在 1%水平上显著为正，表明股票市场表现越好，企业越可能实施并购，这与企业择时假说的内容一致(Shleifer 和 Vishny，2003)。在反映企业财务特征的变量中，变量 *CF* 的回归系数显著为负，表明现金流越充裕，企业的并购可能性越小。这可能意味着，由于现金流短缺而面临财务困境的企业更倾向于实施企业并购。

表 6－3　商誉减值盈余管理能力下降与企业并购倾向

变量	(1) *MA*	(2) *MA*
TREAT×*POST*	−0.1472*** (−2.95)	−0.1396*** (−2.78)
TREAT	0.1138*** (2.70)	0.0813* (1.83)
POST	0.7487*** (13.44)	0.6553*** (10.77)
*SHRCR*1	—	−0.0085*** (−8.75)
RETURN	—	0.1281*** (4.66)
SIZE	—	0.0459*** (3.28)
LEV	—	0.0294 (0.34)

（续表）

变量	(1) *MA*	(2) *MA*
GROWTH	—	0.0039 (0.18)
ROA	—	0.6672** (2.34)
CF	—	−0.8479*** (−4.64)
常数项	0.1133 (0.76)	−0.5349* (−1.72)
年份固定效应	控制	控制
行业固定效应	控制	控制
观测值	12805	12805
调整 R^2	0.04	0.05

注：***、**、*分别表示在1%、5%以及10%的水平上显著；括号中为经过公司层面聚类调整的稳健t值。

6.5.2 稳健性检验

6.5.2.1 安慰剂检验

虽然本章参考了Ramanna(2008)及Ramanna和Watts(2012)关于商誉减值盈余管理能力的研究设计进行样本分组，但仍无法排除随机因素对变量*TREAT*与变量*MA*之间关系的影响。本节进一步参考Cornaggia等(2015)有关安慰剂效应的研究设计，通过将变量*TREAT*的取值在各企业间随机变换（共1000次），生成新的是否实验组变量*SIM_TREAT*，并重新进行模型(3)的回归。若企业商誉减值盈余管理能力是导致企业并购倾向差异的原因，那么随机变换后的变量*SIM_TREAT*以及该变量与变量*POST*交乘项的回归系数都将不再显著；反之，若与企业并购倾向相关的特征或尚未观测到的特征是导致企业并购倾向差异的原因，那么随机变换后的变量*SIM_TREAT*将依然显著。基于分组变量*TREAT*的安慰剂检验结果见表6-4回归(1)所列。

虽然本节控制了年度固定效应对研究结论的影响，但第 5 号规则发生前后的尚未观测到的政策事件也可能影响本节研究结论的准确性。本节分别选择政策发生前后各一年作为事件年度，对模型(3)重新进行检验。若第 5 号规则是导致企业并购倾向差异的原因，那么以 2012 年或 2014 年作为事件年度，将无法观察到交乘项变量的回归系数显著性；反之，若 2012 年或 2014 年发生的尚未观测到的政策事件是导致企业并购倾向差异的原因，那么交乘项变量的回归系数将依然显著。基于事件变量 *POST* 的安慰剂检验结果见表 6－4 回归(2)和回归(3)所列。

表 6－4　结果安慰剂检验结果

变量	(1) *TREAT* 随机分组 1000 次	(2) *POST*≥2014	(3) *POST*≥2012
	2010—2015 年	2012—2015 年	2010—2013 年
	MA	*MA*	*MA*
SIM_TREAT×*POST*	0.0003 (0.01)	−0.0317 (−0.57)	−0.0883 (−1.49)
SIM_TREAT	0.0005 (0.02)	0.0510 (1.13)	0.0778 (1.49)
POST	0.5560*** (9.47)	0.5045*** (9.09)	0.2511*** (4.30)
SHRCR1	−0.0084*** (−8.71)	−0.0081*** (−7.38)	−0.0085*** (−7.33)
RETURN	0.1301*** (4.74)	0.1171*** (3.94)	0.2573*** (5.94)
SIZE	0.0451*** (3.22)	0.0642*** (4.07)	0.0498*** (3.01)
LEV	0.0384 (0.47)	−0.0679 (−0.67)	0.0067 (0.07)
GROWTH	0.0046 (0.21)	0.0264 (0.91)	−0.0016 (−0.06)
ROA	0.6846** (2.40)	0.5604* (1.65)	0.4951 (1.37)

（续表）

变量	(1) *TREAT* 随机分组 1000 次	(2) *POST*≥2014	(3) *POST*≥2012
	2010—2015 年	2012—2015 年	2010—2013 年
	MA	*MA*	*MA*
CF	−0.8763*** (−4.80)	−0.7460*** (−3.28)	−0.9267*** (−4.23)
常数项	−0.4571 (−1.47)	−0.6709* (−1.83)	−0.6542* (−1.79)
年份固定效应	控制	控制	控制
行业固定效应	控制	控制	控制
观测值	12805	9250	8134
调整 R^2	—	0.05	0.04

注：***、**、*分别表示在1%、5%及10%的水平上显著；回归(1)中的回归系数与t值均为1000次回归结果的均值；括号中均为经过公司层面聚类调整的稳健t值。

由表6-4回归(1)—(3)可知，交乘项的回归系数均不显著，与上文预期一致。该结果表明，本节的研究结论并非由样本分组误差或者事件年度前后政策不可预测导致的，再次支持了本章的研究假设。

6.5.2.2 替换自变量

为了缓解商誉减值盈余管理能力变量的测量误差对研究结论的影响，本节研究同时采用子公司数量及商誉资产占比作为商誉减值盈余管理能力的替代变量。具体而言，企业可以将不同盈利状况的资产划分到不同的资产组，从而对商誉减值测试的结果产生影响(Beatty和Weber，2006；Ramanna和Watts，2012)。因此，子公司的数量越多，企业操控资产组的可能性就越大，商誉减值盈余管理能力也就越强。商誉资产占比越大，意味着企业的并购频率越高、并购规模越大，企业操控资产组的可能性也越大，商誉减值盈余管理能力也就越强。本节分别以子公司数量以及商誉资产占比作为企业商誉减值盈余管理能力的近似衡量，并基于此构造变量*TREAT*。在第5号规则实施前3年中，若该企业的子公司数量(或商誉资产占比)大于其所属行业内该期间所有企业该指标的中位数，则该企业为实验组样本，反之则为控制组样本。基于子公司数量以及商誉资产占比的具体回归结果，见表6-5所列。

表 6-5 替换自变量的模型结果

变量	(1)	(2)	(3)	(4)
	基于子公司数量构造 *TREAT*		基于商誉资产占比构造 *TREAT*	
	MA	*MA*	*MA*	*MA*
TREAT×*POST*	-0.1074** (-2.24)	-0.0875* (-1.81)	-0.0997** (-2.13)	-0.1011** (-2.15)
TREAT	0.2285*** (5.75)	0.2305*** (5.36)	0.3126*** (8.11)	0.3016*** (7.67)
POST	0.7207*** (13.82)	0.6479*** (11.09)	0.6991*** (14.71)	0.6354*** (11.91)
*SHRCR*1	—	-0.0080*** (-8.13)	—	-0.0077*** (-7.98)
RETURN	—	0.1206*** (4.30)	—	0.1263*** (4.58)
SIZE	—	0.0073 (0.47)	—	0.0121 (0.84)
LEV	—	-0.0450 (-0.53)	—	0.0678 (0.82)
GROWTH	—	0.0119 (0.54)	—	0.0081 (0.37)
ROA	—	0.6749** (2.28)	—	0.6734** (2.36)
CF	—	-0.8873*** (-4.76)	—	-0.8732*** (-4.80)
常数项	0.0610 (0.40)	0.2322 (0.68)	0.0361 (0.24)	0.0492 (0.16)
年份固定效应	控制	控制	控制	控制
行业固定效应	控制	控制	控制	控制
观测值	12334	12334	12805	12805
Pseudo. R^2	0.04	0.05	0.05	0.06

注：***、**、* 分别表示在 1%、5%以及 10%的水平上显著；括号中为经过公司层面聚类调整的稳健 t 值。

由表 6 - 5 中回归(1)—(4)可知,交乘项的回归系数至少在 10%水平上显著为负,这与本章的研究假设一致。除交乘项的回归系数外,表 6 - 5 中其他变量的回归系数与主回归的结果基本保持一致,此处不再赘述。重要的是,采用不同的方法衡量自变量后,本章的研究结论并未发生根本性改变。

6.5.2.3 第 5 号规则有效性的检验

虽然第 5 号规则对企业的商誉确认作出了明确规定,但企业依然有可能采用相关措施规避该规定,从而导致基于第 5 号规则实施的研究结论存在偏差。为了排除这种可能对研究结论的影响,本节直接对第 5 号规则的实施与新增商誉占比进行回归分析。若第 5 号规则被企业严格执行,则可以观察到新增商誉资产占比在第 5 号规则实施后显著降低;反之,新增商誉资产占比将没有显著变化。新增商誉资产占比变量(*GWR*)为新增商誉资产占比期初总资产的比值。该回归结果见表6 - 6所列。

表 6 - 6 第 5 号规则与新增商誉资产占比

变量	(1) *GWR*	(2) *GWR*
TREAT×*POST*	−0.0070*** (−3.00)	−0.0052** (−2.39)
TREAT	−0.0008 (−0.89)	−0.0008 (−0.74)
POST	0.0195*** (8.48)	0.0056*** (3.00)
*SHRCR*1	—	−0.0003*** (−6.78)
RETURN	—	0.0195*** (8.60)
SIZE	—	0.0036*** (6.86)
LEV	—	−0.0231*** (−5.93)
GROWTH	—	0.0193*** (9.05)

（续表）

变量	(1) *GWR*	(2) *GWR*
ROA	—	−0.0479*** (−4.02)
CF	—	−0.0250*** (−3.98)
常数项	0.0023 (0.30)	−0.0592*** (−4.69)
年份固定效应	控制	控制
行业固定效应	控制	控制
观测值	12624	12624
调整 R^2	0.06	0.12

注：***、**、*分别表示在 1%、5%以及 10%的水平上显著；括号中为经过公司层面聚类调整的稳健 t 值。

由表 6－6 中的回归(1)与回归(2)可知，交乘项的回归系数至少在 5%水平上显著为负。该结果表明，第 5 号规则的实施确实有效抑制了新增商誉资产的形成，说明第 5 号规则在降低会计自由裁量权方面确实存在积极的作用。

6.5.3　横截面检验

6.5.3.1　自由现金流的作用

根据 Jensen(1986)的自由现金流理论，自由现金流是导致企业委托代理冲突的重要原因之一。企业的自由现金流越多，高管越可能利用自由现金流实施超过最优投资水平的并购；反之，较少的自由现金流可能抑制高管的过度并购动机。在自由现金流较低的组别中，由于高管的机会主义并购动机并不显著，所以第 5 号规则的治理作用也相对有限；而在自由现金流较高的组别中，由于高管的机会主义并购动机较强，第 5 号规则的治理作用则更为显著。若企业的自由现金流变量大于行业年度内所有企业该变量的中位数，则该企业归为高自由现金流样本组；反之，则归为低自由现金流组。基于自由现金流变量的分组结果见表 6－7 所列，即其中的回归(1)和回归(2)。

6.5.3.2　信息不对称的作用

信息不对称是导致企业委托代理冲突的另一重要原因。高管所拥有的有关投资项目的私人信息越多，就越可能利用信息不对称实施并购；反之，信息不对称程度越低，企业的并购倾向也可能越低。在低信息不对称组，由于高管的机会主义并购动机并不明显，因此第 5 号规则的治理作用相对有限；反之，在高信息不对称组，由于高管的机会主义并购动机较强，因此第 5 号规则的治理作用也将更为显著。由于很难直接衡量企业股东与管理者有关投资项目的信息不对称程度，本节以企业层面的内部控制质量和盈余管理水平作为信息不对称的替代衡量指标。若企业的内部控制得分变量小于行业年度内所有企业该变量的中位数，则该企业为高信息不对称样本；反之，则为低信息不对称样本。若企业的盈余管理变量（Dechow 和 Dichev，2002）大于该行业内所有企业该变量的中位数，则该企业为高信息不对称样本；反之，则为低信息不对称样本。基于信息不对称变量的分组结果见表 6 - 7 所列，即其中的回归(3)—(6)。

表 6 - 7　自由现金流、信息不对称的调节作用

变量	(1) 高自由现金流 *MA*	(2) 低自由现金流 *MA*	(3) 低内部控制得分 *MA*	(4) 高内部控制得分 *MA*	(5) 高盈余管理程度 *MA*	(6) 低盈余管理程度 *MA*
TREAT×POST	−0.2866*** (−3.20)	−0.0753 (−1.12)	−0.2011*** (−2.78)	−0.0670 (−0.95)	−0.2433*** (−3.44)	−0.0405 (−0.56)
TREAT	0.1746** (2.49)	0.0401 (0.70)	0.1047* (1.75)	0.0588 (0.95)	0.1370** (2.29)	0.0340 (0.57)
POST	0.8012*** (8.16)	0.5965*** (7.15)	0.6645*** (7.50)	0.6405*** (7.72)	0.6572*** (7.90)	0.6724*** (7.62)
SHRCR1	−0.0081*** (−5.92)	−0.0088*** (−6.72)	−0.0099*** (−7.43)	−0.0073*** (−5.57)	−0.0086*** (−6.99)	−0.0084*** (−6.51)
RETURN	0.1360*** (3.59)	0.1175*** (2.93)	0.1356*** (3.47)	0.1240*** (3.20)	0.1575*** (4.20)	0.0952** (2.32)
SIZE	0.0435** (2.50)	0.0511** (2.37)	0.0490** (2.43)	0.0378** (1.98)	0.0477*** (2.72)	0.0380** (2.02)
LEV	0.0722 (0.57)	0.1710 (1.18)	0.0261 (0.24)	0.0191 (0.14)	−0.0543 (−0.52)	0.1274 (1.01)
GROWTH	−0.0118 (−0.41)	0.0284 (0.83)	−0.0277 (−0.97)	0.0313 (0.94)	−0.0025 (−0.09)	0.0096 (0.27)

（续表）

变量	(1) 高自由现金流 *MA*	(2) 低自由现金流 *MA*	(3) 低内部控制得分 *MA*	(4) 高内部控制得分 *MA*	(5) 高盈余管理程度 *MA*	(6) 低盈余管理程度 *MA*
ROA	0.8232** (2.18)	0.3005 (0.68)	0.7359** (2.13)	0.1267 (0.24)	0.4372 (1.26)	1.1707** (2.51)
CF	−0.5461* (−1.93)	−0.8214*** (−2.85)	−1.0300*** (−4.20)	−0.6881** (−2.47)	−0.6113*** (−2.79)	−1.2952*** (−4.05)
常数项	−0.3022 (−0.75)	−0.9542** (−2.01)	−0.4113 (−0.91)	−0.5017 (−1.16)	−0.2774 (−0.69)	−0.6417 (−1.54)
年份固定效应	控制	控制	控制	控制	控制	控制
行业固定效应	控制	控制	控制	控制	控制	控制
观测值	6499	6276	6393	6387	6639	6156
Pseudo. R^2	0.06	0.06	0.06	0.06	0.05	0.06

注：***、**、*分别表示在1%、5%及10%的水平上显著；括号中为经过公司层面聚类调整的稳健t值。

表6-7为不同情境下第5号规则与企业并购倾向间关系的分组检验结果。由其中的回归(1)和回归(2)可知，交乘项的回归系数仅在自由现金流较高组中显著为负，而在自由现金流较低组中虽然也为负，但不具有统计学上的显著性。由表6-7中的回归(3)—(6)可知，交乘项的回归系数仅在表示信息不对称程度高的分组(低内部控制得分、高盈余管理程度)中显著为负，而在表示信息不对称程度低的分组中虽然也为负，但不具有统计学上的显著性。以上结果综合表明，第5号规则主要通过影响企业的委托代理冲突，进而影响企业的并购倾向。

6.5.3.3　激励和监督的作用

公司治理中的内部激励机制与外部监督机制是缓解企业委托代理问题的重要手段。因此，若企业的内部激励机制与外部监督机制较为完善，则企业的机会主义并购动机较弱；反之，则会增加企业的代理冲突，从而导致机会主义并购动机增强(Edmans和Gabaix，2016)。当内部激励和外部监督强度较高时，企业的机会主义并购动机较弱，因此，第5号规则的治理作用也相对有限；反之，当内部激励和外部监督强度较弱时，企业的机会主义并购动机较强，因此，第5号规则的治理作用较强。本节分别以高管持股占比及机构投资者持股占比为内部激励与外部监督的替代变量。若高管的持股占比大于行业年度内所有企业该变量的中位数,则该企业为高管持股比例高样本组;反之,则为高管持股比例低样本组。若企业的机构投资者持股占比大于行业年度内所有企业该变量的中位数,则该企业为机构投资者比例高样本组;反之,则为机构投资者比例低样本组。基于高管持股占比与机构投资者持股占比的分组结果见表 6-8 所列。

表 6-8 激励机制与监督机制的调节效应

变量	(1) 高管持股 比例高 *MA*	(2) 高管持股 比例低 *MA*	(3) 机构投资者 比例高 *MA*	(4) 机构投资者 比例低 *MA*
TREAT×*POST*	−0.0637 (−1.01)	−0.2307*** (−2.64)	−0.1023 (−1.42)	−0.1556** (−2.14)
TREAT	0.0444 (0.83)	0.1565** (2.06)	0.1257** (2.03)	0.0238 (0.39)
POST	0.6715*** (8.69)	0.7221*** (6.98)	0.6816*** (7.77)	0.6235*** (7.08)
*SHRCR*1	−0.0080*** (−6.57)	−0.0069*** (−4.48)	−0.0066*** (−4.77)	−0.0098*** (−7.31)
RETURN	0.1233*** (3.48)	0.1219*** (2.79)	0.0747** (2.00)	0.1698*** (4.07)
SIZE	0.0397** (2.24)	0.0482** (2.29)	0.0372** (2.01)	0.0460** (2.20)
LEV	0.2930** (2.57)	−0.0908 (−0.72)	−0.1793 (−1.44)	0.2388** (2.09)
GROWTH	0.0362 (1.19)	−0.0374 (−1.17)	−0.0156 (−0.51)	0.0144 (0.46)
ROA	0.3085 (0.78)	0.7699* (1.95)	0.2306 (0.60)	0.9615** (2.33)
CF	−0.7877*** (−3.37)	−0.9253*** (−3.16)	−1.0947*** (−4.01)	−0.6937*** (−2.81)

（续表）

变量	(1) 高管持股 比例高 *MA*	(2) 高管持股 比例低 *MA*	(3) 机构投资者 比例高 *MA*	(4) 机构投资者 比例低 *MA*
常数项	−0.5643 (−1.47)	−0.5209 (−0.70)	−0.4299 (−1.06)	−0.4159 (−0.92)
年份固定效应	控制	控制	控制	控制
行业固定效应	控制	控制	控制	控制
观测值	7811	4980	6434	6344
Pseudo. R^2	0.06	0.05	0.06	0.06

注：***、**、*分别表示在1%、5%及10%的水平上显著；括号中为经过公司层面聚类调整的稳健t值。

表6-8为激励机制与监督机制调节效应的回归结果。由其中的回归(1)和回归(3)可知，第5号规则与企业并购倾向之间的关系虽然为负，但并不显著。由其中的回归(2)和回归(4)可知，第5号规则与企业并购倾向之间的关系显著为负。以上结果综合表明，由于委托代理问题的存在，第5号规则的治理作用较为明显；反之，在激励机制与监督机制缓和委托代理问题后，第5号规则的治理作用也随之减弱。该发现间接证明，第5号规则主要通过抑制高管的机会主义行为，从而影响企业的并购决策。

6.6　进一步分析

企业的并购交易决策既包括是否实施并购，也包括并购交易价格、并购支付方式等多方面的决策。既然第5号规则会影响企业的并购倾向，那么第5号规则是否也会对企业并购决策的其他方面产生影响呢？因此，本节将基于第5号规则实施的准自然实验，进一步探讨第5号规则对并购频率、并购规模、支付方式以及并购溢价的影响。

根据前文研究逻辑，商誉减值盈余管理能力越强，企业越可能利用并购后的商誉减值操控空间规避并购后业绩下滑，从而维持相对较优的并购后业绩，进而激励企业持续开展并购活动，增加企业的并购频率和并购规模。由于第5号规则对商誉减值盈余管理能力具有抑制作用,因此第 5 号规则的实施将导致企业面临的并购激励减少,从而降低企业的并购频率与规模。因此,本节预期,第 5 号规则实施后,商誉减值盈余管理能力较强的企业的并购频率与并购规模将显著下降。该回归结果见表 6-9 所列,即其中的回归(1)—(4)。

更进一步,商誉减值盈余管理能力越强,企业越有能力应对并购后商誉减值风险,从而相对降低企业并购后的整合风险,进而激励企业持续使用股份支付方式(高溢价方式)以推动并购交易的实现。[①] 由于第 5 号规则对商誉减值盈余管理能力具有抑制作用,因此第 5 号规则的实施将显著增加企业面临的并购后商誉减值风险,进而抑制企业使用股份支付方式(高溢价方式)进行并购交易。因此,本节预期,第 5 号规则实施后,商誉减值盈余管理能力较强的企业将更少使用股份支付(高溢价)方式进行并购交易。该回归结果见表 6-9 所列,即其中的回归(5)—(8)。

表 6-9 展示了商誉减值盈余管理能力与并购交易决策之间关系的回归结果。其中,回归(1)和回归(2)中的因变量为反映并购频率的变量 *NUM*,回归(3)和回归(4)中的因变量为反映并购规模的变量 *AMOUNT*,回归(5)和回归(6)中的因变量为反映并购支付方式的变量 *STOCKPAY*,回归(7)和回归(8)中的因变量为反映并购溢价的变量 *PREMIUM*。由表 6-9 中的回归(1)—(4)可知,除回归(4)以外,交乘项 $TREAT \times POST$ 的回归系数均显著负相关,且至少在 10%的水平上显著。这表明,在第 5 号规则实施后,高商誉减值盈余管理能力组的并购频率显著更低、并购规模显著更小,与预期假设方向一致。由表 6-9 中的回归(5)和回归(6)可知,交乘项 $TREAT \times POST$ 的回归系数虽然为负,但并不具有统计学上的显著性。这可能是因为商誉减值盈余管理能力并非影响并购支付方式的决定性因素。由表 6-9 中的回归(7)和回归(8)可知,交乘项 $TREAT \times POST$ 的回归系数均显著负相关,且至少在 5%的水平上显著。这表明,在第 5 号规则实施后,高商誉减值盈余管理能力组的并购溢价显著更低,与预期假设方向一致。由于变量 *STOCKPAY* 为虚拟变量,回归(5)和回归(6)采用的是 Logit 模型,其余回归均采用最小二乘法。由于被并购资产价值存在大量缺失,导致回归(7)和回归(8)的总样本量偏少。

---

① 与现金支付相比,股份支付更有利于被并购方分享并购交易的超额收益,实现并购双方利益绑定,进而更有利于推动并购交易的完成。然而,由于并购方可能存在利用股价高估及通过股份支付进行套利交易的动机,这会降低并购方的议价能力,从而推高并购溢价并导致巨额商誉。因此,股份支付往往与并购高溢价相伴而生,是商誉减值暴雷风险的直接原因。

表 6－9　商誉减值盈余管理能力与并购交易决策

变量	(1) *NUM*	(2) *NUM*	(3) *AMOUNT*	(4) *AMOUNT*	(5) *STOCKPAY*	(6) *STOCKPAY*	(7) *PREMIUM*	(8) *PREMIUM*
TREAT× *POST*	−0.3996* (−1.88)	−0.3748* (−1.76)	−0.0194* (−1.66)	−0.0047 (−0.42)	−0.1539 (−0.49)	−0.1113 (−0.35)	−0.6067** (−2.57)	−0.6200*** (−2.63)
TREAT	0.3790** (2.21)	0.2180 (1.23)	−0.0061 (−0.74)	0.0029 (0.35)	0.0768 (0.26)	0.2136 (0.73)	0.1511 (0.84)	0.2073 (1.11)
POST	0.4701** (2.25)	0.2155 (1.02)	0.0390*** (2.99)	0.0330** (2.42)	1.1829*** (3.70)	0.7653** (2.35)	−0.1282 (−0.47)	0.0450 (0.14)
SHRCR1	—	−0.0309*** (−7.58)	—	−0.0009*** (−4.23)	—	−0.0062 (−1.53)	—	0.0037 (0.83)
RETURN	—	0.5584*** (4.80)	—	0.0961*** (10.07)	—	0.5360*** (6.43)	—	0.0655 (0.44)
SIZE	—	0.3593*** (5.52)	—	−0.0543*** (−11.72)	—	0.0189 (0.33)	—	0.0980 (1.55)
LEV	—	−0.2851 (−0.88)	—	0.0481* (1.65)	—	−1.2990*** (−4.11)	—	−0.1903 (−0.54)
GROWTH	—	0.3314*** (3.33)	—	0.0149** (2.11)	—	0.2075*** (3.02)	—	−0.1050* (−1.78)

（续表）

变量	(1) *NUM*	(2) *NUM*	(3) *AMOUNT*	(4) *AMOUNT*	(5) *STOCKPAY*	(6) *STOCKPAY*	(7) *PREMIUM*	(8) *PREMIUM*
ROA	—	0.7006 (0.66)	—	0.1732 (1.58)	—	−1.4106 (−1.37)	—	1.9377 (1.33)
CF	—	−1.9049*** (−2.75)	—	−0.2751*** (−5.13)	—	−1.6017** (−2.23)	—	0.5806 (0.66)
常数项	3.0234*** (3.98)	−3.4248** (−2.27)	0.0895** (2.05)	1.2533*** (12.95)	−3.0812*** (−5.67)	−2.7768** (−2.16)	0.1166 (0.44)	−2.1712* (−1.68)
年份固定效应	控制	控制	控制	控制	控制	控制	控制	控制
行业固定效应	控制	控制	控制	控制	控制	控制	控制	控制
观测值	8764	8764	8764	8764	8306	8306	3162	3162
调整 R^2	0.04	0.06	0.05	0.15	—	—	0.02	0.02
Pseudo. R^2	—	—	—	—	0.09	0.11	—	—

注：***、**、* 分别表示在1%、5%以及10%的水平上显著；括号中为经过公司层面聚类调整的稳健 t 值。其中，变量 *NUM* 为企业当年实施的并购案数量；变量 *AMOUNT* 为企业当年实施的所有并购案的交易金额之和与企业年初资产总额之比；变量 STOCKPAY 为虚拟变量，若企业当年实施的所有并购案中有涉及股份支付，则该变量取值为1，否则取值为0；变量 *PREMIUM*=（并购交易支付金额－被并购资产价值）/被并购资产价值。

6.7 本章小结

本章利用《企业会计准则解释第5号》实施准自然实验，运用双重差分法回答了会计自由裁量权下降对企业并购决策影响的问题。研究发现，2013年开始实施的《企业会计准则解释第5号》通过压缩企业在商誉减值盈余管理方面的自由裁量权，缓和了企业的委托代理问题，从而抑制了企业的过度并购倾向。该结果从企业并购决策视角证明了会计处理规则变化会通过影响委托代理问题进而对企业经营活动产生真实影响的问题，丰富了会计处理规则真实效应的影响路径（Kanodia和Sapra，2016）。同时，该结果还表明，当并购项目所面临的会计自由裁量权下降时，管理者会降低其并购倾向，这证实了Ferracuti和Stubben（2019）的理论推断。

本章的研究发现具有以下两个方面的政策意义。第一，会计准则制定机构应注意会计规则变化对企业经济活动的真实影响，通过优化会计规则实现高质量经济发展的目标。从会计准则制定的角度看，会计规则应有利于实体经济的发展，至少不能有悖于实体经济的发展（周晓苏和黄殿英，2008）。但若过度依赖会计规则与经济发展间的关系，则可能无法实现高质量经济发展的目标。本章的发现表明，虽然宽松的商誉会计规则有利于促进企业并购，但是这种并购是一种低质量的机会主义并购，并不利于实现高质量经济发展的目标。因此，会计准则制定机构必须通过优化会计规则助力高质量经济发展目标的实现。

第二，监管机构应在放松管制的基础上加强对上市公司的监管，通过穿透式监管抑制商誉减值风险的形成。高管在商誉减值测试方面过大的会计自由裁量权，是导致中国A股上市公司商誉减值“黑天鹅”事件频发的重要原因（任雅萍，2018）。本章的研究认为，通过规范商誉初始计量，可以抑制企业的机会主义并购倾向，从而减少商誉减值“黑天鹅”事件的发生。因此，监管部门应该通过对上市公司并购交易的穿透式监管，切实提升企业新增商誉资产质量，从而抑制商誉减值风险的形成。

第7章　基于商誉减值信息披露有用性的优化研究

7.1　引　言

本章对商誉减值信息披露的决策有用性问题进行了研究。选择该问题基于以下三个方面的考量。

第一，已有关于商誉减值相关的研究均隐含假设，即投资者是基于财务报表数字作出投资决策，而未充分关注财务报表附注披露信息对投资者行为的影响。财务报表附注披露是报表内容的重要补充，是财务报告的有机组成部分，也是投资者决策的重要信息来源。忽略该部分内容的影响可能会导致研究结论出现偏误。第二，美国的财务会计准则委员会及国际会计准则理事会均希望通过在商誉减值中引入公允价值计量来提高减值信息的决策有用性，然而，已有部分研究并不支持这一预期(Henning 等，2004)。商誉减值信息的充分披露是否能够提高减值信息的决策有用性仍需实证检验。由于商誉减值测试涉及较多的判断与估计，高管在商誉减值决策中具有较大的决策空间，盈余管理能力较强，这可能导致减值信息的决策有用性较低。披露减值相关的信息可以在一定程度上减少外部投资者与高管之间的信息不对称，从而有助于市场对减值信息的有效定价。第三，从现实角度来看，随着并购活动的爆发式增长，商誉的估值泡沫愈发明显，商誉减值风险逐年累积。商誉减值风险需要逐步释放，而商誉减值信息的有效披露是否能够缓解该风险的影响也有待实证检验。高管通过信息的有效披露可以传递有关公司的私人信息，减少市场因信息不对称而对商誉减值所反映的企业价值产生误判，进而降低资产错误定价的可能性，提高市场的资源配置效率。

本章以2007—2015年所有A股上市公司中发生商誉减值的企业为研究样本，

手工收集其商誉减值信息的披露状况数据，利用价值相关性研究方法对商誉减值信息披露的决策有用性问题进行研究。研究发现，商誉减值信息披露与股价显著正相关，具有价值相关性；商誉减值信息披露减少了市场投资者对非预期商誉减值信息的过度定价，说明商誉减值信息披露通过抑制企业股价的过度波动，提升了企业价值。然而，本章的研究并没有充分证据表明商誉减值信息的披露能够减少市场投资者对预期商誉减值信息的负面定价。研究结果表明，商誉减值信息披露的影响机制更多体现在对非预期商誉减值信息的作用上。进一步研究发现，商誉减值信息的披露程度减少了市场投资者对非预期商誉减值信息的过度定价，但未发现主动披露类与强制披露类商誉减值信息在影响投资者定价方面存在差异。研究结果表明市场投资者更重视有用的决策信息，而不论该信息是否来源于准则指导建议。

本章的研究具有以下贡献。第一，本章从商誉减值信息披露的视角对商誉减值信息的决策有用性问题进行了研究。已有研究较多关注商誉减值信息本身对投资者以及利益相关者的影响(徐经长等，2017)，却忽视了减值信息披露对该过程的影响作用。本章的研究发现，商誉减值信息披露主要通过影响市场对非预期商誉减值的定价来影响企业价值，具有决策有用性。第二，本章对商誉减值信息披露的研究丰富了基于中国资本市场有关信息披露的研究成果。基于中国情境下的信息披露研究较多关注管理者盈余预测、管理层讨论等信息披露的影响因素，及经济后果(Sun 和 Liu，2009；Song 等，2013；Tucker 和 Zhang，2016)，而对于财务报表附注项目的信息披露的研究较少(占美松和徐雪慧，2011)。虽然盈余预测等已成为高管向外界传递私人信息的重要渠道，但投资者对财务报表的依赖一直存在，通过财务报表进行信息披露具有其他渠道不可比拟的优势。因此，需要对财务报表中相关信息披露是否会影响外部投资者，以及如何影响外部投资者进行深入研究。本章的研究发现商誉减值信息披露确实会对投资者的行为产生影响。

随后的内容安排如下：第二部分为理论分析与研究假设；第三部分为研究设计；第四部分为样本选择与数据；第五部分为实证结果的分析；第六部分为进一步分析；最后为研究结论。

7.2　研究假设

根据 Schipper(2007)对美国财务会计准则相关条文、概念框架及披露相关理论三方面的总结，财务会计信息披露具有三个方面的作用：第一为分解财务会计指标，使会计信息更具有预测价值；第二为呈现估计参数与假设，有利于财务报告使用者对不确定性进行评估；第三为提供其他替代会计处理方法的结果。对于商誉减值信息而言，附注中披露的减值信息主要是其计算可回收金额中所使用的相关假设或参数情况（见本章表 7 - 1 所列）。因此，该信息披露的目标是降低投资者与企业之间的信息不对称，从而提高市场的资源配置效率。考虑到商誉资产不可辨认的特征，减值测试的不可验证性在一定程度上降低了商誉减值信息的决策有用性。通过商誉减值相关信息的披露，外部投资者可以考察相关参数的合理性，以及重新计算减值测试程序，进而可以更好地使用商誉减值信息进行定价，实现企业价值的最大化。同时，由于管理者与股东之间的代理问题，管理者的自利行为会导致企业价值的毁损，通过有效的信息披露可以缓解该问题。[①] 基于以上分析，本节提出商誉减值信息披露的决策有用性假设 H1。

H1：与未披露商誉减值信息的企业相比，披露商誉减值信息企业的股价更高。

Ohlson（1995）的研究认为，企业的市场价值是公司权益的账面价值及其盈余的函数，与其他因素无关。即在市场有效的情况下，市场的估值结果能够反映企业的真实经济状况，对已经确认的信息做进一步披露并不会对市场估值结果产生影响。而在有限的有关财务报表表外披露的相关研究中，财务报表表外披露的决策有用性较少被证实（Al Jifri 和 Citron，2009；占美松和徐雪慧，2011）。Davis - Friday 等（2004）认为是披露的可靠性较低造成了市场的反应不足；Schipper（2007）认为市场投资者对于确认的表内信息与披露的表外信息采用了两种不同的信息处理模式，从而导致披露信息与确认信息在价值相关性方面的差异；占美松（2008）则认为管理层对信息披露的剩余控制权的要求及监管层对披露规则的剩余监管权的要求，导致了披露信息的低质量。以上各方面的理论研究及实证研究均从不同层面指出了表外披露可能并不能反映企业的价值状况，因此本节提出商誉减值信息披露的决策有用性假设的对立假设 H1a。

H1a：与未披露商誉减值信息的企业相比，披露商誉减值信息企业的股价没有显著差异。

商誉减值信息主要由两个部分构成，第一部分是市场预期内的商誉减值信息，第二部分是非市场预期的商誉减值信息。与未披露商誉减值信息的企业相比，披露商誉减值信息的企业由于提供了有关商誉减值的详细信息，降低了投资者与企

---

① Macintosh（1999）在 Berle-Dodd 有关会计应该为谁记账的研究基础上提出，完全的信息披露是保证管理者按照股东利益行事的唯一有效途径。

业之间的信息不对称程度，因此，市场对预期内商誉减值信息的负面反应将会因此降低。即与披露商誉减值信息的企业相比，未披露企业需要为信息不对称支付更高的风险溢价。同理，由于披露企业有关商誉减值的信息充分，外部投资者可以利用该信息对未预期的商誉减值行为进行解读，减少其定价过程中的不确定性，进而缓解其对未预期商誉减值的过度定价。因此，在假设 H1 的前提下，本节提出商誉减值信息披露决策有用性的两条作用路径假设 H2 和 H3。

H2：与未披露商誉减值信息的企业相比，披露商誉减值信息企业的预期商誉减值与股价之间的关系更弱。

H3：与未披露商誉减值信息的企业相比，披露商誉减值信息企业的未预期商誉减值与股价之间关系更弱。

7.3　研究设计

为了检验商誉减值信息披露的决策有用性问题，本节采用 Ohlson(1995)提出的基于会计信息的企业估值模型，即价值相关性研究方法，对该问题进行分析。由于价值相关性研究是对会计信息可靠性及相关性的联合检验(Barth 等，2001；任世驰和冯丽颖，2016)，因此适合作为信息披露决策有用性目标的检验方法。本节首先构建商誉减值信息的价值相关性模型，模型(4)作为其基准模型；在此基础上，添加商誉减值信息披露变量，形成模型(5)，以考察该信息披露是否具有决策有用性；进一步在模型(5)的基础上添加商誉减值信息披露与预期商誉减值，以及与未预期商誉减值的交乘项，形成模型(6)，以探讨商誉减值信息披露决策有用性的可能作用机理。

根据 Barth 等(2001)的建议，若研究内容为企业价值的影响因素，则应该采用水平(价格)模型；若研究内容为会计信息的及时性对企业价值变化的影响，则应该采用变化(收益)模型。由于本章关注的是商誉减值信息披露是否具有决策有用性，属于企业价值的影响因素问题，因此应该采用水平模型。同时，本节参考 Henning 等(2000)以及 Henning 等(2004)的研究设计，将模型(4)中商誉减值分解为预期的商誉减值和非预期的商誉减值两个部分，以更准确地考察商誉减值的不同部分对投资者决策有用性的影响。

$$P_{i,t}=\alpha_0+\beta_1 BVPS_{i,t}+\beta_2 EPS_{i,t}+\beta_3 GWPS_{i,t}+\beta_4 EWOPS_{i,t}+\beta_5 UEWOPS_{i,t}+\varepsilon_{i,t}$$

模型(4)

其中,P 为企业在下一年四月末最后一个交易日的收盘价;$BVPS$ 为企业当年所有者权益的账面价值减去商誉账面价值的差额后除以总股数;EPS 为企业当年净利润减去商誉当年的减值额后除以总股数;$GWPS$ 为商誉账面价值除以总股数;$EWOPS$ 为预期的商誉减值金额除以总股数;$UEWOPS$ 为非预期的商誉减值金额除以总股数;ε 为模型的残差项。为控制异常值对研究结论的影响,本节对所有连续变量均在1%分位数以及99%分位数上进行了缩尾处理。

本节参考 Beatty 和 Weber(2006)有关预期商誉减值的方法,以权益的账面价值与市场价值之差作为预期的商誉减值金额,若权益的市价大于其账面价值,则预期的商誉减值金额为0。该方法也被 Bens 等(2011)、Li 等(2011)、Ramanna 和 Watts(2012)以及 Knauer 和 Wöhrmann(2016)等在研究预期商誉减值时所采用,并为学术界所认可。此外,CAS8 明确要求企业按照"包含商誉的资产组或者资产组组合进行减值测试,比较这些相关资产组或者资产组组合的账面价值与其可回收金额,如相关资产组或者资产组组合的可回收金额低于其账面价值,应当确认商誉的减值损失",这一要求与本节的计算思路较为一致。CAS8 中计算商誉减值的方法与本节计算预期商誉减值的方法差异较小[①],因此采用该方法也具有现实基础。由于商誉减值是对未来现金流的负面预期,本节预计该变量与因变量股价之间存在负相关关系。

本节以实际的商誉减值金额减去预期的商誉减值金额作为未预期的商誉减值金额。当 $UEWOPS$ 的取值大于0时,表示企业在预期之外计提了更多的商誉减值准备,即"不该提还提"。这可能意味着企业通过利润平滑或者"洗大澡"来调节当期盈余,从短期看是有关企业的负面消息,与因变量股价之间为负相关关系;但这也可能意味着企业未来业绩的大幅增长,从长期看是有关企业的正面消息,与因变量股价之间存在正相关关系。因此,本节不预期该变量与因变量股价之间的符号方向。当 $UEWOPS$ 的取值小于0时,表示企业没有按照预期计提商誉减值准

① 差异体现为以下两点:第一,CAS8 基于资产或者资产组层面,本节基于企业层面;第二,CAS8 使用的是可回收金额,本节使用的是权益的市价。此外,CAS8 明确指出,当企业业务单一,或者无法有效区分资产组时,可以基于企业层面计算商誉减值金额,可见两者之间具有一定的可替代性;当可回收金额为公允价值时,其与权益的市场价值之间也可近似替代。综上所述,本节计算预期商誉减值金额的方法与现行准则的思路基本一致,因此具有现实可行性。

备，即“该提未提”。[①] 因为企业未计提商誉减值准备时，无法获取相关的商誉减值信息披露数据，所以本节主要对 $UEWOPS$ 的取值大于 0 时的商誉减值信息披露状况进行分析。

本节在模型(4)的基础上，增加了商誉减值信息披露变量，对企业商誉减值信息披露的决策有用性进行了考察，具体见模型(5)。其中，$DISC$ 表示企业的商誉减值信息披露水平，若企业披露的信息完全符合企业会计准则对商誉减值的强制笥披露要求，则取值为 1，否则为 0。[②] 同时，本节利用企业的主动披露信息，构造变量 $DISC1$、$DISC2$ 以及综合衡量指标 $DISC3$。当企业披露准则强制要求披露以外的商誉减值迹象信息时，变量 $DISC1$ 取值为 1，否则为 0；[③]当企业披露准则强制要求披露以外的商誉减值测试所依赖的外部审计师或评估师信息时，变量 $DISC2$ 取值为 1，否则为 0；[④]当企业披露以上任何一类信息时，变量 $DISC3$ 取值为 1，否则为 0。根据本章的研究假设，若商誉减值信息披露有用，则 β_6 的符号将显著为正。

$$P_{i,t}=\alpha_0+\beta_1 BVPS_{i,t}+\beta_2 EPS_{i,t}+\beta_3 GWPS_{i,t}+\beta_4 EWOPS_{i,t}+\beta_5 UEWOPS_{i,t}+\beta_6 DISC_{i,t}+\varepsilon_{i,t} \quad \text{模型(5)}$$

本节在模型(5)的基础上，添加了信息披露变量与预期商誉减值变量 $EWOPS$ 和非预期的商誉减值变量 $UEWOPS$ 的交乘项，以考察商誉减值信息披露决策有用性的可能作用机理，具体见模型(6)。根据本章的研究假设，本节预期商誉减值信息的披露能够显著提高商誉减值信息的估值有用性，即提高预期商誉减值信息的决策有用性($\beta_6>0$)，降低未预期信息的决策有用性($\beta_7<0$)。

---

① 若市场是有效的，这可能表明企业高管利用商誉减值的操控空间，推迟了商誉减值的确认，传递了有关企业价值的负面信息；也可能是由于高管的私人信息未及时传递给市场投资者，导致股价被低估，商誉并未发生减值，市场的错误定价会在未来期间得以修正，传递了有关企业价值的正面信息。

② CAS8 在披露一章明确要求披露商誉减值测试的两个方面内容，一方面为分摊到资产组的商誉账面价值，另一方面为公允价值涉及的关键假设或者预计未来现金流涉及的关键假设。

③ 虽然 CAS8 明确要求企业每年都进行减值测试，无论是否存在商誉减值迹象，但在中国的实际工作中，企业可能更多基于减值迹象进行商誉减值测试，以节约成本。对相关实务工作者以及监管工作者的访谈也验证了这一点。这说明减值迹象信息可能是企业商誉减值测试的起点，具有一定的信息含量，因此本研究将其作为商誉减值信息披露水平的替代衡量指标之一。

④ 虽然 FASB 的 SFAS142 和 IASB 的 IAS36 都给出了商誉减值测试的具体指导，但减值测试依然是实务工作中的难点，使得许多企业不得不依赖外部审计师或评估师的工作结论。使用独立第三方的工作结论一方面可以增加减值测试结果的可信性，另一方面也可能由于合谋问题的存在降低商誉减值的可靠性。考虑到该信息为企业的主动披露信息，因此该信息可能会对投资者决策有用，具有信息含量，因此本研究也将其作为商誉减值信息披露水平的替代衡量指标之一。

$$P_{i,t}=\alpha_0+\beta_1 BVPS_{i,t}+\beta_2 EPS_{i,t}+\beta_3 GWPS_{i,t}+\beta_4 EWOPS_{i,t}+\beta_5 UEWOPS_{i,t}+\beta_6 EWOPS_{i,t}\times DISC_{i,t}+\beta_7 UEWOPS_{i,t}\times DISC_{i,t}+\beta_8 DISC_{i,t}+\varepsilon_{i,t}$$

模型(6)

7.4 样本与数据

7.4.1 样本选择

由于在2007年之前，并没有相关制度与法规对商誉减值信息披露作出明确规定，所以本节选择2007—2015年的商誉减值信息披露数据作为样本区间。同时考虑到研究样本的可得性，本节以所有中国A股上市公司在样本区间的样本作为初选样本。在此基础上，本节基于上市公司的年度报告手工收集了样本区间内所有发生商誉减值的样本的减值相关信息披露状况(共927个公司年度样本)，并进一步剔除了相关变量缺失的样本，最终共获得商誉减值的公司年度样本819个，其中有披露商誉减值相关信息的样本342个。本节的其他数据均来自国泰安数据库。

7.4.2 描述性统计

相关商誉减值信息披露状况统计见表7-1所列。其中，企业财务报告中披露的商誉减值信息主要有3类，第一类为根据准则CAS8要求披露的与商誉减值信息相关的估计参数信息，主要包括资产或资产组情况、现金流或公允价值等；第二类是企业商誉减值迹象信息；第三类是企业减值测试所依赖的外部审计师或评估师信息。第二类及第三类信息均为企业主动披露的信息。在这3类披露信息中，披露第二类信息的样本最多(298)，大于第一类准则强制披露信息的样本。这可能说明CAS8要求的每年减值测试并未被很好地执行，企业仍然会依据减值迹象判断是否需要进行商誉减值测试。

在企业披露的第一类商誉减值信息中，与资产或资产组、现金流或公允价值项目相关的披露最多，而与预计未来现金流相关的估计与假设则披露较少。由

表 7-1 可知，有 245 家样本企业公布其与商誉相关的资产或资产组的情况，即其所计提的商誉减值准备涉及哪些资产或资产组；有 212 家样本企业公布了其未来现金流的估计值来源，或估计值大小信息，以及相应资产或资产组的公允价值大小；样本中披露折现率和折现期间的企业数量基本相等，分别为 144 家和 149 家；有 35 家样本企业公布了其在预计未来现金流量时所使用的毛利率假设；有 85 家样本企业公布了其未来现金流的增长率假设。同时注意到，以上披露信息中，除资产或资产组项目外，部分样本企业采用描述性的方式披露相关信息，而非具体数值。

表 7-1 商誉减值信息披露状况统计

披露性质	披露项目	披露的公司数量(家)
强制披露	资产或资产组	245
	现金流或公允价	212
	折现率	144
	折现期间	149
	毛利率	35
	增长率	85
主动披露	商誉减值迹象描述	298
	依赖外部审计师或评估师工作	118

注:本表的结果为基于 927 家发生商誉减值的样本统计结果。由于其他数据缺失，后文实际使用的样本量略小于该统计样本量。

表 7-1 中两类主动披露的信息中，有 298 家样本企业披露了其所存在的商誉减值迹象，且多数样本仅仅披露了商誉减值迹象，而并未按照准则要求披露其在减值测试中所采用的测试程序与相关参数假设。同时，本节注意到有 118 家样本企业明确提及其减值测试中的关键数据或假设来自外部审计师或者评估师的工作，或者将商誉减值测试委托给外部资产评估师。这在一定程度上验证了商誉减值测试程序较为复杂，增加了准则实施难度与实施成本的论点(Huikku 等,2016)。此外，也有极少数样本企业提及其减值金额的确定来自董事会的决议。

主要变量的描述性统计结果见表 7-2 所列。其中，Panel A—Panel D 分别是按照变量 *DISC*、*DISC*1、*DISC*2 及 *DISC*3 对总样本的分组描述性统计结果；Panel E 为对样本总体的描述性统计结果。由表 7-2 中 Panel A 可知，与未披露商誉减值信息组相比，披露组在四月末最后一日的股价显著高于未披露组，说明是否披露与商誉减值的相关信息与股价间存在密切关系，且是一种正相关关系。这意味着披露组的股价比未披露组显著更高，与预期假设基本一致；披露组的每股商誉价值及非预期的每股商誉减值金额均高于未披露组，且至少在5%水平上显著；而其他自变量在披露组与未披露组间的差异并不显著。表7-2中Panel B的分组统计结果与Panel A的分组统计结果基本一致，主要区别在于Panel B中所有自变量在披露组与未披露组之间的差异均不显著。Panel C及Panel D的分组统计结果也基本与Panel A和Panel B一致。以上发现表明，披露组与未披露组之间具有较好的可比性，主要解释变量之间的差异较小，但被解释变量之间存在显著差异，与信息披露的决策有用性预期假设基本一致。

表7-2　样本的描述性统计

Panel A：按变量 *DISC* 分组					
变量	未披露组（N=477）		披露组（N=342）		均值差异
	均值	标准差	均值	标准差	
P	13.1678	9.6177	15.2085	10.8218	−2.04***
BVPS	3.9115	2.383	4.1326	2.5658	−0.22
EPS	0.3364	0.6126	0.3049	0.5719	0.03
GWPS	0.1895	0.4024	0.3422	0.569	−0.15***
EWOPS	0.0346	0.2952	0.0401	0.2357	−0.01
UEWOPS	0.0265	0.0975	0.0497	0.2046	−0.02**
Panel B：按变量 *DISC*1 分组					
变量	未披露组（N=291）		披露组（N=528）		均值差异
	均值	标准差	均值	标准差	
P	13.1245	9.0745	14.5135	10.7191	−1.39*
BVPS	3.9923	2.4985	4.0102	2.4438	−0.02
EPS	0.3555	0.6335	0.3055	0.5738	0.05
GWPS	0.2167	0.4297	0.2735	0.5117	−0.06
EWOPS	0.0262	0.1894	0.0428	0.308	−0.02
UEWOPS	0.0285	0.1187	0.0404	0.1676	−0.01

（续表）

Panel C：按变量 *DISC*2 分组

变量	未披露组（N=446）		披露组（N=373）		均值差异
	均值	标准差	均值	标准差	
P	12.9835	9.2396	15.0377	10.1666	-2.05***
BVPS	3.9058	2.3904	4.0836	2.4497	-0.18
变量	未披露组（N=446）		披露组（N=373）		均值差异
	均值	标准差	均值	标准差	
EPS	0.2327	0.5416	0.1933	0.5237	0.04
GWPS	0.1868	0.4195	0.3436	0.5855	-0.16***
EWOPS	0.0370	0.3052	0.0368	0.2259	0.00
UEWOPS	0.0216	0.0523	0.0536	0.2168	-0.03***

Panel D：按变量 *DISC*3 分组

变量	未披露组（N=277）		披露组（N=542）		均值差异
	均值	标准差	均值	标准差	
P	12.9646	8.7284	14.4068	10.164	-1.44**
BVPS	3.9899	2.4672	3.9852	2.3943	0.01
EPS	0.2485	0.536	0.1975	0.532	0.05
GWPS	0.2164	0.4501	0.2796	0.5339	-0.06*
EWOPS	0.0275	0.194	0.0417	0.304	-0.01
UEWOPS	0.0214	0.0564	0.0437	0.1821	-0.02**

Panel E：总样本（N=818）

变量	均值	标准差	最小值	*Q*1	中位数	*Q*3	最大值
P	14.0291	10.1842	2.7500	7.3300	11.1250	17.3000	67.6600
BVPS	4.0017	2.4626	0.2286	2.3019	3.5010	5.0815	13.9602
EPS	0.3230	0.5961	-0.9288	0.0519	0.2686	0.5726	2.9242
GWPS	0.2536	0.4848	0.0000	0.0032	0.0566	0.2400	2.4067
EWOPS	0.0369	0.2720	0.0000	0.0000	0.0000	0.0000	5.3758
UEWOPS	0.0362	0.1521	0.0000	0.0027	0.0103	0.0284	3.2984

注：***、**、* 分别表示在 1%、5%以及 10%水平上显著。

表 7－2 中 Panel E 的结果显示，变量 *P* 的均值为 14.03，中位数为 11.13，说明所选样本的四月末平均收盘价为 14 元左右；其最小值为 2.75，最大值为 67.66，说明在样本期间该变量的分布呈现出左偏的特征，这与中国资本市场中小创股价相对较高、大盘股的股价相对较低具有内在一致性。变量 *BVPS* 的均值为 4，中位数为 3.5，表明样本企业扣除商誉的每股净资产平均为 4 元。变量 *EPS* 的均值为 0.32，中位数为 0.27，表明样本企业扣除商誉减值前的每股净利润平均为 0.32 元。变量 *GWPS* 表示每股商誉的账面价值，其均值为 0.25，与每股净资产变量 *BVPS* 的比值为 6.34%，说明商誉资产在总资产中占有一定的比重，具有一定的重要性。变量 *EWOPS* 的均值为 0.04，表示预期的商誉减值金额为 0.04 元，而非预期的商誉减值金额的均值也为 0.04 元，表明企业的实际减值金额是预期减值金额的一倍。这既可能是企业“洗大澡”的证据，也可能表明企业实施了更为稳健的商誉减值政策，具体情况还有待后文进一步分析。

主要变量间的相关系数见表 7－3 所列。其中，Pearson 相关系数与 Spearman 相关系数的结果基本一致，因此仅对 Pearson 相关系数进行分析。由表 7－3 可知，被解释变量 *P* 与所有解释变量的相关系数均显著相关，且至少在 5%水平上显著，与预期基本一致。其中，变量 *P* 与未预期商誉减值变量 *UEWOPS* 之间的相关系数为 0.13，这可能表明市场认为样本企业的该类行为(不该提还提)的积极影响比消极影响更大，给予了积极的反应；变量 *P* 与表示企业信息披露的 4 类变量均显著正相关，且至少在 10%水平上显著，表明企业的信息披露水平越高，其市场估值越高，与预期假设一致。主要解释变量 *DISC*、*DISC2* 以及 *DISC3* 与变量 *BVPS*、变量 *EPS* 以及变量 *EWOPS* 之间的相关系数均不显著，而与变量 *GWPS* 以及变量 *UEWOPS* 均显著正相关，表明商誉金额越大，非预期的商誉减值金额越多，企业越可能进行商誉减值信息的披露。该结果表明商誉减值的信息披露主要受到减值金额重要性水平的影响。

在控制变量方面，变量 *GWPS* 与变量 *EWOPS* 之间的相关系数为－0.06，而其与变量 *UEWOPS* 之间的相关系数为 0.09，且至少在 10%水平上显著，意味着商誉账面价值越高，其预期的减值金额越小，非预期的减值金额越高。这可能表明市场对商誉减值的预测能力因商誉金额的大小而异，商誉金额越大，外部市场越难以有效预期企业的商誉减值情况。变量 *EWOPS* 与非预期商誉减值变量 *UEWOPS* 的相关系数为－0.03，但不具有统计学上的显著性。其他解释变量之间的相关系数也基本符合预期，不再赘述。

表 7－3 主要变量间的相关系数

变量	*P*	*BVPS*	*EPS*	*GWPS*	*EWOPS*	*UEWOPS*	*DISC*	*DISC*1	*DISC*2	*DISC*3
P	1	0.319***	0.360***	0.262***	−0.150***	0.164***	0.115***	0.058*	0.123***	0.066*
BVPS	0.340***	1	0.509***	0.091***	0.114***	0.007	0.035	0.010	0.035	0.004
EPS	0.323***	0.524***	1	0.246***	0.016	−0.165***	−0.011	−0.008	−0.021	−0.013
GWPS	0.272***	−0.034	0.105***	1	−0.072**	0.176***	0.238***	0.057	0.264***	0.072**
EWOPS	−0.076**	0.137***	0.064*	−0.058*	1	−0.299***	0.032	0.027	0.017	0.021
UEWOPS	0.131***	0.013	−0.275***	0.092***	−0.032	1	0.193***	0.116***	0.232***	0.149***
DISC	0.101***	0.043	−0.024	0.153***	0.010	0.075**	1	0.629***	0.926***	0.605***
*DISC*1	0.065*	0.004	−0.033	0.055	0.029	0.038	0.629***	1	0.607***	0.963***
*DISC*2	0.105***	0.037	−0.037	0.154***	0.000	0.105***	0.926***	0.607***	1	0.654***
*DISC*3	0.070**	−0.001	−0.045	0.059*	0.025	0.069**	0.605***	0.963***	0.654***	1

注：***、**、* 分别表示在 1%、5%及 10%水平上显著；左下角为 Pearson 相关系数的结果，右上角为 Spearman 相关系数的结果。

7.5 实证结果

7.5.1 主要回归结果

模型(4)及模型(5)的回归结果见表7-4所列。其中,回归(1)为模型(4)的回归结果,回归(2)—(5)为模型(5)的回归结果。由表7-4中的回归(1)可知,在未控制商誉减值信息披露的情况下,预期的商誉减值变量*EWOPS*的回归系数为-3.76,且在1%水平上显著,意味着预期的商誉减值金额越大,企业的股价越低,企业价值越小。这说明预期内的商誉减值中有关企业未来现金流的信息能够被市场识别,并充分反映在企业的股价之中。回归(1)中未预期商誉减值变量*UEWOPS*的回归系数为10.51,且在1%水平上显著,说明非预期的商誉减值金额越大,企业的股价越高,企业价值越大。该结果与表7-3中的Pearson相关系数结果一致,说明资本市场投资者将"不该提减值而提减值"的行为视为有关企业的积极消息,并给予积极评价。变量*BVPS*、*EPS*及*GWPS*均与被解释变量显著正相关,与预期一致。

表7-4 商誉减值信息披露的决策有用性

变量	(1) *P*	(2) *P*	(3) *P*	(4) *P*	(5) *P*
BVPS	0.9792*** (4.64)	0.9620*** (4.54)	0.9730*** (4.62)	0.9620*** (5.07)	0.9736*** (4.62)
EPS	4.0647*** (4.50)	4.1343*** (4.57)	4.1168*** (4.56)	4.1395*** (5.27)	4.1206*** (4.56)
GWPS	4.5184*** (6.01)	4.3640*** (5.68)	4.4525*** (5.92)	4.3573*** (5.62)	4.4487*** (5.93)
EWOPS	-3.7576*** (-3.52)	-3.7822*** (-3.42)	-3.8237*** (-3.62)	-3.7668*** (-3.22)	-3.8204*** (-3.63)
UEWOPS	10.5091*** (3.44)	10.3845*** (3.36)	10.4417*** (3.36)	10.2789*** (3.68)	10.3227*** (3.44)
DISC	—	0.9845 (1.39)	—	—	—

（续表）

变量	(1) *P*	(2) *P*	(3) *P*	(4) *P*	(5) *P*
*DISC*1	—	—	1.1399* (1.78)	—	—
*DISC*2	—	—	—	1.0343* (1.69)	—
*DISC*3	—	—	—	—	1.2002* (1.90)
常数项	7.7339*** (10.01)	7.4219*** (9.32)	7.0346*** (8.25)	7.3658*** (10.31)	6.9770*** (8.12)
观测值	819	819	819	819	819
调整 R^2	0.24	0.25	0.25	0.25	0.25
F 值	28.07	23.72	23.36	29.48	23.46
p 值	0.00	0.00	0.00	0.00	0.00

注：***、**、* 分别表示在 1%、5%及 10%水平上显著；括号内的数字为经过公司层面聚类调整的 t 值。

从经济意义上看，表 7-4 中回归(2)—(5)在加入商誉减值信息披露变量后，除回归(2)中的变量 *DISC* 的回归系数不显著外，回归(3)—(5)中变量 *DISC* 的回归系数均显著为正，且均在 10%水平上显著，表明商誉减值信息披露对企业的股价有正向影响，披露越多越详细，企业的市场价值越高。这支持了商誉减值信息披露的决策有用性假说，同时可能也意味着强制性会计信息披露的决策有用性较弱，而企业主动披露的商誉减值信息更具决策有用性。从统计意义上看，回归(2)—(5)中的模型拟合效果略高于回归(1)中的调整 R^2，表明商誉减值信息披露提高了模型的拟合效果，确实对外部投资者的定价决策有用，验证了假设 H1。回归(2)—(5)中其他解释变量的回归系数与回归(1)中的结果基本一致，此处不再赘述。

模型(6)的回归结果见表 7-5 所列。商誉减值信息披露变量 *DISC* 在表 7-5 的回归(1)—(4)中均显著为正，且至少在 10%水平上显著，表明商誉减值信息的披露显著影响企业股价，具有决策有用性。关于商誉减值信息披露的作用机理，在回归(1)—(4)中，商誉减值信息披露与预期商誉减值的交互项均为正，表明商誉减值信息披露降低了市场对预期商誉减值的负面定价，具有一定的积极作用，与预期假设相一致。然而，在回归(1)与回归(3)中该交互项的系数并不显著，这可能表明结果存在不稳定性，尚需进一步研究。同时，表 7-5 的回归(1)—(4)中，商誉减值信息披露与非预期商誉减值的交互项显著为负，且均在 1%水平上显著，表明商誉减值信息披露通过抑制市场对非预期商誉减值的过度定价，而影响企业价值，与预期假设的符号方向一致，支持研究结论。对比商誉减值信息与预期商誉减值的交乘项，以及与非预期商誉减值的交乘项可知，商誉减值信息的披露可能更多地通过影响市场对非预期商誉减值的定价影响企业价值。

表 7-5 商誉减值信息披露决策有用的作用机理

变量	(1) P	(2) P	(3) P	(4) P
BVPS	0.9743*** (4.78)	1.0014*** (4.95)	0.9741*** (4.78)	0.9997*** (4.93)
EPS	4.2278*** (4.49)	4.1105*** (4.38)	4.1997*** (4.44)	4.0904*** (4.35)
GWPS	3.6801*** (4.63)	3.7723*** (4.86)	3.6360*** (4.61)	3.7157*** (4.79)
EWOPS	−3.1176** (−2.05)	−6.9529*** (−5.64)	−3.0893** (−2.04)	−6.9692*** (−5.64)
UEWOPS	18.8343*** (11.16)	18.9677*** (13.27)	21.5599*** (4.21)	20.7497*** (4.27)
DISC	1.3393* (1.95)	—	—	—
EWOPS×*DISC*	1.2480 (0.58)	—	—	—
UEWOPS×*DISC*	−11.0770*** (−5.80)	—	—	—
*DISC*1	—	1.3611** (2.16)	—	—
EWOPS×*DISC*1	—	5.0594*** (3.16)	—	—
UEWOPS×*DISC*1	—	−10.9969*** (−6.03)	—	—

（续表）

变量	(1) *P*	(2) *P*	(3) *P*	(4) *P*
*DISC*2	—	—	1.2778* (1.94)	—
EWOPS×*DISC*2	—	—	1.2995 (0.61)	—
UEWOPS×*DISC*2	—	—	−12.0246** (−2.16)	—
*DISC*3	—	—	—	1.2570** (1.97)
EWOPS×*DISC*3	—	—	—	5.1118*** (3.20)
UEWOPS×*DISC*3	—	—	—	−11.0039** (−2.03)
常数项	7.5908*** (5.90)	7.3330*** (5.88)	7.5803*** (5.90)	7.3631*** (5.89)
观测值	819	819	819	819
调整 R^2	0.29	0.30	0.29	0.29
F 值	24.62	28.34	19.41	20.64
p 值	0.00	0.00	0.00	0.00

注：***、**、*分别表示在 1%、5%及 10%水平上显著；括号内的数字为经过公司层面聚类调整的 t 值。

7.5.2　敏感性分析

CAS8 明确要求企业在进行商誉信息披露时要考虑其重要性水平，特别是披露重大的资产减值损失。因此，企业更可能对具有重要性水平的减值项目进行详细披露。同时，外部投资者也可能仅对重要性水平的资产减值行为作出反应，此时商誉减值信息披露的作用可能也更大，即商誉减值金额越小，企业越可能倾向于不披露商誉减值的详细信息，外部投资者也越不可能对此进行定价，商誉减值信息披露的作用也越小。因此，本章的研究结论应该在重要性水平以上的商誉减值样本组中更显著。

由于外部投资者并不清楚企业如何选择重要性水平进行披露，所以本节参考Jarva(2009)的研究设计，以商誉的账面价值作为判断标准。[①] 同时，本节进一步以不同的商誉减值金额大小，以及商誉减值金额占商誉总额的比重作为划分商誉减值重要性的标准，考察商誉减值信息披露的决策有用信息。按照不同重要性水平的分组结果见表7-6所列。由其中变量*DISC*的回归结果可知，除回归(2)中，该变量的回归系数均显著为正，且至少在5%水平上显著，说明商誉减值信息披露对被解释变量具有显著的正向影响，与预期假说一致。进一步，由变量*DISC*的交乘项结果可知，在回归(1)—(6)中，该变量与非预期商誉减值变量的系数显著为负，支持商誉减值信息披露通过影响市场对非预期商誉减值的定价来影响股价的结论。但是，变量*DISC*与预期商誉减值变量的系数仅在回归(2)—(4)中显著为正，表明两者之间的关系较弱。

表7-6　样本选择差异对商誉减值信息披露决策有用性的影响

变量	商誉大于500万组 (1) *P*	商誉大于1000万组 (2) *P*	商誉减值大于500万组 (3) *P*	商誉减值1000万组 (4) *P*	商誉减值与商誉比值大于10%组 (5) *P*	商誉减值与商誉比值大于50%组 (6) *P*
BVPS	1.0025*** (4.52)	0.8005*** (3.69)	0.9256*** (4.86)	0.7130*** (3.24)	1.0866*** (6.23)	1.0638*** (5.00)
EPS	3.9043*** (3.51)	4.1276*** (3.50)	3.7688*** (4.35)	4.1498*** (3.47)	4.7734*** (6.04)	4.7515*** (5.17)
GWPS	3.8354*** (4.53)	4.1576*** (4.88)	3.3694*** (4.49)	3.8418*** (4.37)	2.2921 (1.43)	1.0060 (0.17)
EWOPS	−2.6853* (−1.80)	−7.3884*** (−5.58)	−6.7414*** (−2.67)	−8.0939*** (−5.10)	−2.9575** (−2.25)	−2.0179 (−1.51)
UEWOPS	18.2423*** (10.60)	18.5730*** (10.74)	19.6692*** (4.84)	21.0310*** (9.47)	18.7602*** (4.99)	18.7853*** (4.96)

① Jarva(2009)以100万美元作为筛选标准，仅考察处于该重要性水平以上的样本组。

（续表）

变量	商誉大于500万组 (1) *P*	商誉大于1000万组 (2) *P*	商誉减值大于500万组 (3) *P*	商誉减值1000万组 (4) *P*	商誉减值与商誉比值大于10%组 (5) *P*	商誉减值与商誉比值大于50%组 (6) *P*
DISC	1.6922** (2.10)	1.0485 (1.26)	2.1388** (2.53)	2.3894** (2.57)	1.7469** (2.32)	2.3485** (2.45)
EWOPS×*DISC*	1.2510 (0.52)	6.1573*** (2.71)	4.8104 (1.48)	4.7405** (2.16)	−2.6088 (−0.67)	−1.3928 (−0.20)
UEWOPS×*DISC*	−10.9513*** (−6.38)	−10.7797*** (−5.97)	−12.2236*** (−2.73)	−12.7025*** (−4.97)	−10.4032** (−2.48)	−12.1615*** (−2.91)
常数项	6.8493*** (3.67)	7.9275*** (4.01)	5.6439* (1.81)	6.6397*** (3.82)	7.0942*** (2.88)	7.7845*** (2.92)
观测值	567	518	443	305	503	316
调整 R^2	0.27	0.27	0.32	0.35	0.32	0.36
F 值	23.82	53.19	10.08	16.20	11.22	8.67
p 值	0.00	0.00	0.00	0.00	0.00	0.00

注：***、**、*分别表示在1%、5%及10%水平上显著；括号内的数字为经过公司层面聚类调整的t值。

本节同时参考Jones和Smith(2011)等的研究，采用企业报告年度的年末收盘价(*YP*)作为被解释变量，回归结果见表7-7中的回归(1)—(4)所列。同时考虑被解释变量的左偏分布特点，本节进一步对被解释变量取对数(*LnP*)，以消除函数设定错误的可能影响，回归结果见表7-7中的回归(5)—(8)所列。表7-7中主要解释变量*DISC*除在回归(3)与回归(4)中的回归系数不显著外，在其他回归中均显著为正，支持商誉减值信息决策有用的假设。表7-7中变量*DISC*与预期商誉减值的交乘项的回归系数也仅在部分回归中显著为正[回归(2)、回归(4)、回归(6)、回归(8)]，与预期相一致。但该结果也表明商誉减值影响预期商誉减值定价的作用机理受到其他因素的明显影响，研究结论不够稳健。表7-7中变量*DISC*与非预期商誉减值的交乘项的回归系数在回归(7)和回归(8)中不显著，在其他回归中均显著为负，支持研究假设的预期，表明该结果较为可靠。

表 7-7　因变量差异对商誉减值信息披露的决策有用性的影响

变量	(1) *YP*	(2) *YP*	(3) *YP*	(4) *YP*	(5) *LnP*	(6) *LnP*	(7) *LnP*	(8) *LnP*
BVPS	0.8686*** (4.10)	0.9049*** (4.31)	0.8776*** (4.13)	0.9042*** (4.28)	0.0586*** (5.97)	0.0607*** (6.31)	0.0586*** (5.90)	0.0609*** (6.24)
EPS	5.6516*** (6.14)	5.4841*** (5.98)	5.5597*** (6.06)	5.4470*** (5.93)	0.2662*** (5.64)	0.2595*** (5.53)	0.2649*** (5.58)	0.2583*** (5.51)
GWPS	3.6376*** (4.95)	3.7466*** (5.12)	3.5546*** (4.86)	3.6338*** (4.96)	0.2277*** (6.52)	0.2330*** (6.80)	0.2251*** (6.51)	0.2308*** (6.74)
EWOPS	−3.4908** (−2.53)	−6.7634*** (−6.24)	−3.5058** (−2.53)	−6.7881*** (−6.22)	−0.2059 (−1.58)	−0.5462*** (−8.55)	−0.2042 (−1.57)	−0.5479*** (−8.46)
UEWOPS	29.9274*** (13.67)	31.1337*** (18.44)	29.1828*** (4.49)	31.5046*** (4.55)	0.9643*** (8.35)	0.9320*** (9.63)	1.0239*** (2.59)	0.8108** (2.44)
DISC	1.3021* (1.84)	—	—	—	0.0754* (1.89)	—	—	—
EWOPS×*DISC*	−0.9298 (−0.55)	—	—	—	0.0113 (0.06)	—	—	—
UEWOPS×*DISC*	−18.3176*** (−6.36)	—	—	—	−0.4806*** (−3.94)	—	—	—
*DISC*1	—	1.1366* (1.67)	—	—	—	0.0692* (1.86)	—	—
EWOPS×*DISC*1	—	3.5518** (2.39)	—	—	—	0.4154*** (3.92)	—	—

（续表）

变量	(1) YP	(2) YP	(3) YP	(4) YP	(5) LnP	(6) LnP	(7) LnP	(8) LnP
UEWOPS×*DISC*1	—	−19.4570*** (−7.57)	—	—	—	−0.4291*** (−3.76)	—	—
*DISC*2	—	—	1.1366 (1.63)	—	—	—	0.0771** (1.99)	—
EWOPS×*DISC*2	—	—	−0.8251 (−0.49)	—	—	—	0.0113 (0.06)	—
UEWOPS×*DISC*2	—	—	−14.2549* (−1.78)	—	—	—	−0.4628 (−1.15)	—
*DISC*3	—	—	—	1.0233 (1.47)	—	—	—	0.0648* (1.70)
EWOPS×*DISC*3	—	—	—	3.6184** (2.43)	—	—	—	0.4178*** (3.92)
UEWOPS×*DISC*3	—	—	—	−16.4559** (−1.97)	—	—	—	−0.2324 (−0.67)
常数项	7.9551*** (4.25)	7.7588*** (4.26)	7.9677*** (4.24)	7.7893*** (4.27)	2.1947*** (27.62)	2.1821*** (28.49)	2.1931*** (27.60)	2.1838*** (28.48)
观测值	817	817	817	817	819	819	819	819
调整 R^2	0.32	0.33	0.31	0.32	0.32	0.33	0.32	0.33
F 值	22.18	33.04	15.37	16.24	30.24	35.29	27.65	31.88
p 值	0.00	0.00	0.00	0.00	0.00	0.00	0.00	0.00

注：***、**、* 分别表示在 1%、5%及 10%水平上显著；括号内的数字为经过公司层面聚类调整的 t 值。

7.6 进一步分析

根据前文的研究结论，减值信息披露是影响企业股票定价的重要决定因素，那么，是否企业披露越多有关商誉减值的信息，其股票定价就越有效呢？即减值信息的披露程度是否与股价显著正相关？信息披露的作用机制是否会在信息披露程度更高的情况下更为显著？本节利用手工整理的信息披露数据，构建商誉减值信息披露程度变量。具体而言，企业每披露一项有关商誉减值的估计参数情况，则得1分，未披露则不得分。商誉减值信息披露的总得分（*D_SCORE*）为所有单项披露信息得分之和，并在此基础上取对数。由于部分样本未披露减值信息，因此本部分的样本量仅为542个。具体结果见表7-8所列。

表7-8 商誉减值信息披露程度的决策有用性

变量	(1) *P*	(2) *P*	(3) *P*
BVPS	1.1161*** (4.37)	1.1206*** (4.42)	1.0866*** (3.98)
EPS	4.4178*** (3.41)	4.4169*** (3.42)	4.7573*** (3.28)
GWPS	3.0263*** (4.60)	3.0463*** (4.76)	2.9420*** (4.48)
EWOPS	−3.4699*** (−14.82)	−3.4789*** (−14.23)	−5.3199*** (−7.57)
UEWOPS	9.5576*** (9.92)	9.6028*** (9.67)	23.8719*** (6.34)
D_SCORE	—	−0.2605 (−0.76)	0.0490 (0.19)
EWOPS×*D_SCORE*	—	—	2.2828*** (3.51)

（续表）

变量	(1) *P*	(2) *P*	(3) *P*
UEWOPS×*D_SCORE*	—	—	−9.4596*** (−5.82)
常数项	8.1191*** (9.40)	8.3474*** (8.11)	8.1001*** (8.52)
观测值	542	542	542
调整 R^2	0.42	0.42	0.43
Number of groups	384	383	383
F 值	195.20	143.31	1319.45
p 值	0.00	0.00	0.00

注：***、**、*分别表示在1%、5%及10%水平上显著；括号内的数字为经过稳健调整的t值。

表7-8中的回归(1)、回归(2)及回归(3)，分别是模型(4)、模型(5)及模型(6)的回归结果。虽然表7-8中的样本量减少为542个，但回归(1)的结果与表7-4中回归(1)的结果基本保持一致，没有显著变化。表7-8回归(2)及回归(3)中商誉减值披露得分变量 *D_SCORE* 的回归系数并不显著，且在回归(2)中其系数为负，与预期不一致。这可能表明商誉减值的信息披露程度并未直接作用于企业股价。然而，在控制了该变量与相关变量的交乘项后，其显著改变了市场对预期商誉减值，以及非预期商誉减值的定价，说明商誉减值信息的披露程度对股价(企业市场价值)的影响是一种非直接的影响。

前文研究表明，强制性信息披露可能与股票价格不显著[表7-4回归(2)]，而主动披露的减值信息具有决策有用性，因此本节进一步区分了企业的商誉披露信息类型，并预期主动披露的信息比强制披露的信息更具有决策有用性。由于部分企业同时披露了以上两类信息，无法对两种类型信息的单独影响作出区分，因此本节剔除了该类型的样本，最终获取了强制披露信息样本201个，主动披露信息样本200个。对信息披露类型的定义见表7-1所列。当企业为主动披露信息时，变量 *TYPE* 取值为1；当企业为强制披露信息时，变量 *TYPE* 取值为0。具体回归结果见表7-9所列。

表 7－9　不同类型的商誉减值信息披露的决策有用性

变量	(1)	(2)	(3)
	P	*P*	*P*
BVPS	1.1246*** (3.50)	1.0940*** (3.36)	1.0583*** (3.15)
EPS	4.3983*** (3.29)	4.4695*** (3.33)	4.5752*** (3.32)
GWPS	4.6244*** (3.50)	4.4566*** (3.23)	4.4161*** (3.20)
EWOPS	−3.2398*** (−3.58)	−3.2308*** (−3.36)	−3.6714*** (−3.57)
UEWOPS	18.9583*** (7.60)	19.3208*** (7.58)	40.7526 (1.40)
TYPE	—	−0.9428 (−0.86)	−0.4871 (−0.39)
EWOPS×*TYPE*	—	—	0.7999 (0.58)
UEWOPS×*TYPE*	—	—	−22.3266 (−0.78)
常数项	7.3912*** (6.21)	7.9978*** (5.59)	7.6767*** (5.20)
观测值	401	401	401
调整 R^2	0.23	0.23	0.23
F 值	25.23	21.18	20.96
p 值	0.00	0.00	0.00

注：***、**、*分别表示在1%、5%及10%水平上显著；括号内的数字为经过公司层面聚类调整的 t 值。

表 7－9 中的回归(1)、回归(2)及回归(3)分别是模型(4)、模型(5)及模型(6)的回归结果。由表 7－9 中的回归结果可知，新增加的披露类型变量 *TYPE* 的回归系数并不显著，且该变量与预期商誉减值及非预期商誉减值的回归结果均不显著，这意味着无法排除不同商誉减值信息披露类型之间不存在显著差异的推论。综合

信息披露程度及信息披露类型的结论来看，这可能表明外部市场投资者更关注的是信息的有效性，而不论该信息是准则强制要求企业披露的，还是企业主动进行披露的。

7.7　本章小结

针对商誉减值信息披露的决策有用性问题，本章采用2007—2015年中国A股上市公司中有商誉减值企业的信息披露数据，利用价值相关性模型对该问题进行了研究。本章在价值相关性模型中添加了商誉减值信息披露变量，发现商誉减值信息披露与股价显著正相关，说明信息披露越多，股价越高。该结果表明市场不仅对财务报表中的数字进行定价，也对报表附注的信息进行了定价。商誉减值信息披露与其他财务信息一样具有价值相关性，是影响投资者决策的重要因素。本章在价值相关性模型中同时增加了商誉减值信息披露与预期商誉减值、非预期商誉减值的交乘项，发现仅商誉减值信息披露变量与预期商誉减值变量的交乘项显著为负，而商誉减值信息披露变量与非预期商誉减值变量的交乘项并不显著。这说明商誉减值信息披露更多地通过影响市场对非预期商誉减值信息的判断来影响企业股价。该结果表明企业可以通过商誉减值信息的披露，来降低市场对于非预期商誉减值的过度反映，减少股价的波动性，进而提升企业价值。该结果既证明了商誉减值信息披露决策的有用性，也验证了本章引言中有关商誉减值信息披露降低市场负面反映的论断。本章基于商誉减值信息披露程度与披露类型的进一步研究则表明，商誉减值信息披露程度对投资者的决策有用性能够产生显著的影响，而不同商誉减值信息披露类型之间的影响差异并不显著。这表明资本市场更为关注的是信息披露的信息含量，而非信息披露的特定类型。

本章针对商誉减值信息披露的研究结论，对于与商誉减值信息相关的不同利益相关者而言均具有一定的启发意义。对于准则制定者而言，应进一步规范商誉减值信息的披露格式，并增加商誉减值信息的披露内容，以提高商誉减值信息的披露质量，从而促进资本市场资源配置功能的发挥。对于监管者而言，应加强对商誉减值信息披露的监管工作，以更好地满足资本市场对商誉减值信息披露的需求。对于企业管理者而言，应通过充分披露商誉减值信息来缓解与投资者之间的信息不对称，从而减少信息不对称导致的股价下跌风险，提升企业的市场价值。对于投资者而言，应更加关注企业的商誉减值信息披露，减少因信息不对称导致的定价错误并最大化投资组合收益。

虽然基于 Ohlson(1995)的价值相关性模型一直被会计界广泛采用，但该模型的适用性问题，以及在计量中存在的不足等，在学术界仍然存在争议(Barth 等，2001；任世驰和冯丽颖，2016)。因此，本章关于商誉减值信息披露的研究仅是一个起点，还需要更多视角的检验，以进一步探讨商誉减值信息披露对决策有用性的研究。同时，笔者在收集本章数据时发现，中国企业在商誉减值信息披露方面极不规范，不同企业披露的数据格式及对商誉减值信息的定性表述存在较大差异。因此，本章在将相关信息转换为定量数据的过程中不可避免地存在一定程度的主观判断，这可能对最终的研究结论产生影响。

此外，本章关于商誉减值信息披露的样本选择仅限于发生商誉减值的样本，缺乏对未发生商誉减值样本信息披露的研究。这使得本章研究结论的适用范围受到一定限制，无法推广到更大的样本范围，这种局限性也可能导致实证研究中的自选择问题。

第 8 章　基于商誉摊销信息有用性的优化研究

8.1　引　言

由于商誉资产后续计量直接关系到并购后绩效，因此商誉资产如何进行后续计量一直是资本市场各参与方关注的重要话题。2019 年 1 月 4 日财政部会计准则委员会发布《关于咨询委员对会计准则咨询论坛部分议题文件的反馈意见》，提及咨询委员会对商誉摊销的偏好；2019 年 1 月 8 日财政部会计准则委员会再次发布工作通知，强调前述研讨意见仅反映了专家观点，商誉后续计量依然以现行企业会计准则为准。在国际上，FASB 以及 IASB 也先后考虑重新引入摊销法以提升商誉后续计量的会计信息质量（FASB，2019；IASB，2020）。虽然从理论上可以对商誉资产不同后续计量方法的优缺点进行比较，但是不同后续计量方法的实际效果差异问题一直是学术研究的难点问题（Linsmeier 和 Wheeler，2021；Bagna 等，2023）。

从数据可得性的角度看，除个别国家地区的会计准则允许商誉资产采用摊销法核算外，多数国家的会计准则仅允许商誉资产采用减值法处理，这就导致研究中无法获取摊销法所生成会计信息，从而无法直接比较摊销法与减值法所生成会计信息的价值相关性差异。因此，已有研究更多基于 SFAS142 或 IFRS3 实施事件比较摊销法（实施前阶段）与减值法（实施后阶段）所生成会计信息的价值相关性差异（Horton 和 Serafeim，2010；Hamberg 和 Beisland，2014；Cavero Rubio 等，2021；Bagna 等，2023）。但该类研究往往又面临着无法有效控制企业内外部环境变化的问题，即价值相关性也会因时间不同而发生变化，从而可能错误地估计实际效果(Francis 和 Schipper,1999)。Burger 和 Wen(2021)提出可以通过增加比较基准的方式以控制非实施事件导致的价值相关性变化。应用该方法的重要假设在于,相关比较基准要与商誉资产受到类似的时间变化影响,但是商誉资产采用倒挤方式产生,其价值创造方式可能与传统资产存在较大差异,因此还需要寻求更为恰当的方式以比较不同后续计量方法所产生的会计信息的价值相关性差异。

基于中国制度背景,本章以多次小额商誉减值样本作为摊销法样本的近似替代。由于商誉减值可能导致股价与业绩的双重负面影响,因此部分企业选择采用多次小额方式计提商誉减值准备以降低商誉减值对企业的负面影响,甚至出现小部分企业按照直线摊销法针对特定资产组每年计提等额商誉减值准备(王文姣等,2017;任雅萍,2018;张崇胜,2023)。复杂的减值测试程序更是加剧了企业选择多次小额方式计提商誉减值准备的倾向。针对这种形式上符合减值测试要求,但是实质违背减值测试要求的行为,证监会在 2020 年以前的会计监管年度报告中多次重申减值测试的标准流程,以督促企业遵守商誉减值相关规定。企业的上述商誉减值特征为比较不同后续计量方法下会计信息的价值相关性差异提供了研究机会。一方面,多次小额商誉减值样本与其他商誉减值样本面临相同的外部环境,具有较高的可比性,有助于精确识别其价值相关性差异,从而提供更为准确的评估结果。另一方面,多次小额商誉减值与摊销法结果较为接近,有可能成为摊销法结果的近似替代。

本章可能的创新点:第一,基于多次小额商誉减值样本为摊销法的采用提供实证证据支持,丰富不同后续计量方法经济后果的文献。虽然冯丽颖和任世驰(2021)以及李明和彭川(2021)均论证了摊销法的合理性,但是相关实证研究证据相对匮乏,导致研究结论的可信性受到影响,本章的研究则弥补了这一缺陷。第二,作用机制检验与异质性检验进一步揭示了摊销法影响会计信息价值相关性的作用路径和边界条件,有助于深入理解会计信息影响投资者决策的机理与方式。李明和彭川(2021)以及苏洋等(2023)更为关注给定会计信息质量下投资者信息处理能力对投资决策的影响,忽视不同后续计量方法的会计信息质量差异,本章的研究结果则表明摊销法下的会计信息可靠性更好,因此更具有价值相关性,为摊销法的采用提供了新的论据支撑。

余文随后部分的安排:第二部分为研究假设的提出;第三部分为研究设计;第四部分为样本与数据,第五部分为实证结果的分析;第六部分为进一步的讨论;最后部分是研究结论。

8.2 研究假设

从会计信息的精确程度以及可验证视角看，减值法和摊销法所生成的会计信息各具优势和局限性。减值法通过复杂的减值测试程序，可以估算出较为精确的商誉减值信息，但是该信息的外部可验证较低，表现为不可验证的精确。摊销法通过较为简单的资产消耗假设，只能提供有关商誉资产内在价值的粗颗粒信息，但是该信息的外部可验证较高，表现为可验证的不精确。

与减值法相比，摊销法提供的商誉资产后续计量会计信息更具有可靠性和相关性，因此其更具有价值相关性。由于摊销法放弃了复杂的减值测试程序，采用了更为简单的年限与消耗率假设，极大地压缩了管理层的会计自由裁量权，因此可以提供相对更为可靠的商誉摊销信息。正是因为管理层可以通过资产组重新划分、折现率选择甚至现金流操控等手段操控商誉减值时间，商誉减值的不及时问题较为突出，从而导致其对未来现金流的预测能力较弱，降低了商誉减值信息的相关性(Ramanna 和 Watts，2012；Filip 等，2015；Filip 等，2020)。除此以外，由于摊销法下会计信息的外部可验证性较高，信息不确定性较低，投资者的信息处理成本较低，因此其更可能基于摊销信息进行投资决策，从而提升商誉摊销信息的决策有用性(Ferri 等，2018)。

与减值法相比，摊销法也可能无法提供更高质量的商誉资产后续计量会计信息，因此其价值相关性并不存在显著差异。由于摊销法采用了较为简单的年限与消耗率假设，这可能导致摊销信息与商誉资产的消耗方式不相符，从而无法提供更为可靠的摊销信息，也无法提供有效的现金流预测信息，因此商誉摊销信息不具有价值相关性。减值法中严格的减值测试程序与假设披露要求，有助于增强减值信息的可靠性；基于公允价值或使用价值的可回收金额确定方法，有助于管理层选择更切合商誉资产消耗方式的方法，进而提升商誉减值信息的相关性(Lee，2011；Bostwick 等，2016；张东旭等，2019)。综上所述，目前尚不清楚减值法和摊销法所生成的会计信息能否向市场投资者传递决策有用的信息，这一问题尚需实证检验。本节据此提出如下对立研究假设。

H1a：与减值法相比，摊销法生成的商誉后续计量会计信息更具有价值相关性。

H1b：与减值法相比，摊销法生成的商誉后续计量会计信息不具有价值相关性差异。

8.3 研究设计

8.3.1 摊销法样本的衡量

本节将同一商誉资产组在3个及以上会计年度计提商誉减值准备，且每年计提的商誉减值准备金额不超过该商誉资产组原值25%的商誉减值样本视同采用摊销法的样本，变量 *TREAT* 取值为1；将其余在样本期间计提过商誉减值准备的样本视为采用减值法的样本，变量 *TREAT* 取值为0。从会计逻辑来看，摊销法的隐含假设为资产价值在特定期间内逐步消耗，其对应的会计处理特征为摊销期间较长以及每期摊销金额较小，因此本节所定义的摊销法样本与摊销法会计处理特征具有逻辑一致性。从实践案例来看，上海建工(600170)在2016—2020年每年都对收购上海盛唐置业有限公司形成的商誉计提金额为451676.84元的商誉减值准备，并在附注中解释为“相关商誉已随物业资产的销售逐步转出”，因此部分企业确实按照摊销的思路在处理减值的问题。综上，本节有关摊销法样本的界定具有一定的逻辑合理性与现实基础。

8.3.2 模型与变量

由于本章关注的重点是商誉资产不同后续计量方法的信息含量差异，且及时性差异并非减值法与摊销法的本质差异，因此本节根据 Barth 等(2021)的价值相关性模型选择建议，采用价格(水平)模型检验减值法与摊销法的价值相关性差异。价格模型来源于 Ohlson(1995)的剩余收益估值模型，其认为公司价值是净资产与净利润的线性函数。在此基础上，本节参考曲晓辉等(2017)的研究设计，将净资产分解为不含商誉净资产以及商誉资产两部分，将净利润分解为不含商誉减值损失净利润与商誉减值损失两个部分，并加入反映不同后续计量方法的分组变量及其与商誉减值损失的交乘项、其他控制变量，具体如模型(7)所示。

$$P_{i,t+1}=\alpha_0+\beta_1 BVPS_{i,t}+\beta_2 EPS_{i,t}+\beta_3 GWPS_{i,t}+\beta_4 IMPPS_{i,t}+\beta_5 TREAT_{i,t}$$

$$+\beta_6 IMPPS_{i,t}\times TREAT_{i,t}+\chi X_{i,t}+\varepsilon_{i,t} \quad \text{模型(7)}$$

其中,下标 i 和 t 分别表示企业与年度。P 为下一年 4 月末最后一个交易日的收盘价,$BVPS$ 为当年所有者权益账面价值与商誉账面价值的差额除以总股数,EPS 为当年净利润与商誉减值损失之和除以总股数,$GWPS$ 为当年商誉账面价值除以总股数,$IMPPS$ 为当年商誉减值损失除以总股数,$TREAT$ 为反映不同后续计量方法的分组变量,$IMPPS \times TREAT$ 为变量 $IMPPS$ 与变量 $TREAT$ 的交乘项,X 为控制变量集,包含资产负债率、企业成长性、盈余持续性、上市年限等变量,ε 为模型(7)的残差项。

本节重点关注变量 $IMPPS \times TREAT$ 的回归系数 β_6,该系数反映了摊销样本的"摊销"金额比减值样本的减值金额是否更具有价值相关性。若该系数显著为负,则表明商誉资产采用摊销法处理提供的"摊销"会计信息比采用减值法处理提供的减值会计信息更具有价值相关性。为缓解异常值对研究结论的影响,本节对所有非连续变量在 1%分位数以及 99%分位数上进行缩尾处理。具体变量定义见表 8 - 1 所列。

表 8 - 1　变量的定义

变量符号	变量名称	变量计算
P	股票价格	下一年度 4 月最后一个交易日收盘价
$BVPS$	每股净资产	(净资产－商誉资产组账面价值)/总股数
EPS	每股净利润	(净利润＋商誉资产组减值损失)/总股数
$GWPS$	每股商誉	商誉资产组账面价值/总股数
$IMPPS$	每股商誉减值	商誉资产组减值/总股数
$TREAT$	是否摊销法样本	虚拟变量,摊销法样本取值为 1,其余取值为 0
$IMPPS \times TREAT$	交乘项	$IMPPS \times TREAT$
LEV	资产负债率	负债总额/资产总额
$GROWTH$	企业成长性	(营业收入－上年营业收入)/上年营业收入
$PERSIST$	盈余持续性	非经常性损益/利润总额
AGE	上市年限	当前年度－上市年度＋1

8.4 样本与数据

8.4.1 样本选择

本节以2014—2021年形成的超过1000万元的商誉资产组样本为初始样本，共计5874条商誉资产组记录。由于2014年证监会修订的《公开发行证券的公司信息披露编报规则第15号——财务报告的一般规定》明确要求，企业必须披露商誉减值准备的期初余额、期末余额和本期增减变动情况，而非披露商誉减值准备累计金额（2010年修订版的披露要求），这为识别商誉资产组的后续减值特征提供了数据基础，因此以2014年作为样本开始期间。由于商誉资产在形成的初始年度发生资产减值的概率较小，这可能导致早期形成的商誉资产组与近期形成的商誉资产组在计提商誉减值准备方面存在较大的差异，因此本节进一步将初始样本对应的商誉减值期间拓展到2023年，以确保所有的商誉资产组均有足够长的研究期间以判断其是否减值以及减值特征。故本节的实际研究期间为2014—2023年。考虑到投资者的有限注意力可能导致投资者不关注低价值商誉资产的后续计量，因此本章重点关注超过1000万元的商誉资产组。

在初始样本基础上，本节依据以下顺序筛选样本。第一，根据附注披露的商誉资产组名称手工匹配对应的商誉资产组减值金额信息，删除2895个在样本期间未发生减值的商誉资产组。第二，根据商誉资产组名称，将商誉资产组数据（2014—2021年）与商誉资产组历年减值数据（2014—2023年）进行合并，形成13570条商誉资产组层面的商誉减值数据。第三，为准确识别商誉后续计量是具有减值法特征还是摊销法特征，删除9928条同一年度存在2个及以上商誉资产组数据，共获得3642条公司减值数据，涉及819家上市公司。第四，参考已有惯例，删除142个ST样本、57个金融行业样本以及个136个变量缺失样本，最终获得3307个公司年度样本，共涉及780家上市公司。本书所有数据均来自国泰安数据库。

8.4.2 描述性统计

变量的描述性统计见表8-2所列。其中，Panel A为基于全样本的变量描述性统计。由表8-2的Panel A可知，股票价格（P）的均值为14.58，中位数为10.08；每股净资产（$BVPS$）的均值为5.11，中位数为4.14，最小值为−0.36，表明样本中含有部分净资产为负的样本；每股净利润（*EPS*）的均值为 0.36，中位数为 0.27；每股商誉（*GWPS*）的均值为 0.44，中位数为 0.15；每股商誉减值（*IMPPS*）为 0.07，中位数为 0.00，表明部分样本企业在特定年度并未发生商誉减值；是否摊销法样本（*TREAT*）的均值为 0.10，表明有约 10.14%的样本属于摊销法样本；资产负债率（*LEV*）的均值为 0.44，中位数为 0.43；企业成长性（*GROWTH*）的均值为 0.19，中位数为 0.11；盈余持续性（*PERSIST*）的均值为 0.27，中位数为 0.09；上市年限（*AGE*）的均值为 11.74，中位数为 9.00，最小值为 2.00，表明样本中刚刚上市的新股公司占比较少。

表 8－2 的 Panel B 为根据是否摊销法样本分组的变量描述性统计。由 Panel B 可知，减值法样本与摊销法样本仅在每股商誉减值这一维度存在显著的均值差异，且该差异在 1%水平上显著；减值法样本与摊销法样本在每股净资产、每股商誉以及每股商誉减值方面存在显著的中位数差异，且均在 1%水平上显著。这也在一定程度上说明不同样本组间差异较少，最终有关不同后续计量方法价值相关性差异的结论更可能是因为不同商誉后续计量差异本身导致的。

表 8－2 的 Panel C 为商誉资产组层面减值特征的描述性统计。由 Panel C 可知，商誉资产组在样本期间平均计提过 2 次商誉减值准备，每次计提的商誉减值准备占商誉资产组原值的均值约为 39.46%，样本期间商誉资产组累计计提的商誉减值准备占商誉资产组原值的均值约为 62.73%。更进一步，摊销法下的减值频次要远高于减值法下的减值频次，且对应的均值差异与中位数差异均在 1%水平上显著，摊销法下单次减值金额占比以及累计减值金额占比均显著低于减值法下的对应金额，且对应的均值差异与中位数差异也均在 1%水平上显著，这也在一定程度上说明本章所设定的是否摊销法样本变量 *TREAT* 能够充分反映企业商誉后续计量方法间的显著差异，具有一定的合理性。

表 8－2　描述性统计结果

Panel A：全样本描述性统计						
变量	均值	标准差	最小值	中位数	最大值	样本量
P	14.5797	14.3847	1.9300	10.0800	90.0000	3305
BVPS	5.1108	3.9736	－0.3545	4.1401	23.1083	3305
EPS	0.3597	0.6923	－2.0491	0.2655	3.0633	3305
GWPS	0.4388	0.7568	－0.0000	0.1476	4.3368	3305
IMPPS	0.0659	0.2110	0.0000	0.0000	1.4760	3305

（续表）

变量	均值	标准差	最小值	中位数	最大值	样本量
TREAT	0.1014	0.3019	0.0000	0.0000	1.0000	3305
IMPPS×*TREAT*	0.0019	0.0236	0.0000	0.0000	0.8544	3305
LEV	0.4356	0.1934	0.0880	0.4269	0.9325	3305
GROWTH	0.1849	0.4394	−0.5612	0.1057	2.6017	3305
PERSIST	0.2741	0.8744	−1.6441	0.0875	6.1973	3305
AGE	11.7362	7.5172	2.0000	9.0000	30.0000	3305

Panel B：根据是否摊销法样本分组的描述性统计

变量	减值法（N=2970）		摊销法（N=335）		均值差异	中位数差异
	均值	中位数	均值	中位数		
P	14.6481	10.0250	13.9733	10.2300	0.67	−0.21
BVPS	5.0937	4.0967	5.2632	4.6527	−0.17	−0.56***
EPS	0.3572	0.2619	0.3823	0.2948	−0.03	−0.03
GWPS	0.4369	0.1369	0.4552	0.2190	−0.02	−0.08***
IMPPS	0.0711	−0.0000	0.0191	0.0020	0.05***	−0.00***
LEV	0.4344	0.4259	0.4464	0.4305	−0.01	−0.00
GROWTH	0.1861	0.1047	0.1746	0.1147	0.01	−0.01
PERSIST	0.2784	0.0862	0.2364	0.0979	0.04	−0.01
AGE	11.7067	9.0000	11.9970	10.0000	−0.29	−1.00

Panel C：商誉资产组层面减值特征的描述性统计

变量	总样本（N=819）		减值法（N=754）		摊销法（N=65）		均值差异	中位数差异
	均值	中位数	均值	中位数	均值	中位数		
期间减值频次	1.9817	2.0000	1.8276	2.0000	3.7692	3.0000	−1.94***	−1.00***
单次减值金额占比	0.3946	0.3330	0.4230	0.3333	0.0653	0.0507	0.36***	0.28***
累计减值金额占比	0.6273	0.7054	0.6597	0.7897	0.2522	0.2062	0.41***	0.58***

注：***、**、*分别表示在1%、5%以及10%水平上显著。

8.5　实证结果

8.5.1　主要回归结果

模型(7)的回归结果见表 8-3 所列，其中因变量均为股票价格。回归(1)—(3)中变量 *IMPPS*×*TREAT* 的回归系数均显著为负，且至少在 5%水平上显著，即与减值法相比，摊销法样本的商誉后续计量会计信息与股票价格显著负相关。这表明，在控制影响价值相关性的因素后，摊销法样本的商誉后续计量会计信息提供了相对更多的增量会计信息，从而影响到投资者的投资决策，该结果支持假设 H1a。相关控制变量的回归系数也基本与预期一致，不再赘述。回归(4)与回归(5)分别为基于减值法样本与摊销法样本的回归结果，虽然变量 *IMPPS* 的回归系数均不显著，但是摊销法样本下的调整 R^2 要比减值法样本下更高，有更好的模型解释力。这表明，商誉资产后续计量的摊销法比减值法提供了更为决策有用的会计信息，因此更具有价值相关性，再次验证了假设 H1a 的结论。

表 8-3　主回归结果

变量	(1) *P*	(2) *P*	(3) *P*	(4) 减值法 *P*	(5) 摊销法 *P*
BVPS	1.3130*** (7.54)	1.4724*** (9.64)	1.4539*** (9.70)	1.4194*** (8.67)	1.4539*** (5.67)
EPS	5.4427*** (6.25)	5.1170*** (6.47)	4.8382*** (6.12)	5.2988*** (6.40)	1.0399 (0.54)
GWPS	3.6375*** (6.24)	2.7706*** (4.85)	2.3138*** (4.33)	2.2716*** (4.11)	3.5304* (1.74)
IMPPS	−0.3226 (−0.35)	−0.4387 (−0.47)	−0.0933 (−0.10)	0.0831 (0.09)	−18.0824 (−1.39)
TREAT	−0.7326 (−0.62)	−0.2613 (−0.24)	−0.1686 (−0.16)	—	—

（续表）

变量	(1) P	(2) P	(3) P	(4) 减值法 P	(5) 摊销法 P
IMPPS×TREAT	−20.1086*** (−3.49)	−16.3259*** (−2.88)	−13.0633** (−2.29)	—	—
LEV	—	—	3.1438* (1.74)	3.8426** (2.04)	−1.7917 (−0.38)
GROWTH	—	—	2.1454*** (3.49)	1.9240*** (3.07)	0.4913 (0.33)
PERSIST	—	—	−0.2864* (−1.70)	−0.3081* (−1.70)	−0.0108 (−0.02)
AGE	—	—	−0.3542*** (−7.60)	−0.3596*** (−7.57)	−0.4579** (−2.47)
常数项	4.4499*** (5.79)	17.0833*** (6.31)	19.8518*** (7.41)	19.1828*** (7.25)	24.2145*** (4.18)
年度固定效应	未控制	控制	控制	控制	控制
行业固定效应	未控制	控制	控制	控制	控制
观测值	3305	3305	3305	2970	335
调整 R^2	0.36	0.45	0.48	0.49	0.51

注：***、**、*分别表示在1%、5%以及10%水平上显著；括号内的数字为经过公司层面聚类调整的t值。

8.5.2 稳健性检验

8.5.2.1 替换因变量

为缓解因变量测量误差对研究结论的影响，本节以股票年度收盘价作为因变量，替换因变量的回归结果见表8-4所列。表8-4回归(1)—(3)中主要变量*IMPPS×TREAT*的回归系数依然显著为负且均在1%的水平上显著，与假设H1a的预期一致。上述结果表明，控制因变量测量误差后，本章的主要研究结论依然成立，并未发生改变。

表 8－4　替换因变量的回归结果

变量	(1) *P_Year*	(2) *P_Year*	(3) *P_Year*
BVPS	1.5551*** (8.17)	1.6929*** (10.25)	1.6646*** (10.33)
EPS	4.7933*** (5.38)	4.4827*** (5.54)	4.2468*** (5.29)
GWPS	3.8730*** (6.60)	3.0527*** (5.26)	2.6000*** (4.79)
IMPPS	0.0122 (0.01)	0.4176 (0.41)	0.7845 (0.79)
TREAT	−0.3806 (−0.29)	−0.0872 (−0.07)	0.0528 (0.05)
IMPPS×*TREAT*	−24.0990*** (−4.13)	−18.5313*** (−3.24)	−15.9300*** (−2.87)
LEV	—	—	3.1153* (1.65)
GROWTH	—	—	1.8912*** (3.21)
PERSIST	—	—	−0.1723 (−0.90)
AGE	—	—	−0.4100*** (−8.31)
常数项	4.2239*** (5.20)	3.7557** (2.07)	7.2965*** (3.51)
年度固定效应	未控制	控制	控制
行业固定效应	未控制	控制	控制
观测值	3305	3305	3305
调整 R^2	0.37	0.48	0.52

注：***、**、* 分别表示在 1%、5%以及 10%水平上显著；括号内的数字为经过公司层面聚类调整的 t 值。

8.5.2.2 替换主要解释变量

为缓解变量 *TREAT* 测量误差对研究结论的影响，本节严格摊销法样本的筛选标准，以同一资产组发生过 3 次及以上商誉减值且单次减值金额不超过商誉原值 20%的样本作为摊销法样本，变量 *TREAT* 取值为 1，否则取值为 0，该回归结果见表 8－5 所列。由表 8－5 中回归(1)—(3)变量 *IMPPS*×*TREAT* 的回归系数可知，无论是否控制年度效应、行业效应以及相关控制变量，该变量的回归系数均显著为负且均在 1%的水平上显著，与假设 H1a 的预期一致。该结果表明，本章的研究结论并不因为严格摊销法样本的筛选标准而受到影响。

表 8－5 严格摊销法样本筛选标准的回归结果

变量	(1) *P*	(2) *P*	(3) *P*
BVPS	1.3129*** (7.54)	1.4731*** (9.65)	1.4542*** (9.70)
EPS	5.4493*** (6.26)	5.1205*** (6.47)	4.8409*** (6.13)
GWPS	3.6473*** (6.26)	2.7686*** (4.85)	2.3141*** (4.34)
IMPPS	−0.2916 (−0.31)	−0.3908 (−0.42)	−0.0440 (−0.05)
TREAT	−0.6184 (−0.47)	0.0756 (0.06)	0.1174 (0.10)
IMPPS×*TREAT*	−21.0269*** (−3.74)	−16.9641*** (−3.00)	−14.3134*** (−2.61)
LEV	—	—	3.1271* (1.73)
GROWTH	—	—	2.1483*** (3.49)
PERSIST	—	—	−0.2796* (−1.66)
AGE	—	—	−0.3548*** (−7.61)

（续表）

变量	(1) P	(2) P	(3) P
常数项	4.4157*** (5.75)	17.0650*** (6.33)	19.8492*** (7.43)
年度固定效应	未控制	控制	控制
行业固定效应	未控制	控制	控制
观测值	3305	3305	3305
调整 R^2	0.36	0.45	0.48

注：***、**、* 分别表示在 1%、5%以及 10%水平上显著；括号内的数字为经过公司层面聚类调整的 t 值。

本节进一步放松摊销法样本的筛选标准，以同一资产组发生过 3 次及以上商誉减值且单次减值金额不超过商誉原值 30%的样本作为摊销法样本，变量 *TREAT* 取值为 1，否则取值为 0，该回归结果见表 8－6 所列。由表 8－6 回归(1)—(3)中变量 *IMPPS*×*TREAT* 的回归系数可知，无论是否控制年度效应、行业效应以及相关控制变量，该变量的回归系数均显著为负且至少在 10%的水平上显著，与假设 H1a 的预期一致。该结果表明，本章的研究结论并不因为放松摊销法样本的筛选标准而受到影响。

表 8－6　放松摊销法样本筛选标准的回归结果

变量	(1) P	(2) P	(3) P
BVPS	1.3215*** (8.83)	1.4768*** (13.42)	1.4573*** (15.40)
EPS	5.4815*** (7.66)	5.1550*** (8.05)	4.8593*** (8.56)
GWPS	3.6642*** (6.02)	2.7998*** (5.80)	2.3211*** (4.96)
IMPPS	−0.0204 (−0.02)	−0.0939 (−0.10)	0.1428 (0.19)
TREAT	−1.0321 (−1.38)	−0.2494 (−0.41)	−0.0223 (−0.04)

（续表）

变量	(1) P	(2) P	(3) P
$IMPPS \times TREAT$	−8.4293** (−2.52)	−8.1477** (−2.98)	−5.6711* (−2.06)
LEV	—	—	3.1290* (2.13)
$GROWTH$	—	—	2.1581** (3.05)
$PERSIST$	—	—	−0.3042*** (−4.78)
AGE	—	—	−0.3525*** (−14.52)
常数项	4.4148*** (5.52)	16.9420*** (11.69)	19.7385*** (14.51)
年度固定效应	未控制	控制	控制
行业固定效应	未控制	控制	控制
观测值	3305	3305	3305
调整 R^2	0.36	0.45	0.48

注：***、**、*分别表示在1%、5%以及10%水平上显著；括号内的数字为经过年度层面聚类调整的t值。

8.5.2.3　将价格模型替换为收益模型

为了增强研究结论的可靠性，本节以收益（变化）模型替代价格模型，考察不同后续计量方法下未预期商誉减值会计信息的价值相关性是否存在差异。本节在收益模型基础上，将净利润拆分为不含商誉减值损失的净利润以及商誉减值损失，并进一步构造未预期商誉减值损失及其与变量 $TREAT$ 的交乘项以及相关控制变量，具体见模型（8）。

$$RET_{i,t} = \alpha_0 + \beta_1 EPS_{i,t} + \beta_2 IMPPS_{i,t} + \beta_3 \Delta IMPPS_{i,t} + \beta_4 TREAT_{i,t} + \beta_5 \Delta IMPPS_{i,t} \times TREAT_{i,t} + \chi X_{i,t} + YEAR + INDUSTRY + \varepsilon_{i,t}$$

模型（8）

模型(8)中的被解释变量 RET 为年度股票收益率，用本年股票收盘价除以上一年股票收盘价后减去 1 来衡量；自变量中 $\Delta IMPPS$ 为未预期商誉减值，以本年商誉减值减去上一年商誉减值后除以总股数来衡量，其余自变量的定义与模型(7)中相同，基于模型(8)的回归结果见表 8-7 所列。其中变量 $\Delta IMPPS \times TREAT$ 的回归系数在所有回归中都显著为负且至少在 5%水平上显著，与摊销法下的会计信息具有更高的价值相关性预期相一致。由于未预期商誉减值涉及上一年商誉减值数据，故表 8-7 中的样本量略低于总样本量。最重要的是，该结果表明本章的研究结论受模型设定差异的影响较小。

表 8-7　基于收益模型的回归结果

变量	(1) *RET*	(2) *RET*	(3) *RET*
EPS	0.1166*** (9.99)	0.0951*** (9.30)	0.0662*** (6.17)
IMPPS	−0.0852* (−1.88)	−0.1640*** (−4.21)	−0.1221*** (−3.27)
Δ *IMPPS*	−0.1019** (−2.10)	0.0146 (0.36)	−0.0034 (−0.09)
TREAT	0.0694*** (3.13)	0.0511** (2.47)	0.0498** (2.55)
Δ *IMPPS*×*TREAT*	−1.4746*** (−3.92)	−0.9029** (−2.30)	−1.0031** (−2.49)
LEV	—	—	−0.0677* (−1.79)
GROWTH	—	—	0.1758*** (7.28)
PERSIST	—	—	−0.0131 (−1.60)
AGE	—	—	0.0001 (0.06)

（续表）

变量	(1) RET	(2) RET	(3) RET
常数项	0.0016 (0.19)	0.9065*** (8.41)	0.8562*** (8.21)
年度固定效应	未控制	控制	控制
行业固定效应	未控制	控制	控制
观测值	2660	2660	2660
调整 R^2	0.05	0.35	0.36

注：***、**、*分别表示在1%、5%以及10%水平上显著；括号内的数字为经过公司层面聚类调整的t值。

8.5.3 作用机制检验

虽然前文已经发现了摊销法下商誉"摊销"会计信息更具有价值相关性，但是目前尚不清楚摊销法下的商誉"摊销"会计信息究竟提供了哪些增量的会计信息，本部分将分别从会计信息的可靠性以及相关性两个维度对该问题进行研究。由于无法直接度量商誉减值会计信息可靠性，因此本节尝试以异常商誉减值水平作为其可靠性的替代衡量。具体而言，本节参考Riedl(2004)的长期资产减值模型，首先利用影响商誉减值的经济因素估算预期商誉减值水平[见模型(9)]，其次利用实际商誉减值水平与预期商誉减值水平之差获取异常商誉减值水平，最后在控制影响异常商誉减值水平的报告因素基础上对比不同后续计量方法下的异常商誉减值水平差异[见模型(10)]。

$$IMPTA_{i,t}=\alpha_0+\beta_1\Delta GDP_i+\beta_2\Delta INDROA_{i,t}+\beta_3 GROWTH_{i,t}+\beta_4\Delta E_{i,t}+\beta_5\Delta OCF_{i,t}+\beta_6 LAGGWTA_{i,t}+\beta_7 LAGIMPTA_{i,t-1}+\varepsilon_{i,t}$$

模型(9)

$$ABSIMP_{i,t}=\alpha_0+\beta_1 MGT_{i,t}+\beta_2 BATH_{i,t}+\beta_3 SMOOTH_{i,t}+\beta_4 DE_{i,t}+\beta_5 TREAT_{i,t}+\varepsilon_{i,t}$$

模型(10)

模型(9)中被解释变量为商誉减值，以本年商誉减值金额除以年初资产总额衡量;自变量中 ΔGDP 为当年中国 GDP 增长率;$\Delta INDROA$ 为行业 ROA 变动,以当年的行业 ROA 中位数减去上年的行业 ROA 中位数衡量;$GROWTH$ 为企业成长性,具体定义见模型(7);ΔE 为企业利润变动,以当年的净利润减去上年的净利润差额除以年初资产总额;ΔOCF 为企业现金流变动,以当年的投资活动现金流净额减去上年的投资活动现金流净额再除以年初资产总额;$LAGGWTA$ 为滞后一期商誉资产占总资产比重;$LAGIMPTA$ 为滞后一期商誉减值。基于模型(9)的回归结果见表 8-8 回归(1)所列。模型(10)中被解释变量为异常商誉减值,以实际商誉减值金额减去模型(9)中估算的预期商誉减值金额后取绝对值衡量;自变量中 MGT 为高管变更,当年若有董事长或总经理变更,则取值为 1,否则取值为 0;$BATH$ 为"洗大澡"动机,若扣除商誉减值的企业利润变动取值小于所有取值为负的该值中位数,则 $BATH$ 取值为 1,否则取值为 0;$SMOOTH$ 为盈余平滑动机,若扣除商誉减值的企业利润变动取值大于所有取值为正的该值中位数,则 $SMOOTH$ 取值为 1,否则取值为 0;DE 为负债权益比,以负债总额除以资产总额衡量。基于模型(10)的回归结果见表 8-8 回归(2)和回归(3)所列。

表 8-8 不同商誉后续计量方法对异常商誉减值的影响

变量	(1) *IMPTA*	变量	(2) *ABSIMP*	(3) *ABSIMP*
ΔGDP	−0.0257 (−1.02)	*MGT*	0.0020** (2.34)	0.0020** (2.32)
$\Delta INDROA$	−0.1412** (−2.17)	*BATH*	0.0159*** (16.01)	0.0151*** (15.66)
GROWTH	−0.0040** (−2.12)	*SMOOTH*	0.0046*** (5.75)	0.0038*** (4.60)
ΔE	−0.1648*** (−9.69)	*DE*	0.0004 (1.42)	0.0007** (2.10)
ΔOCF	−0.0076 (−1.50)	*TREAT*	−0.0037*** (−4.87)	−0.0030*** (−3.70)
LAGGWTA	0.0835*** (2.81)	—	—	—
LAGIMPTA	0.2290*** (3.78)	—	—	—

（续表）

变量	(1) IMPTA	变量	(2) ABSIMP	(3) ABSIMP
常数项	0.0053** (2.25)	常数项	0.0081*** (12.37)	0.0114*** (3.24)
年度固定效应	未控制	年度固定效应	未控制	控制
行业固定效应	未控制	行业固定效应	未控制	控制
个体固定效应	控制	—	—	—
观测值	2808	观测值	2808	2808
调整 R^2	0.27	调整 R^2	0.12	0.17

注：***、**、* 分别表示在 1%、5%以及 10%水平上显著；括号内的数字为经过公司层面聚类调整的 t 值。

表 8－8 回归(2)和回归(3)中变量 *TREAT* 的回归系数均显著为负，且均在 1%水平上显著，说明摊销组的异常商誉减值水平显著更低，与前文预期一致。该结果表明，通过采用小额多次减值的类似摊销方式，限制了会计自由裁量权，从而提供了相对更为可靠的商誉减值会计信息。

考虑到商誉减值会计信息预测价值模型较为成熟，因此本节主要以商誉减值会计信息预测能力作为相关性的衡量。具体而言，本节参考 Jarva(2009)的现金流预测模型，在其中加入反映不同后续计量方法的变量 *TREAT* 以及其与商誉减值变量 *IMPPS* 的交乘项，具体见模型(11)。

$$CF_{i,t+n}=\alpha_0+\beta_1 TREAT_{i,t}\times IMPPS_{i,t}+\beta_2 TREAT_{i,t}+\beta_3 IMPPS_{i,t}+\beta_4 LAGCF_{i,t}+\beta_5\Delta AR_{i,t}+\beta_6\Delta INV_{i,t}+\beta_7\Delta AP_{i,t}+\beta_8 DEPR_{i,t}+\beta_9 OTHER_{i,t}+\varepsilon_{i,t}$$

模型(11)

模型(11)中的被解释变量为经营活动现金流量净额，依次以当期、未来一期以及未来二期的经营活动现金流量净额衡量；自变量中 *LAGCF* 为滞后一期经营活动现金流量净额，ΔAR 为当年应收账款净额与上年应收账款净额之差；ΔINV 为当年存货净额与上年存货净额之差；ΔAP 为当年应付账款净额与上年应付账款净额之差；*DEPR* 为固定资产折旧与无形资产摊销之和；*OTHER* 为净利润减去经营活动现金流量以及上述应计项目之和后的差额。以上所有变量均除以上一期总股数以消除规模效应的影响，具体回归结果见表 8－9 所列。

表 8-9　不同商誉后续计量方法对现金流的预测能力

变量	(1) CF0	(2) CF1	(3) CF2
IMPPS×TREAT	0.6281** (2.57)	0.9852 (1.01)	1.1134 (1.43)
TREAT	0.0179 (0.44)	0.0057 (0.10)	0.0040 (0.05)
IMPPS	−1.2408*** (−9.97)	−0.6165*** (−5.03)	−0.2859* (−1.87)
LAGCF	0.4310*** (11.12)	0.2907*** (5.20)	0.2282*** (3.41)
ΔAR	−0.4147*** (−8.40)	−0.1377** (−2.49)	0.0253 (0.29)
ΔINV	−0.4302*** (−8.43)	−0.0304 (−0.56)	0.1521* (1.71)
ΔAP	−0.3524*** (−4.71)	−0.0697 (−0.65)	0.0392 (0.30)
DEPR	0.3061** (2.30)	1.1885*** (5.95)	1.8463*** (6.58)
OTHER	−0.4105*** (−11.09)	−0.1775*** (−4.41)	−0.0301 (−0.63)
常数项	−0.2271 (−1.47)	−0.2537 (−1.20)	−0.3979* (−1.92)
年度固定效应	控制	控制	控制
行业固定效应	控制	控制	控制
观测值	3334	3058	2666
调整 R^2	0.56	0.34	0.27

注：***、**、* 分别表示在 1%、5%以及 10%水平上显著；括号内的数字为经过公司层面聚类调整的 t 值。

由表 8-9 回归(1)—(3)中交乘项的回归系数可知，仅回归(1)中的交乘项系数显著为正，回归(2)和回归(3)中的交乘项系数虽然为正但是并不显著。这意味着,不同后续计量方法下的商誉减值会计信息在预测当期现金流方面有显著差异,存在显著的现金流预测能力差异,在预测未来1期或2期现金流方面并没有显著差异,不能拒绝现金流预测能力不存在差异的结论。该结果综合表明,摊销法可能并未提供具有显著决策相关性的增量会计信息,从而导致其在现金流预测能力方面与减值法并不存在显著差异。

8.6 进一步分析

8.6.1 公司内部因素与价值相关性

由前文可知,会计信息的可靠性是导致不同后续计量方法价值相关性差异的主要原因,那么这是否意味着更强的盈余操控激励会进一步强化该差异,反之更弱的盈余操控激励会弱化该差异呢?本节选取两职合一、两权分离度以及CEO持股三个层面的内部治理因素以反映企业的盈余操控激励。从公司治理视角看,两职合一导致的权力过度集中,为盈余操控提供了机会,两权分离度以及CEO持股诱发的业绩粉饰需求,为盈余操控提供了动机。据此,本节预期不同后续计量方法价值相关性差异在两职合一组、两权分离度高以及CEO持股比例高的样本组会更显著。参考已有文献,若董事长和总经理由同一人兼任,则定义为两职合一样本,否则为非两职合一样本;若企业两权分离度大于行业年度两权分离度中位数,则定义为两权分离度高样本,否则为两权分离度低样本;若CEO持股大于行业年度CEO持股中位数,则定义为CEO持股比例高样本,否则为CEO持股比例低样本。该回归结果见表8-10所列。

表8-10　公司内部因素与价值相关性

变量	(1) 非两职合一 P	(2) 两职合一 P	(3) 两权分离度低 P	(4) 两权分离度高 P	(5) CEO持股比例低 P	(6) CEO持股比例高 P
BVPS	1.3320*** (7.02)	1.7496*** (8.01)	1.5824*** (5.61)	1.4055*** (8.40)	1.4939*** (6.15)	1.6016*** (9.14)

（续表）

变量	(1) 非两职合一 *P*	(2) 两职合一 *P*	(3) 两权分离度低 *P*	(4) 两权分离度高 *P*	(5) CEO 持股比例低 *P*	(6) CEO 持股比例高 *P*
EPS	4.8492*** (4.61)	5.1961*** (4.25)	3.3599** (2.27)	5.2575*** (6.24)	5.8240*** (4.55)	4.1554*** (4.68)
GWPS	2.2665*** (3.89)	2.1439*** (2.66)	2.9666*** (3.13)	2.1873*** (3.71)	1.7301** (2.04)	2.6989*** (4.33)
IMPPS	0.8024 (0.79)	−2.4289 (−1.28)	0.1122 (0.05)	−0.3933 (−0.34)	0.9187 (0.52)	−1.3699 (−1.49)
TREAT	−0.8963 (−0.87)	1.5461 (0.67)	−2.3749 (−1.51)	0.0502 (0.04)	0.1673 (0.08)	−0.4988 (−0.48)
IMPPS×*TREAT*	8.4156 (0.28)	−15.4270** (−2.50)	113.3108** (2.52)	−14.8224*** (−2.60)	−41.8170 (−0.75)	−12.3875** (−2.33)
LEV	2.7019 (1.23)	4.7769 (1.55)	0.1997 (0.06)	3.7683* (1.89)	1.9429 (0.72)	4.9690** (2.25)
GROWTH	1.4766** (2.41)	2.9265** (2.12)	1.3573 (1.50)	2.5161*** (3.27)	2.0434** (2.02)	1.9887*** (2.74)
PERSIST	−0.2104 (−1.13)	−0.5460 (−1.57)	−0.3149 (−0.90)	−0.1776 (−0.90)	−0.3358 (−1.30)	−0.2237 (−0.96)
AGE	−0.3723*** (−6.84)	−0.2830*** (−2.93)	−0.2666*** (−3.47)	−0.4040*** (−7.61)	−0.3617*** (−4.93)	−0.3441*** (−5.62)
常数项	19.0869*** (6.13)	24.2239*** (4.65)	25.2280*** (5.60)	17.9366*** (5.63)	14.3108*** (2.70)	19.4524*** (6.23)
年度固定效应	控制	控制	控制	控制	控制	控制
行业固定效应	控制	控制	控制	控制	控制	控制
观测值	2162	1051	819	2354	1242	1908
调整 R^2	0.46	0.52	0.50	0.47	0.47	0.51
系数组间差异 P 值	0.08*		0.08*		0.04**	

注：***、**、*分别表示在 1%、5%以及 10%水平上显著；括号内的数字为经过公司层面聚类调整的 t 值；系数组间差异 P 值为采用费舍尔组合检验的结果。

由表 8－10 回归(2)、回归(4)与回归(6)中的交乘项可知，其回归系数均显著为负，且至少在 5%水平上显著，表明在盈余操控激励较强时摊销法下的商誉减值会计信息具有更高的价值相关性；而在回归(1)与回归(5)中交乘项的回归系数均不显著，不能拒绝盈余操控激励较弱时不同计量方法下商誉减值会计信息的价值相关性不具有显著差异的结论。针对交乘项系数组间差异的费舍尔组合检验也至少在 10%水平上显著，表明不同盈余操控激励组间的价值相关性差异具有统计学上的显著差异。该结果表明，企业内部激励是导致商誉减值会计信息失真，从而降低其价值相关性的重要原因，与预期一致。

8.6.2 公司外部因素与价值相关性

由前文研究可知，折旧法通过提供更为可靠的会计信息从而更具有价值相关性，那么是否可以在不改变后续计量方法的前提下，通过提升投资者信息处理能力或加强会计监管从而改善会计信息的价值相关性呢？本节分别选取机构投资者数量以及分析师关注度衡量投资者信息处理能力，以 2018 年实施的《会计监管风险提示第 8 号——商誉减值》作为监管趋严的衡量。由于机构投资者比普通投资者具有更强的专业知识和分析能力，因此其有能力准确识别商誉价值；分析师关注度越高，越可能为投资者评估商誉价值提供辅助参考，从而提升投资者的信息处理能力；会计监管越严格，越有助于抑制企业的商誉减值操控动机。据此，本节预期不同后续计量方法价值相关性差异在机构投资者数量较低组、分析师关注度较低组以及会计监管趋严之前样本组会更为显著。参考已有文献，若机构投资者数量大于行业年度中位数，则定义为机构投资者数量多样本，否则为机构投资者数量少样本；若分析师关注度大于行业年度中位数，则定义为分析师关注度高样本，否则为分析师关注度低样本；若是 2018 年之前样本，则定义为会计监管趋严之前样本，否则为会计监管趋严之后样本。该回归结果见表 8－11 所列。

表 8－11 公司外部因素与价值相关性

变量	(1) 机构投资者数量少 P	(2) 机构投资者数量多 P	(3) 分析师关注度低 P	(4) 分析师关注度高 P	(5) 会计监管趋严之前 P	(6) 会计监管趋严之后 P
BVPS	1.2017*** (7.94)	1.5498*** (7.49)	1.2139*** (8.20)	1.5217*** (6.89)	1.4478*** (5.38)	1.4703*** (8.99)

（续表）

变量	(1) 机构投资者数量少 *P*	(2) 机构投资者数量多 *P*	(3) 分析师关注度低 *P*	(4) 分析师关注度高 *P*	(5) 会计监管趋严之前 *P*	(6) 会计监管趋严之后 *P*
EPS	1.5753* (1.81)	5.4120*** (5.01)	1.0201 (1.43)	6.6072*** (5.58)	5.7712*** (2.96)	4.7806*** (5.70)
GWPS	2.3938*** (5.22)	2.8076*** (3.58)	2.5176*** (5.46)	2.5755*** (3.12)	3.7123*** (5.59)	1.6373** (2.28)
IMPPS	−0.5115 (−0.74)	−0.9076 (−0.34)	−0.2152 (−0.31)	−0.3206 (−0.15)	1.5900 (0.50)	−0.0031 (−0.00)
TREAT	−0.3147 (−0.35)	−0.4270 (−0.33)	−0.1357 (−0.18)	−0.5022 (−0.29)	−2.1224 (−1.34)	−0.0088 (−0.01)
IMPPS×*TREAT*	−10.5096*** (−2.73)	10.1123 (0.14)	−10.9103*** (−3.57)	43.7828 (0.64)	−33.7932*** (−3.24)	−10.2933* (−1.75)
LEV	−0.4299 (−0.29)	3.1072 (1.10)	0.6013 (0.45)	−0.7167 (−0.21)	4.2719 (1.44)	2.9582 (1.43)
GROWTH	1.4239*** (2.71)	2.9298*** (2.78)	1.5507*** (3.29)	4.4504*** (3.23)	1.4041 (1.54)	2.2385*** (2.78)
PERSIST	0.1129 (0.60)	−0.6579** (−2.46)	−0.0273 (−0.21)	−0.5337 (−1.40)	−0.1348 (−0.47)	−0.3805* (−1.86)
AGE	−0.2505*** (−7.15)	−0.5612*** (−7.60)	−0.2559*** (−8.37)	−0.6115*** (−6.43)	−0.4339*** (−6.14)	−0.3294*** (−6.20)
常数项	22.5818*** (5.49)	19.8728*** (5.76)	20.2587*** (6.95)	23.2355*** (4.46)	16.5072*** (4.93)	9.4021*** (4.39)
年度固定效应	控制	控制	控制	控制	控制	控制
行业固定效应	控制	控制	控制	控制	控制	控制

（续表）

变量	(1) 机构投资者 数量少 *P*	(2) 机构投资者 数量多 *P*	(3) 分析师 关注度低 *P*	(4) 分析师 关注度高 *P*	(5) 会计监管 趋严之前 *P*	(6) 会计监管 趋严之后 *P*
观测值	1524	1776	1984	1321	786	2519
调整 R^2	0.46	0.51	0.47	0.51	0.44	0.49
系数组间差异P值	0.04**		0.08*		0.08*	

注：***、**、* 分别表示在1%、5%以及10%水平上显著；括号内的数字为经过公司层面聚类调整的t值；系数组间差异P值为采用费舍尔组合检验的结果。

表8-11回归(1)、回归(3)和回归(5)中交乘项的回归系数均显著为负，且至少在1%水平上显著，表现出在投资者信息处理能力较弱时以及会计监管较宽松时，摊销法相对于减值法具有更强的价值相关性，回归(2)和回归(4)中交乘项的回归系数均不显著，回归(6)中交乘项的回归系数仅在10%水平上显著，表明在投资者信息处理能力较强时以及会计监管较严格时，摊销法相对于减值法的价值相关性并没有显著差异。针对交乘项系数组间差异的费舍尔组合检验也至少在10%水平上显著，表明投资者信息处理能力越弱、会计监管越宽松时，摊销法越能够提供决策有用的信息，其价值相关性也越强，与预期一致。

8.7 本章小结

针对商誉减值频繁暴雷的问题，会计准则制定机构以及会计学术界都关注到是否要重新引入摊销法的解决方案并展开了讨论。由于会计准则限制，现实中无法直接比较摊销法与减值法的价值相关性差异，从而导致已有研究未能提供有关两者价值相关性差异的有效结论。本章以多次小额商誉减值样本作为摊销法样本的近似替代，对摊销法与减值法下会计信息的价值相关性差异进行了实证检验。研究发现，摊销法下的后续计量会计信息更具价值相关性。作用机制检验显示，摊销法下的后续计量会计信息提供了更为可靠的信息，因此更具有价值相关性。异质性检验显示，企业内部的盈余操控激励越强，摊销法的价值相关性也越强，企业外部的监督(管)越强，摊销法的价值相关性越弱。

本章尝试从减值数据中提取出实质上按照摊销思路进行会计处理的样本，并重新解释为何摊销法比减值法所产生的会计信息更具有价值相关性，丰富不同后续计量方法经济后果的文献。但本章主要从会计信息质量维度解释不同后续计量方法的价值相关性差异，而对投资者的决策过程缺乏关注。随着互联网技术的发展，大量另类数据涌现，投资者的决策过程可能也会发生变化，但本章并未将该变化从研究设计中完全分离出来，因此本章的研究仍然较为基础。

即便如此，本章的研究对于会计准则制定机构完善商誉后续计量方法仍具有一定的政策启示意义。第一，鉴于摊销法的优势在于提供更为可靠的后续计量会计信息，故可以针对减值法的减值测试流程进行优化，降低处理难度，增加减值信息披露，提高信息透明度。第二，考虑到外部监督(管)在改善后续计量会计信息价值相关性中的重要作用，故可以从改善投资者信息处理能力、严格会计监管两个方面完善资本市场相关制度建设，从而更好地发挥会计准则在资本市场发展中的作用。

第9章 结束语

9.1 主要研究结论

针对商誉减值会计规则的经济后果问题，本书从三个方面对该问题进行了研究。首先，本书从历史的视角梳理了商誉会计的演变历程，基于历史的演进过程探求商誉会计的经济后果问题。其次，本书用两个部分对当前商誉减值会计规则的经济后果进行了实证检验。其一是对商誉减值会计规则所生成商誉减值会计信息质量的实证检验，分别从可靠性和相关性两个维度展开；其二是对商誉减值会计规则真实效应的实证检验，从并购倾向视角展开。最后，本书分别检验了增加商誉减值信息披露以及采用商誉摊销信息在提升商誉后续计量会计信息决策有用性方面的作用。本书的主要研究结论如下。

(一)商誉会计的发展历程

本部分的研究首先回顾了美国、国际以及中国商誉会计相关准则的发展历程，并对其发展特征进行了总结，最后基于商誉会计信息的总供求视角对商誉会计的演变逻辑进行了分析。

由于美国资本市场发展较早且较发达，其商誉会计的发展历史在西方世界中较具有代表性。在其发展过程中，ARB24 初步涉及对商誉会计的规范，APB16 和 APB17 则明确了商誉会计处理的两类处理要求，SFAS141 和 SFAS142 则是目前商誉会计处理的基本规范。国际会计准则中的 IAS22 是最早有关商誉会计的准则，随后的 IFRS3 以及修订后的 IAS36，则基本与美国的商誉会计处理保持一致。

中国是直到 2007 年新《企业会计准则》发布，才有了与国际会计准则相一致的商誉会计处理规定。

通过对美国及国际商誉会计处理规则的梳理可以发现，商誉会计从产生到发展，经历了从无规范时代到有规范时代，从多标准时代到唯一标准时代。在美国CAP 发布 ARB24 之前，商誉会计并没有统一的处理标准，而在此以后商誉会计的演进一直是相关准则制定机构推动的。在多标准时代，在是否确认商誉资产的问题上，存在着权益结合法与购买法，在如何对商誉资产进行后续计量的问题上，同时并存摊销法和减值法。在 2000 年左右，所有的多重标准均被压缩，初始确认只能按照购买法进行，后续计量只能采用减值法。

对商誉会计演变逻辑的研究则发现，历史上不同阶段社会经济环境的变化导致了对商誉会计信息的需求，会计理论的发展则为采纳新的商誉会计处理方法提供了供给，供求力量的变化是商誉会计演进的根源。包括知识经济时代对无形资产（资源）的重视，企业并购方式的变化及公司治理模式的演进，都形成了对商誉会计信息的新需求；包括财务报告目标的改变及计量属性的增加，都形成了对商誉会计信息的新供给。以上供求力量的长期博弈塑造了现阶段的商誉会计处理规则。

（二）商誉减值会计信息的可靠性

本部分的研究利用中国的商誉减值数据实证检验了采用公允价值进行后续计量的商誉减值信息的可靠性问题。利用 Riedl（2004）的资产减值模型，将商誉减值的影响因素分为经济因素与报告激励因素。若商誉减值与经济因素相关，则表明其减值行为与潜在的经济环境变化有关，否则则表明商誉减值信息未能反映经济环境的变化；若商誉减值与报告激励因素相关，且该相关因公司治理环境的变化而受到影响，则认为商誉减值受到高管机会主义盈余管理动机的影响，商誉减值信息不可靠，否则认为商誉减值与报告激励因素的相关仅反映了高管的私人信息传递。

本章基于商誉减值信息可靠性的实证检验发现，商誉减值信息与企业的宏观、中观及微观的经济因素均显著相关，表明商誉减值信息是对潜在经济环境变化的反映。同时，本章的研究还发现，商誉减值信息与报告激励因素也显著相关，其受报告激励动机的影响。本章的进一步研究则发现，仅“洗大澡”动机下的商誉减值随着公司治理环境的变化而发生变化，表明“洗大澡”动机下的商誉减值信息是高管机会主义的盈余管理行为的结果，而其他动机下的商誉减值信息则反映了高管的私人信息传递。

(三)商誉减值会计信息的相关性

本部分的研究利用中国的商誉减值数据实证检验了采用公允价值进行后续计量的商誉减值信息的相关性问题。本章在 Barth 等(2001)应计与现金流关系模型的基础上,从应计项目中分解出商誉减值项目,考察商誉减值对未来现金流的预测能力。若商誉减值信息对未来的现金流具有预测能力,则表明商誉减值信息具有相关性,否则则表明其不满足财务报告信息特征要求。

本章的实证研究结果表明,商誉减值信息与企业的未来现金流显著正相关,但是这种相关仅体现在其与未来两期到四期的现金流预测中。该结果表明商誉减值信息虽然具有相关性特征,但是该特征仍然存在改进的空间。本章的进一步研究则表明,以上关系受到企业现金流周转天数、企业规模以及盈余管理动机的影响而存在差异,说明商誉减值信息的相关性特征因具体环境的不同而存在差异。

(四)商誉减值会计规则的真实效应

本部分的研究利用中国情境下第 5 号规则实施的准自然实验实证检验了商誉减值会计自由裁量权变化对企业并购决策的影响。在第 5 号规则实施后,本章采用了双重差分模型考察,更高的商誉减值会计自由裁量权是否以及如何对企业并购决策产生影响。进一步,本章的研究还对不同的自由现金流、信息不对称、激励以及监督下商誉减值信息的真实效应差异进行了考察,以对商誉减值会计信息真实效应的作用边界进行研究。

双重差分模型的实证结果表明,在第 5 号规则实施后,商誉减值会计自由裁量权越高的企业并购倾向也显著更高。该结果表明商誉减值具有真实效应。本章的进一步研究则表明,以上关系受到代理问题的影响明显,这说明商誉减值真实效应主要体现为通过影响企业的代理成本,从而对企业的并购交易决策产生影响。

(五)商誉减值信息披露的有用性

本部分的研究利用手工收集的商誉减值信息披露数据,实证检验了企业商誉减值信息披露对于投资者决策行为的影响。本章采用了 Olshon 的价值相关性模型,在该模型的基础上增加了信息披露水平变量,以考察企业是否进行商誉减值信息披露,以及商誉减值信息披露的程度对投资者定价行为的影响。进一步,本章还分别对商誉减值信息披露与预期商誉减值和非预期商誉减值的交乘项进行了考察,以对减值信息披露的作用机理进行了研究。

手工收集的减值信息披露数据表明,企业可能更多的是在有减值迹象的年份才进行减值测试,而非准则所要求的每年年末进行减值测试。同时,该数据结果还表明,多数企业的商誉减值信息披露并不符合准则的披露要求。具体表现:未对商誉减值测试过程中所依赖的估计参数进行详细的披露,披露的信息以定性的描述信息为主。

本章的实证研究发现,商誉减值信息是否披露对股价有显著的影响,具有价值相关性,同时这种影响主要体现在对非预期商誉减值的影响上,降低了市场投资者对非预期商誉的定价。本章更进一步的研究则发现,商誉减值信息的披露程度也影响到了市场对非预期商誉减值信息的定价,但是商誉信息披露的类型并不影响到非预期商誉减值信息的定价。综合而言,商誉减值信息在一定程度上具有决策有用性,提高了投资者的投资效率。

(六)商誉摊销信息的有用性

本部分的研究利用手工整理的商誉资产组层面的商誉减值数据,以多次小额商誉减值样本作为摊销法样本的近似替代,比较了摊销法与减值法下后续计量会计信息对投资者决策行为的影响。更进一步,从后续计量会计信息可靠性与相关性两个维度分析了不同后续计量方法价值相关性差异的作用机制。除此以外,还对不同企业内外部环境下后续计量方法价值相关性差异的作用边界进行了检验。

本章的实证研究发现,摊销法比减值法下的后续计量会计信息更具有价值相关性。与减值法相比,摊销法下的后续计量会计信息更具可靠性,因此价值相关性更高,摊销法与减值下的后续计量会计信息在相关性方面不存在显著差异。企业内部的盈余操控激励越高,摊销法下会计信息的价值相关性越强,企业外部的监督(管)越弱,摊销法下会计信息的价值相关性也越强。

9.2　政策启示和建议

通过对商誉减值会计规则经济后果的研究,本书的研究结果表明,商誉减值信息供求共同塑造了目前的准则,商誉减值信息在一定程度上具有可靠性与相关性,商誉减值信息披露也具有决策有用性。结合本书的研究结论,本研究得出以下五点启发和建议。

第一，慎重考虑推广采用有偏向的权益结合法，强调市场在资源配置中的作用。基于商誉发展历程的演变研究可以发现，由于企业内外部对会计信息的需求以及商誉会计信息所具有的经济后果，使得企业更为偏好特定类型的企业合并方法。虽然(类似)权益结合法的会计处理并不会对企业的实际现金流产生影响，但是其通过影响财务报表的数字对与财务报表相关的契约产生了实在的影响，从而间接影响了企业的价值。若因为高管不可控的会计处理方法导致其更不愿意进行并购交易，或通过构造交易来选择特定的会计处理方法，从而影响了整个资本市场中的资源配置效率，这是得不偿失的。因此，应该综合考虑企业的权益结合法的经济后果，注重发挥市场在资源配置中的作用，减少不必要的人为干预。

第二，加强对“洗大澡”动机下商誉减值信息的会计监管。基于商誉减值信息可靠性的研究结论表明，商誉资产的特殊属性以及减值测试的特征使得其容易受到高管机会主义盈余管理动机(主要是指“洗大澡”动机)的影响，从而降低了商誉会计信息的质量。因此，资本市场的监管机构应该加强对“洗大澡”动机下的商誉减值行为的监管，以压缩企业高管通过商誉减值进行盈余管理的空间。同时，资本市场的中介服务提供者(如审计师、资产评估师)也应该注意加大对“洗大澡”动机下的商誉减值事项的检查与复核，形成对企业的第三方监管，保证中介服务的质量。

第三，提供更为单一适用的商誉减值测试指引，提高商誉减值信息的相关性。基于商誉减值信息相关性的研究结果表明，商誉减值测试的复杂性使得其执行成本较高，从而降低了企业所提供的商誉减值信息的相关性。国际会计准则的商誉减值测试程序(CAS8)，虽然比美国会计准则商誉减值测试的两步法更为简单，但是其在可回收金额的计算上无疑有双重计量标准之嫌(公允价值减处置费用的净额与预计未来现金流量的现值两种方法的较高者)，反而提高了商誉减值测试的执行成本与难度。美国会计准则的商誉减值测试两步法看似较为复杂，但是其第一步的测试程序较为简单，易于执行，且若第一步的测试表明包含商誉的资产的账面价值不低于其公允价，则不需要进行第二步对商誉资产的单独测试，这种安排反倒是使得对商誉减值的测试更为简单。因此，对于中国的商誉会计处理而言，或强调公允价值或强调长期的使用价值，不应该兼顾两种标准。

第四，平衡商誉减值会计规则约束与商誉减值会计规则激励，推动中国并购市场繁荣发展。虽然严格商誉减值会计规则能够抑制企业的机会主义并购活动，对企业并购活动具有约束作用，但是这也可能导致企业并购后业绩的巨大波动，增加企业并购成本，从而阻碍企业并购活动的开展。对于会计准则制定机构而言，在修订商誉减值会计规则时：第一，应该注意秉持中立标准，避免商誉减值会计规则过于严格所造成的寒蝉效应；第二，应该注意发挥商誉减值会计规则在推动并购市场繁荣发展中的激励作用，注重通过加强商誉减值会计信息披露的方式以约束商誉减值会计规则的负面影响。

第五，进一步规范商誉减值信息披露并加强商誉减值信息披露监管，提高商誉减值信息披露的质量。基于商誉减值信息披露的研究结果表明，投资者确实会基于商誉减值信息的披露结果进行股票的投资决策，而目前企业的商誉减值信息披露尚存在诸多的不规范之处，这降低了商誉减值披露信息的信息含量及有用性。因此，可以通过明确商誉减值信息的披露范围和具体披露项目，提高商誉减值信息披露的针对性与信息含量。对于应该披露而未披露的企业，应该通过资本市场的监管加大对其违规披露的查处与惩罚力度，以提高企业对商誉信息披露准则的遵循度。

9.3　研究不足

针对商誉减值会计规则经济后果问题，本书使用规范研究的方法讨论了商誉会计演进的规律问题，并利用实证研究方法检验了商誉减值信息计量的可靠性和相关性问题，以及商誉减值信息的决策有用性问题，还提出了相关的政策建议。由于研究范围、所采用的研究方法的限制，本书的研究可能还存在以下五点不足。

第一，由于本书更为注重对商誉减值会计信息在财务报告层面经济后果的讨论，而较为忽视对商誉减值会计信息对实体经济等其他非财务报告层面的经济后果。具体表现为商誉减值信息可能引发系统性风险问题。由于并购活动中的商誉高估以及因为商誉减值测试的不可验证，商誉资产计量可能存在系统性的高估风险，而这种系统性的风险极易在资产价格下行时产生严重的顺周期效应，从而引发系统性的风险。

第二，由于本书的研究对象主要限定为对商誉减值层面经济后果的研究，而缺少来自商誉初始确认层面经济后果的证据。因为企业披露的并购信息较少，且规范较差，不同企业披露的并购信息差异较大，导致商誉确认层面的研究数据较为匮乏。当只能针对商誉后续计量层面的数据进行研究时，研究结论的范围就受到一定的限制，也就无法获取来自商誉确认层面数据的佐证。

第三，在理论分析方面，本书针对商誉会计演进规律的分析还缺乏深度，无法基于本书的分析框架推演出未来商誉会计的特点。本书基于社会对商誉会计信息供求的分析框架虽然能够较好地对已有的不同理论进行整合，并对商誉会计演进过程中的曲折性及复杂性进行合理的解释，但是由于笔者学识有限，无法更进一步提出既能够解释过去又能够预测未来的综合分析理论。

第四，在实证研究方面，本书更多的是基于大样本数据对中国企业并购商誉处理的经济后果问题进行研究，研究结论可能会受到计量方法选择、模型设定等因素的影响。虽然本书在实证研究中均采用了不同的计量技术，同时对模型设定可能依赖的假设前提进行了充分的检验，但是测量误差等问题依然可能存在。且由于与同类研究采用了不同的数据区间以及研究样本，进一步降低了本研究的可比性。

第五，在政策建议方面，本书主要是基于实证研究的结果及所发现的问题提出的方向性的政策建议，但是对于如何将该政策落实到位，还有待进一步的研究。根据本书的研究结论，本书分别对权益结合法的使用、会计监管、减值测试的改进以及信息披露的优化等五个方面提出了政策建议，但是从提出本书的政策建议到将该建议体现在具体的政策中还需要一定的过程，还需要专门的研究对此进行研究。

9.4 研究展望

本书通过对商誉会计经济后果的研究，回答了商誉会计历史发展的原因问题，以及现阶段商誉会计相关规定的经济后果问题。针对本研究对政策的启发意义，本研究中所可能存在的不足，以及中国的实际情况，未来还需要针对以下问题做进一步的研究。

第一，关于权益结合法的研究。无论是对于权益结合法使用效果的考察还是优化该方法的理论研究，都是目前中国情境下的研究中较为缺乏的。由于目前中国的准则中保留了类似权益结合法的规定，所以对于这种规定的适当性及其经济后果的检验具有一定的经济意义与政策启发意义。同时，考虑到权益结合法可能带来的经济后果问题，如何限制权益结合法的不利方面，减少其可能造成的负面影响，并提高其积极方面的作用，对目前的权益结合法作出优化与完善，也具有一定的政策意义。

第二，关于商誉减值会计信息影响因素的研究。本书主要针对商誉减值会计信息的经济后果问题进行了研究，对于其影响因素却缺乏研究。由于企业的会计信息具有一定的经济后果，因此不同的利益主体均可能会因为自身的利益诉求而去影响商誉会计信息的确认、计量与披露。通过对商誉减值会计信息影响因素的研究，可以从影响因素层面进一步证明商誉减值会计信息的经济后果问题。同时，商誉减值会计信息影响因素研究本身也是有关商誉会计的重要研究话题，需要对其进行进一步的研究。

第三，关于商誉减值会计规则经济后果的深入研究。虽然本书已经对商誉减值会计规则本身以及其所生产商誉减值会计信息的经济后果做了深入的分析，但是本书的分析还有待进一步丰富和完善。其一，从商誉减值会计规则经济后果的因果识别来看，商誉减值会计信息反映的内容中既包括信息质量也包括经济实质，因此如何有效识别商誉减值会计规则经济后果因何而起成为未来学术研究亟待解决的难题。其二，从商誉减值会计信息的传播视角看，资本市场信息中介对商誉减值会计信息的鉴证、加工和再传播以及利益相关者对商誉减值会计信息的分析与使用均是与商誉减值暴雷事件密切相关的关键环节。对上述环节的分析应该突破理性经济人的假设，可以更多借助行为金融学中有限注意力理论进行深入研究，从而更好理解商誉减值背后的内在规律。

第四，关于优化和完善商誉会计相关准则及监管的研究。本书的研究结果表明商誉减值测试所生产的商誉减值信息可能受到“洗大澡”动机的影响，且其相关性也较低，还有待进一步的提升。虽然本书在政策建议中提出采用某一类标准的测试方式以提高减值测试的有效性，但是对于究竟该采用哪一类的标准作为基础，还有待进一步的政策研究。同时，本书有关商誉减值信息披露的研究结果表明商誉减值信息披露的水平还较低，因此，准则应该如何对商誉减值信息披露作出更精细的规范还有待进一步的研究。

参考文献

[1] 安世强,张金昌.超额商誉对企业研发支出资本化的影响研究[J].管理学报,2024,21(6):928-937.

[2] 步丹璐,王多仁.商誉减值、股东减持与股权质押——基于商誉减值前股东行为的微观证据[J].山西财经大学学报,2022,44(10):113-126.

[3] 财政部会计准则委员会.企业合并与合并会计报表[M].大连:大连出版社,2005.

[4] 柴明洋,李姝.商誉公允价值计量可靠性困境:回顾、反思与改进[J].当代会计评论,2020,13(1):71-97.

[5] 常利民.商誉减值与公司业绩预告行为[J].证券市场导报,2022,(1):62-71.

[6] 陈信元,董华.企业合并的会计方法选择:一项案例研究[J].会计研究,2000,(2):16-25.

[7] 戴德明.财务报告目标与公允价值计量[J].金融会计,2012,(1):21-26.

[8] 邓鸣茂,梅春.高溢价并购的达摩克斯之剑:商誉与股价崩盘风险[J].金融经济学研究,2019,34(6):56-69.

[9] 邓茜丹,辛清泉.消失的信号:业绩补偿承诺到期前后的商誉减值研究[J].审计与经济研究,2021,36(2):85-94.

[10] 邓小洋.美国商誉会计的最新进展[J].外国经济与管理,2000,(6):41-48.

[11] 邓小洋.企业合并的基本会计方法及其比较分析[J].财经研究,2001,(1):52-57.

[12] 丁友刚.企业合并会计方法:问题、争论与选择[J].会计研究,2004,

(3):68－72.

[13] 董馨格,韩亮亮,董盈厚．商誉减值企业印象管理与研发支出资本化——来自2007—2021年A股上市公司的经验证据[J]．外国经济与管理,2024,46(5):86－103.

[14] 独正元,吴秋生．非国有董事治理积极性能抑制国企并购商誉泡沫吗——来自董事会投票的经验证据[J]．贵州财经大学学报,2023,(1):60－69.

[15] 杜春明,张先治,常利民．商誉信息会影响企业债务期限结构吗?——基于债权人的视角[J]．证券市场导报,2019,(2):45－54.

[16] 杜兴强,杜颖洁,周泽将．商誉的内涵及其确认问题探讨[J]．会计研究,2011,(1):11－16.

[17] 范云朋．企业社会责任履行与超额商誉抑制[J]．武汉大学学报(哲学社会科学版),2024,77(2):132－144.

[18] 冯丽颖,任世驰．基于并购估值的合并商誉来源、经济性质与会计处理方法研究[J]．中国软科学,2021,(1):114－126.

[19] 冯卫东,郑海英．知识经济下商誉会计:理论诠释与准则改进[J]．财经问题研究,2013,(11):92－96.

[20] 傅超,杨曾,傅代国．"同伴效应"影响了企业的并购商誉吗?——基于我国创业板高溢价并购的经验证据[J]．中国软科学,2015,(11):94－108.

[21] 葛家澍,杜兴强．会计理论[M]．上海:复旦大学出版社,2005.

[22] 葛家澍,刘峰．会计理论:关于财务会计概念结构的研究[M]．北京:中国财政经济出版社,2003.

[23] 葛家澍．当前财务会计的几个问题——衍生金融工具、自创商誉和不确定性[J]．会计研究,1996,(1):3－8.

[24] 耿建新,丁含．资产评估机构对商誉泡沫的影响及机制研究[J]．管理学报,2021,18(11):1730－1738.

[25] 关月琴,徐莉萍,辛宇．监管问询与并购商誉减值规避[J]．证券市场导报,2024,(6):43－58.

[26] 郭雪萌,余瑞娟．商誉能否反映企业超额收益能力[J]．北京交通大学学报(社会科学版),2016,15(1):87－97.

[27] 郭照蕊,黄俊．高质量审计与上市公司商誉泡沫[J]．审计研究,2020,(4):80－89.

[28] 韩宏稳,唐清泉,黎文飞．并购商誉减值、信息不对称与股价崩盘风险

[J]. 证券市场导报,2019,(3):59－70.

[29] 韩宏稳. 商誉减值研究述评及中国情境下研究展望[J]. 北京工商大学学报(社会科学版),2022,37(1):65－76.

[30] 韩宏稳. 大股东持股对商誉减值规避的影响研究[J]. 证券市场导报,2023,(9):24－32.

[31] 何苏燕,任力. 超额商誉对控股股东股权质押行为的影响[J]. 经济管理,2021,43(7):177－192.

[32] 何苏燕,任力. 现金参与并购视角下的超额商誉与企业创新[J]. 东南学术,2022,(5):153－165.

[33] 胡凡,李科. 股价高估与商誉减值风险[J]. 财经研究,2019,45(6):71－85.

[34] 胡燕,张新妍,纪若雷. 合并商誉的价值相关性研究——基于A股上市公司2007—2010年的数据分析[J]. 北京工商大学学报(社会科学版),2012,27(5):72－78.

[35] 黄菊珊. 合并会计研究[D]. 天津:天津财经学院,2004.

[36] 黄世忠,陈箭深,张象至,等. 企业合并会计的经济后果分析——兼论我国会计准则体系中计量属性的整合[J]. 会计研究,2004,(8):30－39.

[37] 黄世忠. 从会计到预计——论会计的演进及其对专业判断和教育模式的启示[J]. 财会通讯,2011,(34):6－7.

[38] 黄世忠. 移动互联网时代财务与会计的变革与创新[J]. 财务与会计,2015,(21):6－9.

[39] 黄小琳,徐一泽,李书锋. 大股东持股、并购商誉与股价涨跌风险[J]. 金融论坛,2022,27(11):51－60.

[40] 黄晓韡,黄世忠. 财务报告概念框架修订热点问题综述[J]. 会计研究,2016,(1):25－30.

[41] 黄志忠,郑依林. 商誉、利润可预测性与股票错误定价——基于代理成本观的实证检验[J]. 会计研究,2022,(7):32－45.

[42] 姜付秀,黄磊,张敏. 产品市场竞争、公司治理与代理成本[J]. 世界经济,2009,32(10):46－59.

[43] 姜付秀,张敏,刘志彪. 并购还是自行投资:中国上市公司扩张方式选择研究[J]. 世界经济,2008,(8):77－84.

[44] 李安泰,张建宇,卢冰. 机构投资者能抑制上市公司商誉减值风险

吗？——基于中国A股市场的经验证据[J]. 金融研究,2022,(10):189-206.

[45] 李健,崔雪,陈传明. 家族企业并购商誉、风险承担水平与创新投入——基于信号传递理论的研究[J]. 南开管理评论,2022,25(1):135-146.

[46] 李晶晶,关月琴,魏明海,等. 商誉、准则与制度:万亿商誉资产之谜[J]. 经济管理,2020,42(12):151-167.

[47] 李俊. 国有企业商誉泡沫问题分析及对策建议[J]. 审计研究,2023,(5):52-61.

[48] 李昆,周庆鸽. 资本市场开放与并购商誉——基于"沪港通"的实证研究[J]. 经济体制改革,2020,(3):137-143.

[49] 李璐,姚海鑫. 共享审计能抑制并购商誉泡沫吗？——来自中国上市公司的经验证据[J]. 审计与经济研究,2019,34(5):32-42.

[50] 李明,彭川. 商誉理应减值还是摊销？——兼评IASB《讨论稿》[J]. 会计研究,2021,(1):26-43.

[51] 李明辉,王宇,张晗,等. 审计师对上市公司商誉减值的风险应对[J]. 系统工程理论与实践,2021,41(6):1368-1382.

[52] 李沁洋,陈航,刘向强. 并购业绩补偿承诺与商誉减值[J]. 中央财经大学学报,2023,(6):67-79.

[53] 里·约翰·普雷维茨,巴拉·达比斯·莫里诺. 美国会计史——会计的文化意义[M]. 北京:中国人民大学出版社,2007.

[54] 厉国威,励雯翔. 董事高管责任保险对超额商誉的影响[J]. 财经论丛,2023,(7):79-88.

[55] 刘常青. 中国企业会计准则思想发展路径的考证(之一)——中国企业会计准则思想发展的背景[J]. 郑州航空工业管理学院学报,2009,27(5):113-119.

[56] 刘超,徐丹丹,郑忱阳. 商誉、高溢价并购与股价崩盘风险[J]. 金融监管研究,2019,(6):1-20.

[57] 刘浩,孙铮. 公允价值的实证理论分析与中国的研究机遇[J]. 财经研究,2008,(1):83-93.

[58] 刘健,黄菊珊.《对商誉的再认识》质疑——兼谈对合并价差、外购商誉的会计处理[J]. 会计研究,1999,(2):40-42.

[59] 刘喜和,王洁远. 溢价并购、商誉减值与股票收益率波动效应[J]. 金融经济学研究,2019,34(3):83-93.

[60] 柳建华,徐婷婷,杨祯奕．管理层能力、长期激励与商誉减值[J]．会计研究,2021,(5):41－54.

[61] 卢太平,张东旭．融资需求、融资约束与盈余管理[J]．会计研究,2014,(1):35－41.

[62] 卢晓哲,朱南军．高溢价并购特征与商誉减值及时性——基于并购时管理层过度自信的视角[J]．经济理论与经济管理,2022,42(8):73－87.

[63] 卢煜,曲晓辉．商誉减值的盈余管理动机——基于中国A股上市公司的经验证据[J]．山西财经大学学报,2016,38(7):87－99.

[64] 毛志宏,李丽．企业ESG表现能抑制并购商誉泡沫吗[J]．现代经济探讨,2023,(7):71－83.

[65] 潘秀丽．共同控制下企业合并的会计方法选择[J]．会计研究,2002,(1):37－39.

[66] 亓文韬,邹汝康,何贤杰．监管关注与公允价值会计——基于商誉减值的证据[J]．会计研究,2022,(11):27－37.

[67] 曲晓辉,卢煜,汪健．商誉减值与分析师盈余预测——基于盈余管理的视角[J]．山西财经大学学报,2016,38(4):101－113.

[68] 曲晓辉,卢煜,张瑞丽．商誉减值的价值相关性——基于中国A股市场的经验证据[J]．经济与管理研究,2017,38(3):122－132.

[69] 任世驰,冯丽颖．会计信息基本质量特征:基于信息经济学的解读——对IASB《财务报告概念框架(征求意见稿)》的一个回应[J]．会计研究,2016,(10):9－17.

[70] 任雅萍．上市公司高商誉现状的监管风险及应对分析[J]．证券市场导报,2018,(10):57－61.

[71] 史玉光,余恕莲．企业合并会计方法的经济后果研究:兼论同一控制下企业合并的会计方法[M]． 北京:对外经济贸易大学出版社,2014.

[72] 宋佳宁,高闯．实际控制人所有权能否抑制商誉泡沫?——基于内部控制视角的解释[J]．财贸研究,2021,32(4):98－110.

[73] 苏冬蔚,林大庞．股权激励、盈余管理与公司治理[J]．经济研究,2010,45(11):88－100.

[74] 苏洋,张俊瑞,余思佳,等．商誉减值的决策有用性困境——基于净空高度和盈余操纵视角[J]．南开管理评论,2023,26(4):111－12.

[75] 孙诗璐,张斐燕,郑建明,等．放松卖空管制能够抑制并购商誉泡沫吗?

[J]. 金融研究,2021,(11):189-206.

[76] 谭瑾,权小锋,徐光伟,等. 商誉减值影响了企业创新质量吗?[J]. 审计与经济研究,2023,38(2):116-127.

[77] 谭燕,徐玉琳,赵旭雯,等. 高管权力、前任安排与并购商誉减值[J]. 会计研究,2020,(7):49-63.

[78] 田园,高利芳. 卖空管制放松能够抑制企业商誉泡沫吗?[J]. 财贸研究,2021,32(9):96-110.

[79] 汪祥耀,. 国际会计准则与财务报告准则:研究与比较[M]. 上海:立信会计出版社,200.

[80] 王保忠,梁旬. 控股股东股权质押、超额商誉与企业创新[J]. 商业研究,2022,(6):65-72.

[81] 王浩然,王彪华,周泽将. 审计委员会海归背景与商誉减值计提[J]. 审计与经济研究,2021,36(1):58-67.

[82] 王建新,杨智. 机构投资者实地调研能否抑制企业商誉泡沫?[J]. 中央财经大学学报,2023,(6):80-89+103.

[83] 王克敏,王志超. 高管控制权、报酬与盈余管理——基于中国上市公司的实证研究[J]. 管理世界,2007,(7):111-119.

[84] 王鹏程,殷雅坤. 上市公司商誉核算和管理问题研究:现状讨论与政策建议[J]. 财务研究,2022,(4):26-37.

[85] 王守海,孙文刚,李云. 非活跃市场环境下公允价值计量的国际经验与研究启示[J]. 会计研究,2012,(12):12-18.

[86] 王文姣,傅超,傅代国. 并购商誉是否为股价崩盘的事前信号?——基于会计功能和金融安全视角[J]. 财经研究,2017,43(9):76-87.

[87] 王文姣,谭云. 客户-审计师不匹配关系与企业商誉[J]. 审计与经济研究,2020,35(3):22-33.

[88] 王艳艳,蔡钟文,于李胜. 基于机器学习的商誉减值预测模型[J]. 会计研究,2024,(3):51-64.

[89] 魏志华,朱彩云. 超额商誉是否成为企业经营负担——基于产品市场竞争能力视角的解释[J]. 中国工业经济,2019,(11):174-192.

[90] 吴昊旻,杨兴全,魏卉. 产品市场竞争与公司股票特质性风险——基于我国上市公司的经验证据[J]. 经济研究,2012,47(6):101-115.

[91] 谢德仁. 并购协同效应与并购商誉计量——基于业务合并会计之新购

买法的分析[J]. 会计研究,2023,(7):18－29.

[92] 谢纪刚,张秋生. 股份支付、交易制度与商誉高估——基于中小板公司并购的数据分析[J]. 会计研究,2013,(12):47－52.

[93] 谢纪刚,张秋生. 上市公司并购的价值构成与商誉减值会计新模式——兼论《企业合并:披露、商誉与减值(讨论稿)》[J]. 会计研究,2020,(12):18－28.

[94] 熊剑,蒋基路. 从美国商誉相关会计准则变迁看商誉会计误区[J]. 外国经济与管理,2004,(7):45－49.

[95] 修宗峰,吉茂源,胡继雯,等. 融资融券与企业商誉减值计提:基于双向交易机制视角[J]. 会计研究,2022,(11):53－71.

[96] 徐泓,朱小平,杨万贵. 对商誉的再认识——公司收购的思考[J]. 会计研究,1998,(8):3－3.

[97] 徐经长,张东旭,刘欢欢. 并购商誉信息会影响债务资本成本吗?[J]. 中央财经大学学报,2017,(3):109－118.

[98] 徐莉萍,金献坤,滕飞,等. 自创商誉对并购商誉减值的"缓冲"效应研究——基于供应商关系管理情境的实证检验[J]. 会计研究,2021,(7):30－42.

[99] 徐沛勣,薛爽,高祎健. 基于业绩承诺的商誉减值足额计提了吗[J]. 会计研究,2023,(6):47－61.

[100] 徐婷婷,柳建华,陈果.《会计监管风险提示第 8 号——商誉减值》的政策效果研究——基于业绩补偿承诺的视角[J]. 南方经济,2022,(10):111－132.

[101] 许罡. 企业社会责任履行抑制商誉泡沫吗?[J]. 审计与经济研究,2020,35(1):90－99.

[102] 许家林. 商誉会计研究的八十年:扫描与思考[J]. 会计研究,2006,(8):18－23.

[103] 薛爽,徐沛勣. 分析师看穿商誉泡沫了吗:商誉对分析师盈余预测的影响及原因[J]. 会计研究,2022,(2):32－45.

[104] 严甜甜,李婉丽,钟宇翔. 超额商誉:"获利利器"还是"赢家诅咒"?——基于企业社会责任的视角[J]. 经济管理,2022,44(10):111－128.

[105] 杨丹. 合并商誉与企业创新能力[J]. 科研管理,2021,42(5):1－11.

[106] 杨威,宋敏,冯科. 并购商誉、投资者过度反应与股价泡沫及崩盘[J]. 中国工业经济,2018,(6):156－173.

[107] 杨雄胜,熊焰韧,陈丽花,等. 现代会计与人类社会文明关系问题探讨[J]. 会计研究,2014,(8):3－15.

[108] 叶超,李明辉．超额商誉与企业创新行为[J]．财贸研究,2021,32(12):65－81.

[109] 叶建芳,何开刚,杨庆,等．不可核实的商誉减值测试估计与审计费用[J]．审计研究,2016,(1):76－84.

[110] 伊恩·莫里斯．西方将主宰多久[M]．北京:中信出版社,2014.

[111] 余恕莲,毛洪涛．合并报表联营法的存废之争及其理论思考(上)[J]．外国经济与管理,2000,(11):33－36.

[112] 余恕莲,毛洪涛．合并报表联营法的存废之争及其理论思考(下)[J]．外国经济与管理,2000,(12):44－46.

[113] 原红旗,高翀,施海娜．企业并购中的业绩承诺和商誉减值[J]．会计研究,2021,(4):60－77.

[114] 约翰·班纳特·坎宁．会计中的经济学[M]．上海:立信会计出版社,2014.

[115] 曾庆宾．美国企业并购浪潮及其启示[J]．暨南学报(哲学社会科学),1999,(3):112－115.

[116] 占美松,徐雪慧．表外披露的困惑和研究出路[J]．会计研究,2011,(8):16－21.

[117] 占美松．表外披露性质解读及其启示:剩余控制权视角[J]．会计研究,2008,(10):25－30.

[118] 张崇胜．商誉不当减值行为:类型界分、原因剖析与规制策略[J]．南方金融,2023,(4):86－100.

[119] 张丹妮,周泽将．商誉与股价崩盘风险——基于信号理论视角的研究[J]．科研管理,2021,42(5):94－101.

[120] 张东旭,曹瑾．高管变更与商誉减值[J]．中南财经政法大学学报,2020,(3):25－34.

[121] 张东旭,梁德杰,周泽将．商誉减值与未来现金流[J]．当代会计评论,2019,12(1):80－97.

[122] 张海晴,文雯,宋建波．并购业绩补偿承诺与商誉减值研究[J]．证券市场导报,2020,(9):44－54＋77.

[123] 张俊民,毛玥,宋婕．媒体负面报道与商誉减值及时性——基于治理效应与市场压力的实证检验[J]．财经论丛,2022,(5):79－88.

[124] 张俊民,石威峰,毛玥．国家审计能否抑制超额商誉？——基于央企控

股上市公司的经验证据[J]. 审计研究,2022,(2):19-30.

[125] 张俊瑞,苏洋,董南雁. 商誉后续计量的混合模式探索[J]. 西安交通大学学报(社会科学版),2021,41(6):36-44.

[126] 张俊瑞. 知识经济与会计发展[J]. 当代经济科学,1999,(2):74-77.

[127] 张倩,刘斌,杨茵. 准则弹性、盈余管理与市场反应——基于商誉减值准备计提的经验证据[J]. 华东经济管理,2016,30(6):166-172.

[128] 张婷,余玉苗. 合并商誉的本质及会计处理:企业资源基础理论和交易费用视角[J]. 南开管理评论,2008,(4):105-110.

[129] 张为国,解学竞. 商誉会计准则:政治过程、改革争议与我们的评论[J]. 会计研究,2020,(12):3-17.

[130] 张先治,晏超. 会计准则变革的非预期效应理论框架构建[J]. 会计研究,2015,(2):3-12+93.

[131] 张欣,董竹. 超额商誉对企业创新的影响研究[J]. 南开管理评论,2022,25(5):16-30.

[132] 张新民,卿琛,杨道广. 内部控制与商誉泡沫的抑制——来自我国上市公司的经验证据[J]. 厦门大学学报(哲学社会科学版),2018,(3):55-65.

[133] 张新民,卿琛,杨道广. 商誉减值披露、内部控制与市场反应——来自我国上市公司的经验证据[J]. 会计研究,2020,(5):3-16.

[134] 张亚涛. 交叉持股的机构投资者能够抑制企业商誉泡沫吗? [J]. 经济学报,2023,10(1):125-161.

[135] 张治锋. 超额商誉与债务违约:业绩波动的信号效应研究[J]. 现代财经(天津财经大学学报),2022,42(6):51-71.

[136] 赵西卜,宁美军,张东旭. 并购商誉与企业价值[J]. 现代管理科学,2016,(12):3-5.

[137] 赵彦锋,来培德,王孟孟. 产品市场竞争能抑制超额商誉吗? [J]. 审计与经济研究,2023,38(2):78-86.

[138] 赵彦锋. 超额商誉、高管激励与审计收费[J]. 财经理论与实践,2021,42(1):62-69.

[139] 赵宜一,赵嘉程. 审计市场结构与客户商誉减值[J]. 会计研究,2021,(12):162-174.

[140] 郑春美,李晓. 并购商誉与审计服务定价[J]. 审计研究,2018,(6):113-120.

[141] 郑海英，刘正阳，冯卫东．并购商誉能提升公司业绩吗？——来自A股上市公司的经验证据[J]．会计研究，2014，(3)：11－17．

[142] 支晓强，童盼．公允价值计量的逻辑基础和价值基础[J]．会计研究，2010，(1)：21－27．

[143] 周晓苏，黄殿英．合并商誉的本质及其经济后果研究[J]．当代财经，2008，(2)：．

[144] 周泽将，王浩然，雷玲．商誉存在顺周期效应吗[J]．会计研究，2021，(4)：49－59．

[145] 朱冰，杨晓彤．股票支付与并购业绩承诺：协同还是合谋？[J]．经济管理，2022，44(10)：151－170．

[146] 朱郭一鸣，王婉婉，凌运．并购商誉与企业技术创新[J]．科研管理，2021，42(2)：77－87．

[147] 朱莲美，杨以诺．并购商誉是否影响企业创新投入？——来自中国战略新兴产业的经验考察[J]．经济经纬，2020，37(4)：99－107．

[148] 朱平芳，冯树辉．CEO个人特征、激励约束机制与商誉减值[J]．南通大学学报(社会科学版)，2022，38(1)：119－130．

[149] 朱平芳，廖辉．并购商誉、公司治理与风险防控[J]．安徽大学学报(哲学社会科学版)，2022，46(3)：132－144．

[150] ABERNETHY M A, KUANG Y F, QIN B. The influence of CEO power on compensation contract design[J]. The Accounting Review, 2015, 90(4): 1265－1306.

[151] ABOODY D, KASZNIK R, WILLIAMS M. Purchase versus pooling in STOCK-for-STOCK acquisitions: Why do firms care? [J]. Journal of Accounting and Economics, 2000, 29(3): 261－286.

[152] ABUGHAZALEH N M, AI-HARES O M, ROBERTS C. Accounting discretion in goodwill impairments: UK evidence[J]. Journal of International Financial Management & Accounting, 2011, 22(3): 165－204.

[153] AL JIFRI K, CITRON D. The value-relevance of financial statement recognition versus note disclosure: evidence from goodwill accounting [J]. European Accounting Review, 2009, 18(1): 123－140.

[154] ALCIATORE M, DEE C C, EASTON P, et al. Asset write-downs: a decade of research[J]. Journal of Accounting Literature, 1998, 17: 1－39.

[155] AMEL-ZADEH A, FAASSE J, LI K, et al. Has accounting regulation secured more valuable goodwill disclosures[J/OL]. Available at SSRN 2306584,2013.

[156] AMEL-ZADEH A, MEEKS G, MEEKS J G. Historical perspectives on accounting for M&A[J]. Accounting and Business Research,2016,46(5):501-524.

[157] ANDERSON J C, LOUDERBACK J G. Income manipulation and purchase-pooling:some additional results[J]. Journal of Accounting Research,1975,13(2):338-343.

[158] ANDREWS JR W T. The evolution of APB opinion NO. 17 accounting for intangible assets; a study of the US position on accounting for goodwill[J]. The Accounting Historians Journal,1981,8(1):37-49.

[159] AYERS B C, LEFANOWICZ C E, ROBINSON J R. The financial statement effects of eliminating the pooling-of-interests method of acquisition accounting[J]. Accounting Horizons,2000,14(1):1-19.

[160] AYERS B C, LEFANOWICZ C E, ROBINSON J R. Do firms purchase the pooling method? [J]. Review of Accounting Studies,2002,7(1):5-32.

[161] AYRES D R, NEAL T L, REID L C, et al. Auditing goodwill in the post-amortization era: challenges for auditors[J]. Contemporary Accounting Research,2019,36(1):82-107.

[162] BABOUKARDOS D, RIMMEL G. Goodwill under IFRS:Relevance and disclosures in an unfavorable environment[J]. Accounting Forum,2014,38(1):1-17.

[163] BAGNA E, RAMUSINO E C, OGLIARI M. The impact of different goodwill accounting methods on stock prices: a comparison of amortization and impairment-only methodologies[J]. International Review of Financial Analysis,202,85:102432.

[164] BAKER C R, BIONDI Y, ZHANG Q. Disharmony in international accounting standards setting: the Chinese approach to accounting for business combinations[J]. Critical Perspectives on Accounting,2010,21(2):107-117.

[165] BARR A. Accounting aspects of business combinations[J]. The

Accounting Review, 1959, 34(2): 175 - 181.

[166] BARTH M E, BEAVER W H, LANDSMAN W R. The relevance of the value relevance literature for financial accounting standard setting: another view[J]. Journal of Accounting and Economics, 2001, 31(1 - 3): 77 - 104.

[167] BARTH M E, CRAM D P, NELSON K K. Accruals and the prediction of future cash flows[J]. The Accounting Review, 2001, 76(1): 27 - 58.

[168] BARTOV E. The timing of asset sales and earnings manipulation[J]. The Accounting Review, 1993, 68(4): 840 - 855.

[169] BARTOV E, CHENG C A, WU H. Overbidding in mergers and acquisitions: an accounting perspective[J]. The Accounting Review, 2021, 96(2): 55 - 79.

[170] BEATTY A, WEBER J. Accounting discretion in fair value estimates: an examination of SFAS 142 goodwill impairments[J]. Journal of Accounting Research, 2006, 44(2): 257 - 288.

[171] BEATTY A, WEBER J, YU J J. Conservatism and debt[J]. Journal of Accounting and Economics, 2008, 45(2 - 3): 154 - 174.

[172] BEBCHUK L A, FRIED J M. Executive compensation as an agency problem[J]. Journal of Economic Perspectives, 2003, 17(3): 71 - 92.

[173] BECKER C L, DEFOND M L, JIAMBALVO J, et al. The effect of audit quality on earnings management[J]. Contemporary Accounting Research, 1998, 15(1): 1 - 24.

[174] BENS D A, HELTZER W, SEGAL B. The information content of goodwill impairments and SFAS 142[J]. Journal of Accounting, Auditing & Finance, 2011, 26(3): 527 - 555.

[175] BERGSTRESSER D, PHILIPPON T. CEO incentives and earnings management[J]. Journal of Financial Economics, 2006, 80(3): 511 - 529.

[176] BIONDI Y, ZHANG Q. Accounting for the Chinese context: a comparative analysis of international and Chinese accounting standards focusing on business combinations[J]. Socio - Economic Review, 2007, 5(4): 695 - 724.

[177] BLACK W M. Certain phases of merger accounting[J]. Journal of Accountancy, 1947, 83(3): 214 - 220.

[178] BOENNEN S, GLAUM M. Goodwill accounting: a review of the

literature[J/OL]. Available at SSRN 2462516,2014.

[179] BOSTWICK E D, KRIEGER K, LAMBERT S L. Relevance of goodwill impairments to cash flow prediction and forecasting[J]. Journal of Accounting, Auditing & Finance,2016,31(3):339-364.

[180] BOYD B K. Board control and CEO compensation[J]. Strategic Management Journal,1994,15(5):335-344.

[181] BOZOS K, RATNAIKE Y C, ALSHARAIRI M. How has the international harmonization of financial reporting standards affected merger premiums within the European Union? [J]. International Review of Financial Analysis, 2014,31(1):48-60.

[182] BROCHET F, WELCH K. Top executive background and financial reporting choice[J/OL]. Available at Harvard Business School Research Paper 1765928,2011.

[183] BUGEJA M, LOYEUNG A. Accounting for business combinations and takeover premiums: pre-and post-IFRS [J]. Australian Journal of Management,2017,42(2):183-204.

[184] BURGER M, WEN H. The relative and incremental value relevance of goodwill before and after SFAS No. 142[J]. Journal of Accounting and Public Policy,2021,40(6):106906.

[185] CAÑIBANO L, GARCIA-AYUSO M, SANCHEZ P. Accounting for intangibles:a literature review[J]. Journal of Accounting Literature,2000,19:102-130.

[186] Carcello J V, Neal T L, Reid L C,et al. Auditor independence and fair value accounting:an examination of nonaudit fees and goodwill impairments[J]. Contemporary Accounting Research,2020,37(1):189-217.

[187] CARLIN T M, FINCH N. Discount rates in disarray: evidence on flawed goodwill impairment testing[J]. Australian Accounting Review,2009,19(4):326-336.

[188] CARLIN T M, FINCH N. Resisting compliance with IFRS goodwill accounting and reporting disclosures:evidence from Australia[J]. Journal of Accounting & Organizational Change,2010,6(2):260-280.

[189] CARLIN T M, FINCH N. Goodwill impairment testing under IFRS:

a false impossible shore? [J]. Pacific Accounting Review, 2011, 23(3): 368 - 392.

[190] CARVALHO C, RODRIGUES A M, FERREIRA C. Goodwill and mandatory disclosure compliance: a critical review of the literature[J]. Australian Accounting Review, 2016, 26(4): 376 - 389.

[191] CATLETT G R, OLSON N O. Accounting for goodwill: accounting research study No. 10 [R]. American Institute of Certified Public Accountants, 1968.

[192] CAVERO RUBIO J A, AMOROS MARTINEZ A, COLLAZO MAZON A. Economic effects of goodwill accounting practices: systematic amortisation versus impairment test [J]. Spanish Journal of Finance and Accounting, 2021, 50(2): 224 - 245.

[193] CHALMERS K G, GODFREY J M, WEBSTER J C. Does a goodwill impairment regime better reflect the underlying economic attributes of goodwill? [J]. Accounting & Finance, 2011, 51(3): 634 - 660.

[194] CHEN C, KOHLBECK M, WARFIELD T. Timeliness of impairment recognition: evidence from the initial adoption of SFAS 142 [J]. Advances in Accounting, 2008, 24(1): 72 - 81.

[195] CHEN V Y S, KEUNG E C, LIN I M. Disclosure of fair value measurement in goodwill impairment test and audit fees[J]. Journal of Contemporary Accounting & Economics, 2019, 15(3): 100160.

[196] CHENG Q, CHO Y J, YANG H. Financial reporting changes and the internal information environment: evidence from SFAS 142 [J]. Review of Accounting Studies, 2018, 23(1): 347 - 383.

[197] CHENG Q, WARFIELD T D. Equity incentives and earnings management[J]. The Accounting Review, 2005, 80(2): 441 - 476.

[198] CHOI J S, NAM H J. Do Goodwill and its impairment write-offs predict future cash flows under the IFRS regime? [J]. Journal of International Trade & Commerce, 2018, 14(2): 83 - 100.

[199] COMISKEY E E, CLARKE J E, MULFORD C W. Is negative goodwill valued by investors? [J]. Accounting Horizons, 2010, 24(3): 333 - 353.

[200] COPELAND R M, WOJDAK J F. Income manipulation and the purchase-pooling choice [J]. Journal of Accounting Research, 1969, 7 (2):

188－195.

[201] CORE J E, HOLTHAUSEN R W, LARCKER D F. Corporate governance, chief executive officer compensation, and firm performancel [J]. Journal of Financial Economics,1999,51(3):371－406.

[202] CORNAGGIA J, MAO Y, TIAN X, et al. Does banking competition affect innovation? [J]. Journal of Financial Economics,2015,115(1):189－209.

[203] CORRADO C A, HULTEN C R. How do you measure a "Technological Revolution"? [J]. American Economic Review, 2010, 100(2): 99－104.

[204] CRAGG J G. Some statistical models for limited dependent variables with application to the demand for durable goods[J]. Econometrica: Journal of the Econometric Society,1971,39(5):829－844.

[205] CRESSEY D R. The criminal violation of financial trust[J]. American Sociological Review,1950,15(6):738－743.

[206] DAHMASH F N, DURAND R B, WATSON J. The value relevance and reliability of reported goodwill and identifiable intangible assets[J]. The British Accounting Review,2009,41(2):120－137.

[207] DARROUGH M N, GULER L, WANG P. Goodwill impairment losses and CEO compensation[J]. Journal of Accounting, Auditing & Finance, 2014,29(4):435－463.

[208] DAVIS M L. Differential market reaction to pooling and purchase methods[J]. The Accounting Review,1990,65(3):696－709.

[209] DAVIS-FRIDAY P Y, LIU C S, MITTELSTAEDT H F. Recognition and disclosure reliability: evidence from SFAS No. 106 [J]. Contemporary Accounting Research,2004,21(2):399－429.

[210] DE BODT E, COUSIN J G, ROLL R. Full-stock-payment marginalization in merger and acquisition transactions[J]. Management Science, 2018,64(2):760－783.

[211] DECHOW P M, DICHEV I D. The quality of accruals and earnings: the role of accrual estimation errors[J]. The Accounting Review,2002,77(s－1): 35－59.

[212] DECHOW P M, GE W. The persistence of earnings and cash flows

and the role of special items: Implications for the accrual anomaly[J]. Review of Accounting Studies, 2006, 11(2): 253 - 296.

[213] DECHOW P M, KOTHARI S P, WATTS R L. The relation between earnings and cash flows[J]. Journal of Accounting and Economics, 1998, 25(2): 133 - 168.

[214] DEFOND M L, JIAMBALVO J. Debt covenant violation and manipulation of accruals[J]. Journal of Accounting and Economics, 1994, 17(1 - 2): 145 - 176.

[215] DING Y, RICHARD J, STOLOWY H. Towards an understanding of the phases of goodwill accounting in four Western capitalist countries: From stakeholder model to shareholder model[J]. Accounting, Organizations and Society, 2008, 33(7 - 8): 718 - 755.

[216] DUKE J C, HUNT III H G. An empirical examination of debt covenant restrictions and accounting-related debt proxies[J]. Journal of Accounting and Economics, 1990, 12(1 - 3): 45 - 63.

[217] EDMANS A, GABAIX X. Executive compensation: a modern primer [J]. Journal of Economic Literature, 2016, 54(4): 1232 - 1287.

[218] FERRACUTI E, STUBBEN S R. The role of financial reporting in resolving uncertainty about corporate investment opportunities[J]. Journal of Accounting and Economics, 2019, 68(2 - 3): 101248.

[219] FERRI F, ZHENG R, ZOU Y. Uncertainty about managers' reporting objectives and investors' response to earnings reports: evidence from the 2006 executive compensation disclosures[J]. Journal of Accounting and Economics, 2018, 66(2 - 3): 339 - 365.

[220] FIELDS T D, LYS T Z, VINCENT L. Empirical research on accounting choice[J]. Journal of Accounting and Economics, 2001, 31(1 - 3): 255 - 307.

[221] FILIP A, JEANJEAN T, PAUGAM L. Using real activities to avoid goodwill impairment losses: evidence and effect on future performance[J]. Journal of Business Finance & Accounting, 2015, 42(3 - 4): 515 - 554.

[222] FILIP A, LOBO G J, PAUGAM L. Managerial discretion to delay the recognition of goodwill impairment: the role of enforcement[J]. Journal of Business Finance and Accounting, 2021, 48(1 - 2): 36 - 69.

[223] FRANCIS J, HANNA J D, VINCENT L. Causes and effects of discretionary asset write-offs [J]. Journal of Accounting Research, 1996, 34: 117 - 134.

[224] FRANCIS J, SCHIPPER K. Have financial statements lost their relevance? [J] Journal of Accounting Research,1999,37(2):319 - 352.

[225] FRANKEL R, SEETHAMRAJU C, ZACH T. GAAP goodwill and debt contracting efficiency:evidence from net-worth covenants[J]. Review of Accounting Studies,2008,13(1):87 - 118.

[226] GAGNON J. Purchase versus pooling of interests: the search for a predictor[J]. Journal of Accounting Research,1967,5:187 - 204.

[227] GAGNON J. The purchase-pooling choice: some empirical evidence [J]. Journal of Accounting Research,1971,9(1):52 - 72.

[228] GLAUM M, LANDSMAN W R, WYRWA S. Goodwill impairment: the effects of public enforcement and monitoring by institutional investors[J]. The Accounting Review,2018,93(6):149 - 180.

[229] GLAUM M, SCHMIDT P, STREET D L, et al. Compliance with IFRS 3 - and IAS 36 - required disclosures across 17 European countries: company-and country-level determinants[J]. Accounting and Business Research, 2013,43(3):163 - 204.

[230] GOW I D, ORMAZABAL G, TAYLOR D J. Correcting for cross-sectional and time-series dependence in accounting research[J]. The Accounting Review,2010,85(2):483 - 512.

[231] GU F, LEV B. Overpriced shares, ill-advised acquisitions, and goodwill impairment[J]. The Accounting Review,2011,86(6):1995 - 2022.

[232] GUTHRIE J, PANG T T. Disclosure of goodwill impairment under AASB 136 from 2005 - 2010[J]. Australian Accounting Review, 2013, 23(3): 216 - 231.

[233] HAMBERG M, BEISLAND L. Changes in the value relevance of goodwill accounting following the adoption of IFRS 3[J]. Journal of International Accounting, Auditing and Taxation,2014,23(2):59 - 73.

[234] HAMBERG M, PAANANEN M, NOVAK J. The adoption of IFRS 3:the effects of managerial discretion and stock market reactions[J]. European

Accounting Review,2011,20(2):263 - 288.

[235] HARTZELL J C, STARKS L T. Institutional investors and executive compensation[J]. The Journal of Finance,2003,58(6):2351 - 2374.

[236] HAYN C, HUGHES P J. Leading indicators of goodwill impairment [J]. Journal of Accounting, Auditing & Finance,2006,21(3):223 - 265.

[237] HEALY P M. The effect of bonus schemes on accounting decisions [J]. Journal of Accounting and Economics,1985,7(1 - 3):85 - 107.

[238] HEALY P M, WAHLEN J M. A review of the earnings management literature and its implications for standard setting[J]. Accounting Horizons, 1999,13(4):365 - 383.

[239] HECKMAN J J. Sample selection bias as a specification error[J]. Econometrica,1979,47(1):153 - 161.

[240] HENNING S L, LEWIS B L, SHAW W H. Valuation of the components of purchased goodwill[J]. Journal of Accounting Research,2000,38 (2):375 - 386.

[241] HENNING S L, SHAW W H, STOCK T. The amount and timing of goodwill write-offs and revaluations: evidence from U. S. and U. K. firms[J]. Review of Quantitative Finance and Accounting,2004,23(2):99 - 121.

[242] HIRSCHEY M, RICHARDSON V J. Information content of accounting goodwill numbers[J]. Journal of Accounting and Public Policy,2002, 21(3):173 - 191.

[243] HOLTHAUSEN R W, WATTS R L. The relevance of the value-relevance literature for financial accounting standard setting[J]. Journal of Accounting and Economics,2001,31(1 - 3):3 - 75.

[244] HONG H, KAPLAN R S, MANDELKER G. Pooling vs. Purchase: the effects of accounting for mergers on stock prices[J]. The Accounting Review,1978,53(1):31 - 47.

[245] HORTON J, SERAFEIM G. Market reaction to and valuation of IFRS reconciliation adjustments: first evidence from the UK[J]. Review of Accounting Studies,2010,15(4):725 - 751.

[246] JARVA H. Do firms manage fair value estimates? an examination of SFAS 142 goodwill impairments[J]. Journal of Business Finance & Accounting,

2009,36(9－10):1059－1086.

[247] JENNINGS R, ROBINSON J, THOMPSON R B, et al. The relation between accounting goodwill numbers and equity values[J]. Journal of Business Finance & Accounting,1996,23(4):513－533.

[248] JENSEN M C. Agency costs of free cash flow, corporate finance, and takeovers[J]. American Economic Review,1986,76(2):323－329.

[249] JENSEN M C. The modern industrial revolution, exit, and the failure of internal control systems[J]. The Journal of Finance,1993,48(3):831－880.

[250] JIANG F, KIM K A. Corporate governance in China: a modern perspective[J]. Journal of Corporate Finance,2015,32(3):190－216.

[251] JOHNSON L T, PETRONE K R. Is goodwill an asset? [J]. Accounting Horizons,1998,12(3):293－303.

[252] JONES D A, SMITH K J. Comparing the value relevance, predictive value, and persistence of other comprehensive income and special items[J]. The Accounting Review,2011,86(6):2047－2073.

[253] KANODIA C, SAPRA H. A real effects perspective to accounting measurement and disclosure: implications and insights for future research[J]. Journal of Accounting Research,2016,54(2):623－676.

[254] KHOKAN BEPARI M, F RAHMAN S, TAHER MOLLIK A. Firms' compliance with the disclosure requirements of IFRS for goodwill impairment testing: effect of the global financial crisis and other firm characteristics[J]. Journal of Accounting & Organizational Change,2014,10(1): 116－149.

[255] KIM J B, CHUNG R, FIRTH M. Auditor conservatism, asymmetric monitoring, and earnings management[J]. Contemporary Accounting Research, 2003,20(2):323－359.

[256] KIRSCHENHEITER M, MELUMAD N D. Can "Big Bath" and earnings smoothing co-exist as equilibrium financial reporting strategies? [J]. Journal of Accounting Research,2002,40(3):761－796.

[257] KNAUER T, WÖHRMANN A. Market reaction to goodwill impairments[J]. European Accounting Review,2016,25(3):1－29.

[258] LAPOINTE-ANTUNES P, CORMIER D, MAGNAN M. Value

relevance and timeliness of transitional goodwill-impairment losses: evidence from Canada[J]. The International Journal of Accounting, 2009, 44(1): 56 - 78.

[259] LAURION H, RYANS J, TAN S T. Segment management to delay goodwill write-downs[J/OL]. Available at SSRN 2473896, 2014.

[260] LEAKE P D. Goodwill: its nature and how to value it[J]. The Accountant, 1914, 40(2): 81 - 90.

[261] LEE C. The effect of SFAS 142 on the ability of goodwill to predict future cash flows[J]. Journal of Accounting and Public Policy, 2011, 30(3): 236 - 255.

[262] LEFTWICH R. Accounting information in private markets: evidence from private lending agreements[J]. The Accounting Review, 1983, 58(1): 23 - 42.

[263] LI K K, SLOAN R G. Has goodwill accounting gone bad? [J]. Review of Accounting Studies, 2017, 22(2): 964 - 1003.

[264] LI K, MEEKS G. Seventy years of accounting standards for M&A[J/OL]. Available at SSRN 2732242, 2016.

[265] LI Z, SHROFF P K, VENKATARAMAN R, et al. Causes and consequences of goodwill impairment losses[J]. Review of Accounting Studies, 2011, 16(4): 745 - 778.

[266] LINCK J S, NETTER J, SHU T. Can managers use discretionary accruals to ease financial constraints? evidence from discretionary accruals prior to investment[J]. The Accounting Review, 2013, 88(6): 2117 - 2143.

[267] LINSMEIER T J, WHEELER E. The debate over subsequent accounting for goodwill[J]. Accounting Horizons, 2021, 35(2): 107 - 128.

[268] LYS T. Mandated accounting changes and debt covenants: the case of oil and gas accounting[J]. Journal of Accounting and Economics, 1984, 6(1): 39 - 65.

[269] LYS T, VINCENT L, YEHUDA N. The nature and implications of acquisition goodwill[J/OL]. Available at SSRN802612, 2012.

[270] LYS T, VINCENT L. An analysis of value destruction in AT&T's acquisition of NCR[J]. Journal of Financial Economics, 1995, 39(2 - 3): 353 - 378.

[271] MAZZI F, ANDRÉ P, DIONYSIOU D, et al. Compliance with goodwill-related mandatory disclosure requirements and the cost of equity capital [J]. Accounting and Business Research, 2017, 47(3): 268 - 312.

[272] MCCONNELL J J, SERVAES H. Additional evidence on equity ownership and corporate value[J]. Journal of Financial Economics, 1990, 27(2): 595 - 612.

[273] MORE F. Goodwill[J]. The Accountant, 1891, 17(4): 282 - 287.

[274] NURNBERG H. Objectives of financial reporting, aboriginal cost, and pooling of interests accounting[J]. Accounting Historians Journal, 2012, 39 (2): 45 - 80.

[275] OHLSON J A. Earnings, book values, and dividends in equity valuation[J]. Contemporary Accounting Research, 1995, 11(2): 661 - 687.

[276] PAUGAM L, ASTOLFI P, RAMOND O. Accounting for business combinations: do purchase price allocations matter? [J]. Journal of Accounting and Public Policy, 2015, 34(4): 362 - 391.

[277] PAUGAM L, RAMOND O. Effect of impairment-testing disclosures on the cost of equity capital[J]. Journal of Business Finance & Accounting, 2015, 42(5 - 6): 583 - 618.

[278] PETERSEN M A. Estimating standard errors in finance panel data sets: comparing approaches[J]. The Review of Financial Studies, 2009, 22(1): 435 - 480.

[279] RAMANNA K. The implications of unverifiable fair-value accounting: evidence from the political economy of goodwill accounting [J]. Journal of Accounting and Economics, 2008, 45(2 - 3): 253 - 281.

[280] RAMANNA K, WATTS R L. Evidence on the use of unverifiable estimates in required goodwill impairment[J]. Review of Accounting Studies, 2012, 17(4): 749 - 780.

[281] RAYBURN F R, POWERS O S. A history of pooling of interests accounting for business combinations in the United States [J]. Accounting Historians Journal, 1991, 18(2): 155 - 192.

[282] RIEDL E J. An examination of long-lived asset impairments[J]. The Accounting Review, 2004, 79(3): 823 - 852.

[283] SCHIPPER K. Required disclosures in financial reports[J]. The Accounting Review,2007,82(2):301 - 326.

[284] SEVIN S, SCHROEDER R, BHAMORNSIRI S. Transparent financial disclosure and SFAS No. 142[J]. Managerial Auditing Journal,2007,22(7):674 - 687.

[285] SHALEV R. The information content of business combination disclosure level[J]. The Accounting Review,2009,84(1):239 - 270.

[286] SHALEV R, ZHANG I X, ZHANG Y. CEO compensation and fair value accounting: evidence from purchase price allocation [J]. Journal of Accounting Research,2013,51(4):819 - 854.

[287] SHEPARDSON M L. Audit committee member contextual experiences and financial reporting outcomes [J/OL]. Available at SSRN 2221366,2013.

[288] SHLEIFER A, VISHNY R W. A survey of corporate governance[J]. The Journal of Finance,1997,52(2):737 - 783.

[289] SHLEIFER A, VISHNY R W. STOCK market driven acquisitions [J]. Journal of Financial Economics,2003,70(3):295 - 311.

[290] SMITH M P. Shareholder activism by institutional investors:evidence from CalPERS[J]. The Journal of Finance,1996,51(1):227 - 252.

[291] SONG Y, JI X, LEE C J. Ownership balance, supervisory efficiency of independent directors and the quality of management earnings forecasts[J]. China Journal of Accounting Research,2013,6(2):113 - 132.

[292] SRIVASTAVA A. Why have measures of earnings quality changed over time? [J]. Journal of Accounting and Economics,2014,57(2 - 3):196 - 217.

[293] STRONG J S, MEYER J R. Asset writedowns:managerial incentives and security returns[J]. The Journal of Finance,1987,42(3):643 - 661.

[294] SUN J, LIU G. The impact of the CSRC Regulation No. 12 - 1996 on the credibility of Chinese IPO earnings forecasts[J]. Global Finance Journal, 2009,20(2):165 - 179.

[295] SWEENEY A P. Debt-covenant violations and managers' accounting responses[J]. Journal of Accounting and Economics,1994,17(3):281 - 308.

[296] TOBIN J. Estimation of relationships for limited dependent variables

[J]. Econometrica:Journal of the Econometric Society,1958,26(1):24－36.

[297] TUCKER J W, ZHANG X. Corporate disclosure and research opportunities in China[J]. China Journal of Accounting Studies,2016,4(1):1－14.

[298] VAN ESSEN M, OTTEN J, CARBERRY E J. Assessing managerial power theory: a meta-analytic approach to understanding the determinants of CEO compensation[J]. Journal of Management,2015,41(1):164－202.

[299] WALKER G T. Goodwill on financial statements[J]. The Accounting Review,1938,13(2):174－182.

[300] WALTER J R. Pooling or purchase: a merger mystery[J]. FRB Richmond Economic Quarterly,1999,85(1):27－46.

[301] WANG J X, DONG T, ZHAI J. Goodwill impairment, loss avoidance effects and subsequent corporate M&A decisions[J]. Emerging Markets Finance and Trade,2023,59(2):479－497.

[302] WATTS R L. Conservatism in accounting part I:explanations and implications[J]. Accounting Horizons,2003,17(3):207－221.

[303] WATTS R L. What has the invisible hand achieved? [J]. Accounting and Business Research,2006,36(sup1):51－61.

[304] WATTS R L, ZIMMERMAN J L. Towards a positive theory of the determination of accounting standards[J]. The Accounting Review,1978,53(1):112－134.

[305] WEBER J P. Shareholder wealth effects of pooling-of-interests accounting:evidence from the SEC's restriction on share repurchases following pooling transactions[J]. Journal of Accounting and Economics,2004,37(1):39－57.

[306] WEN H, MOEHRLE S R. Accounting for goodwill: an academic literature review and analysis to inform the debate[J]. Research in Accounting Regulation,2016,28(1):11－21.

[307] WERNTZ W W. Corporate consolidations, reorganizations and mergers[J]. New York Certified Public Accountant,1945,15(7):379－387.

[308] WERSBORG T S G, TEUTEBERG T, ZÜLCH H. 10 years impairment-only approach:stakeholders' perceptions and researchers' findings[J/

OL]. Available at SSRN2494524,2014.

[309] WESTPHAL J D, ZAJAC E J. Substance and symbolism in CEOs' long-term incentive plans[J]. Academy of Management Proceedings,1993, (1): 232-236.

[310] WHITE H. A heteroskedasticity-consistent covariance matrix estimator and a direct test for heteroskedasticity[J]. Econometrica,1980,48(4):817-838.

[311] WILCOX E B. Business combinations: an analysis of mergers, puchases, and related accounting procedure[J]. Journal of Accountancy,1950,89(2):102-107.

[312] WYATT A R. A critical study of accounting for business combinations, accounting research study No. 5[R]. American Institute of Certified Public Accountants,1963.

[313] YEHUDA N, VINCENT L, LYS T. The nature and implications of acquisition goodwill[J]. Asia-Pacific Journal of Accounting & Economics,2019, 26(6):709-730.

[314] YERMACK D. Higher market valuation of companies with a small board of directors[J]. Journal of Financial Economics,1996,40(2):185-211.

[315] ZAHRA S A, PEARCE J A. Boards of directors and corporate financial performance: a review and integrative model [J]. Journal of Management,1989,15(2):291-334.

[316] ZANG A Y. Evidence on the trade-off between real activities manipulation and accrual-based earnings management [J]. The Accounting Review,2012,87(2):675-703.

[317] ZEFF S A. The rise of "Economic Consequences"[J]. Journal of Accountancy,1978,146(6):56-63.

[318] ZHANG I X, ZHANG Y. Accounting discretion and purchase price allocation after acquisitions[J]. Journal of Accounting, Auditing & Finance, 2017,32(2):241-270.